KB069693

Introduction to
Approaches in Music Therapy

음악치료 접근법

Alice-Ann Darrow 편
김영신 역

학지사

Introduction to Approaches in Music Therapy

edited by Alice-Ann Darrow, Ph. D., MT-BC

2001년 여름, 나는 대로우(Darrow) 박사님의 요청으로 이 책의 6장인 노도프-로빈스 음악치료 접근법을 저술하면서 이 책을 처음 접하게 되었다. 귀국하여 국내에서 '음악치료 철학' 수업을 가르치면서 다양한 음악치료 접근법들을 알기 쉽게 소개한 이 책이 음악치료 모델들의 특징과 유익에 관한 지식을 얻고자 하는 독자들은 물론 자신의 음악치료 철학을 확립하고자 하는 한국의 음악치료사와 학생들에게도 유용할 것이라는 생각이 들어 번역을 결심하게 되었다.

캔자스 대학교 음악치료 박사과정에 입학하기 전 나는 템플 대학에서 정신역동주의에 기초한 음악심리치료를 공부하고, 또한 뉴욕 대학의 노도프-로빈스 음악치료 센터에서 노도프-로빈스 음악치료 전문가 훈련을 받았다. 그 철학과 실행에 있어 이 두 접근법은 행동주의 음악치료와 아주 상이하였고 당시 행동주의 음악치료에 대한 나의 지식은 매우 부족한 편이었다. 반대로 나는 캔자스 대학교 입학 후, 그곳의 많은 학생들이 행동주의 음악치료에는 익숙한 반면 그 외의 음악심리치료에 관하여서는 많이 접해 보지 못했음을 알게 되었다. 이같이 우리는 자신이 공부하고 훈련받았던 학교나 기관이 지향하는 음악치료 모델에만 익숙하고 그 외의 접근법들은 잘 알지 못한다. 물론 한 음악치료사가 모든 접근법의 전문가가 될 필요는 없지만, 다양한 음악치료 접근법을 이해하고 그 가치를 인정하는 것은 음악치료 발전에 있어서 매우 중요하다.

미국에서 2004년에 출판된 이 책이 제법 빠른 시간 안에 국내에 소개된 것은 반가운 일이다. 국내에 음악치료가 보급된 지 이미 10여 년의 세월이 지났고, 세계적인 추세에 발맞추어 이제 한국의 음악치료도 전문화의 길을 추구하고 있다.

BMGIM, 노도프-로빈스 음악치료, 신경학적 음악치료 분야에서 전문적인 훈련을 받은 국내 음악치료사 수가 점차 증가하는 것도 이러한 추세를 반영하는 것이다. 이제는 '내가 음악치료를 하는가?' 의 문제를 넘어서서 '나는 어떤 철학을 갖고 어떤 모델을 지향하는 음악치료사인가?' 를 고민해야 하는 시기다. 이 점에서 이 책은 다양한 음악치료 접근법과 모델을 소개함으로써 독자들에게 음악치료의 다양성과 다목적성을 이해하게 하고 음악치료사로서 자신의 정체성을 확립하며 자신의 관심 분야를 더 공부하도록 촉진시킨다. 나는 이 책이 한국의 음악치료가 전문화되고 음악치료의 정체성을 찾는 데 도움을 줄 수 있기를 바란다.

끝으로 이 책의 출간을 맡아 주신 학지사 김진환 사장님과 편집부 여러분들에게 지면을 빌려 감사의 인사를 드린다.

2006년 2월
역자 김 영 신

저자 서문

    2003년 가을 플로리다 주립대학교의 교수진에 합류하기 전, 난 나의 직업 경력의 첫 20년을 캔자스 대학교에서 보낼 수 있는 행운을 가졌다. 내가 캔자스 대학교에 재직하는 동안 가르쳤던 대학원 과목들 중 하나가 바로 '음악치료 철학 및 이론'이었다. 이 과목을 수강한 학생들 중에 다양한 영역의 음악치료 접근 방식들을 연구하는 데 관심을 보였던 일련의 특출한 대학원 학생들이 있었다. 이런 학생들의 상당수가 다른 대학교에서 수학한 경험이 있었고, 이 책에 포함된 많은 접근법들에 이미 익숙해 있었다. 이 학생들은 조직적인 연구와 글쓰기 팀들의 리더가 되었다. 또한 캔자스 대학교의 유능하고 협조적인 동료들이 그들의 연구와 저술에 관해 학생들과 함께 작업하는 것을 동의해 준 것은 나에게 큰 행운이었다. 이렇게 하여 『음악치료 접근법 개론』을 낳게 한 협동적인 프로젝트가 시작되었다.

    편집자로서 나는 이 책의 감수를 위하여 각 접근법의 전문가 의견을 반영하는 것이 필수적이라고 느꼈다. 그들의 감수에 기초하여 각 장들은 수정되었다. 모든 접근법들을 완전하게 설명하기 위하여, 객원 필자들을 초빙하여 특별한 전문성을 요구하는 장들을 집필하도록 요청하였다. 이 책이 음악치료의 다양한 접근법을 신실하게 소개할 수 있도록 감수자들과 객원 필자들에게 한없는 감사를 드린다.

    『음악치료 접근법 개론』은 음악치료 프로그램에 막 입문한 학생들, 혹은 음악치료에 대해 좀 더 알고 싶어 하는 모든 사람들을 위해 집필되었다. 또한 이 책으로 전문가들이 자신의 접근법이 아닌 다른 방식에 대한 이해를 가지고 더욱 친숙해짐으로써 결과적으로 음악치료 분야의 풍부한 다양성에 대해 자부심을 가질 수 있기를 바란다.

이 책은 세 가지 주요 영역인 음악 교육에서 변형된 접근법들, 음악심리치료 접근법들, 의료적 음악치료 접근법들로 구성되었다. 이러한 영역의 분류는 음악치료사라는 직업의 역사적 발전과 유사하다. 초기 음악치료에서 사용된 많은 기법들이 타 관련 분야에서 차용, 변형되었다. 음악치료 임상이 증가함에 따라, 음악치료사들은 특수한 전문적인 접근법들을 발전시켰다. 그리고 음악치료가 의학의 역사 속에서 제대로 자리매김을 하였지만, 이것은 초기 임상들이 구체적 음악치료 접근법으로 조직화되기 시작한 최근에 이르러서야 이루어진 것이다.

각 장의 구성은 모두 유사하며, 음악치료의 구체적 접근법에 대한 서론으로 시작된다. 또한 각 장은 각 접근법의 역사나 배경, 각 접근법의 묘사, 철학적 기반, 접근법의 임상적 적용, 관련 연구, 요약 혹은 결론, 참고문헌, 추천 도서로 구성된다.

나는 『음악치료 접근법 개론』이 독자들에게 음악치료 지식을 증가시킬 수 있는 기회를 제공하기를 바란다. 또한 독자들이 음악의 다목적성을 이해하고 음악치료사라는 직업을 구성하는 접근법들의 다양성을 존중하도록 이 책이 기여할 수 있기를 기대한다.

Alice-Ann Darrow

기여자 소개

|저 자|

Carol Achey, MME, MT-BC
  The Cleveland Clinic Foundation
  Cleveland, Ohio
  1장: 오르프 접근법에 기초한 음악치료

Kenneth Aigen, DA, MT-BC
  The Nordoff-Robbins Center for Music
  Therapy at New York University
  New York, New York
  6장: 노도프-로빈스 음악치료

Mike D. Brownell, MME, MT-BC
  개인 음악치료실
  Ann Arbor, Michigan
  3장: 코다이 접근법에 기초한 음악치료
  8장: 행동주의 접근법에 기초한 음악치료

Debra Burns, Ph. D., MT-BC
  박사후과정 연구원, Indiana University
  School of Nursing
  Indianapolis, Indiana
  5장: The Bonny Method of Guided
    Imagery and Music

Alicia A. Clair, Ph. D., MT-BC
  교수, University of Kansas
  Lawrence, Kansas
  10장: 신경학적 음악치료

Cynthia M. Colwell, Ph. D., MT-BC
  교수, University of Kansas
  Lawrence, Kansas
  1장: 오르프 접근법에 기초한 음악치료

Shannon K. De L'Etoile, Ph. D., MT-BC
  교수, University of Miami
  Coral Gables, Florida
  4장: 킨더뮤직과 음악치료

Janice M. Dvorkin, Psy. D., ACMT
  교수, University of the Incarnate Word
  San Antonio, Texas
  7장: 정신역동적 접근법에 기초한 음악치료

R. J. David Frego, Ph. D.
  교수, Ohio State University
  Columbus, Ohio
  2장: 달크로즈 접근법에 기초한 음악 치료
  3장: 코다이 접근법에 기초한 음악치료

Claire Mathern Ghetti, MME, MT-BC
  개인 음악치료실
  New York, New York
  9장: 음악치료 웰니스

Greta Gillmeister, MT-BC
    Music Therapy Services of Central
    Kentucky
    Louisville, kentucky
    1장: 오르프 접근법에 기초한 음악치료
    2장: 달크로즈 접근법에 기초한 음악치료

Frances Smith Goldberg, MA, MT-BC
    California Institute for Integral Studies
    University of California
    개인 음악치료실
    San Francisco, California
    7장: 정신역동적 접근법에 기초한 음악치료

Mika Hama, MME, MT-BC
    대학원생, Georgetown University
    Washington, DC
    2장: 달크로즈 접근법에 기초한 음악 치료
    9장: 음악치료 웰니스

Connie Isenberg-Grzeda, MM, MT-BC
    교수, University of Québec at Montréal
    Montréal, Québec, Canada
    7장: 정신역동적 접근법에 기초한 음악치료

Christopher M. Johnson, Ph. D.
    교수, University of Kansas
    Lawrence, Kansas
    8장: 행동주의 접근법에 기초한 음악치료

Cari Kennedy Miller, MME, MT-BC
    Newark Central School District
    Newark, New York
    6장: 노도프-로빈스 음악치료

Shin-Hee Kim
    대학원생, University of Kansas
    Lawrence, Kansas
    8장: 행동주의 접근법에 기초한 음악치료

Youngshin Kim, Ph. D., MT-BC
    Korean Association for the Fostering
    and Education for the New Generation
    Therapeutic & Educational Center
    Seoul, Korea
    6장: 노도프-로빈스 음악치료

Eun-Mi [Emily] Kwak, MT-BC
    대학원생, University of Kansas
    Lawrence, Kansas
    3장: 코다이 접근법에 기초한 음악치료
    6장: 노도프-로빈스 음악치료

Robin E. Liston, Ph. D.
    교수, Ottawa University
    Ottawa, Kansas
    2장: 달크로즈 접근법에 기초한 음악 치료

Varvara Pasiali, MME, MT-BC
    개인 음악치료실
    Ashtaula & Cleveland, Ohio
    4장: 킨더뮤직과 음악치료
    6장: 노도프-로빈스 음악치료
    10장: 신경학적 음악치료

Amanda M. Rayburn, MME, MT-BC
    Howard Early Childhood Center
    Alamo Heights Independent School District
    San Antonio, Texas
    3장: 코다이 접근법에 기초한 음악치료

Sheri L. Robb, Ph.D., MT-BC
    교수, University of Missouri-Kansas City
    Kansas City, Missouri
    8장: 행동주의 접근법에 기초한 음악치료

Jayne Standley, Ph. D., MT-BC
    교수, Florida State University
    Tallahassee, Florida
    8장: 행동주의 접근법에 기초한 음악치료

Daniel B. Tague, MME, MT-BC
    Music Therapy Services of Texas
    North Richland Hills, Texas
    6장: 노도프-로빈스 음악치료

Dale B. Taylor, Ph. D., MT-BC
    교수, University of Wisconsin-Eau Claire
    Eau Claire, Wisconsin
    11장: 생의학적 음악치료

Kimberly Tandy, MME, MT-BC
    개인 음악치료실
    Lawrence, Kansas
    4장: 킨더뮤직과 음악치료

Jeniffer Woolrich, MME
    개인 음악치료실
    Bartlesville, Oklahoma
    1장: 오르프 접근법에 기초한 음악치료
    5장: 유도된 심상과 음악
    9장: 음악치료 웰니스

|감수자|

Diane Austin, MA, ACMT
    개인 음악치료실
    New York University
    Turtle Bay Music School
    7장: 정신역동적 접근법에 기초한 음악치료

Helen Bonny, Ph.D.
    개인 음악치료실
    5장: 유도된 심상과 음악

Suzanne R. Byrnes, Ph.D.
    University of Missouri-Kansas City
    4장: 킨더뮤직과 음악치료

Alicia Ann Clair, Ph.D., MT-BC
    University of Kansas
    9장: 음악치료 웰니스

Nancy Ferguson, Ph.D. (작고)
    The University of Arizona에 재직하였
    었음
    1장: 오르프 접근법에 기초한 음악치료

Clifford K. Madsen, Ph.D.
    Florida State University
    8장: 행동주의 접근법에 기초한 음악치료

Clive Robbins, DHL, DMM, MT-BC
    The Nordoff-Robbins Center for Music
    Therapy at New York University
    6장: 노도프-로빈스 음악치료

Michael Thaut, Ph. D.
    Colorado State University
    10장: 신경학적 음악치료

Concetta M. Tomaino, DA, MT-BC
Institute for Music and Neurologic
Function Music Therapy Services
Beth Abraham Family of Health
Services
11장: 생의학적 음악치료

Alan Turry, MA, NRMT, MT-BC
The Nordoff-Robbins Center for Music
Therapy at New York University
6장: 노도프–로빈스 음악치료

Jayne Wenne, MA
Hilliard City Schools, Hilliard, Ohio
2장: 달크로즈 접근법에 기초한 음악치료
3장: 코다이 접근법에 기초한 음악치료

|편집 보조|

Varvara Pasiali, MME, MT-BC
Claire Mathern Ghetti, MME, MT-BC
Erin Rink

제2부 음악심리치료 접근법

제3부 의료적 음악치료 접근법

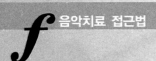

음악치료 접근법

제1부

음악 교육에서 변형된 접근법

제 1 장

오르프 접근법에 기초한
음악치료

● 역 사
철 학
음악치료의 임상적 적용
요 약
●
●

오르프 접근법에 기초한 음악치료

Cynthia M. Colwell
Carol Achey
Greta Gillmeister
Jenifer Woolrich
Nancy Ferguson 감수

역 사

칼 오르프의 생애

칼 오르프(Carl Orff)는 1895년 7월 10일 독일 뮌헨에서 출생하였다. 그는 성인들이 모여서 음악을 같이 연주하고 또한 합주를 하는 것이 보편적이었던 시기에 전형적인 음악적 가정환경 속에서 성장하였다. 그는 성장하면서 오페라, 무대 음악, 드라마를 포함한 뮌헨의 풍부한 음악 문화를 경험하였다. 그는 5세 때 그의 어머니에게 피아노를 교육받기 시작하였으며, 그 후 톤쿤스트 아카데미(Akademie der Tonkunst)에서 정식으로 음악 교육을 받게 되었다.

이러한 오르프의 음악계로의 참여는 결국 그의 직업 선택에 영향을 미쳤다. 1915년 오르프는 뮌헨 카머슈필레(Kammerspiele) 극장의 음악 감독이 되었다. 이 시기 동안, 그는 훗날 그의 작품들에 영향을 준 르네상스와 초기 바로크 시대 작곡가들의 음악을 집중적으로 공부하였다. 또한 1933년까지 뮌헨 바흐 협회(Bach Society)의 감독을 역임하였다(Warner, 1991; American Orff-Schulwerk Association, 이하 AOSA, 2000).

1935년부터 1942년까지, 오르프는 다양한 무대 작품들을 작곡하는 데 그의 생애를 바쳤다. 언어는 이러한 작품들 속에서 가장 중요한 요소였으며, 이를 기초로 작곡하였던 음악에 창조적인 토대가 되었다(Carl Orff Foundation, 1999). 그의 가장 유명한 작품인 '카르미나 부라나(Carmina Burana)'는 1937년 초연되었다. 그 외에도 '달(Der Mond)', '재치여인(Die Kluge)', '안티고네(Antigonae)', '트리온피(Trionfi)' 그리고 '프로메테우스(Prometheus)' 등의 작품들이 있다. 그의 마지막 작품인 '종말에 대한 희극(De Temporum Fine Comoedia)'은 1973년 잘츠부르크 축제에서 초연되었다. 그는 전 생애를 음악계에 바친 후, 1982년 3월 19일 86세의 나이로 세상을 떠났다(AOSA, 2000; Warner, 1991).

오르프-슐베르크

오르프는 작곡가로서의 그의 작업과 함께 행동하면서 학습하는 것에 초점을 둔 음악 교육 접근법에 대부분의 삶을 바쳤다. 그 초석은 그가 군터슐레(Guntherschule)의 음악 감독으로서 한 작업을 통하여 기초적인 음악에 관심을 가졌던 1920년대 초반에 마련되었다. 1940년대 후반에 시작된 두 번째 단계는 이 접근법이 어떻게 아동을 위한, 그리고 아동에 의한 음악이었는지에 관하여 관심을 가진 시기였다.

1923년 오르프는 동작, 리듬, 댄스를 교육할 수 있는 학교를 설립하길 원하였던 선구적인 안무가인 도로시 군터(Dorothee Gunther)와 조우하였다. 일 년 후 군터슐레가 뮌헨에 설립되었다. 그곳의 교육은 기초 음악—말, 동작, 댄스의 요소들을 통합한 음악—의 사용에 기반을 두었다. 오르프는 기초 음악의 기반으로서 리듬에 초점을 맞추었다. 그는 리듬을 가르치기 위하여 신체 소리들과 제스처를 사용하였고 그의 지침 중심에는 즉흥연주가 있었다 (Rudaitis, 1995; Warner, 1991). 기초 음악에 초점을 맞춘 것은 서구 음악에 대한 대안을 찾고 실험을 위한 원시적 형식의 근원을 찾으려는 그의 바람 때문이었다(Frazee & Kreuter, 1987).

오르프는 다양한 종류의 악기들을 사용하였지만 목소리를 가장 자연스러운 소리로 여겼기 때문에 이것은 일차적인 악기로 남게 되었다. 그는 북에 중점을 둔 타악기들을 점차적으로 첨가하였다. 초기에는 피아노만이 그에게 사용 가능한 선율악기였다. 그러다가 1926년 오르프는 자일로폰 혹은 '카페른 클라비어(Kaffernklavier)'를 접하게 되면서 그것들로 대체하였다. 하프시코드 제작업자인 칼 맨들러(Karl Maendler)는 오르프가 아프리카 자일로폰을 모델로 한 선율악기들을 디자인하고 제작하도록 도움을 주었다. 군터슐레의 오르프 제자들 중 한 명인 구닐트 키트만(Gunild Keetman)은 이러한 악기들을 연주하기 위한 기법들을 발전시켰고 그것들을 위한 표준적인 합주를 확립하였다. 그녀는 또한 이 합주에 피리를 사용하였고 오르프-슐베르크(Orff-Schulwerk) 속에서 이 악기를 사용하기 위한 구체적인 기법들을 발전시켰다 (Warner, 1991).

1926년까지 오르프 교과과정에는 타악기, 피리, 안무, 지휘, 합창, 화성, 통주 저음(figured bass)이 포함되었다. 이 모든 기술들은 즉흥연주를 통하여 학습, 실습되었다. 키트만은 첫 번째 피리 작품들과 댄스 작품들을 학교의 철학적 개념에 기초하여 1930년 출판하였다. 이러한 기본적인 기술들과 개념들은 그녀의 『Exercises in Elemental Music』(1930)에 잘 나타나 있다 (Warner, 1991).

이러한 교재의 도움으로 오르프의 음악 개념은 대중적인 관심을 끌기 시작하였고, 1931년까지 대중성을 확보하게 되었다. 오르프-슐베르크를 공립학교에 적용시키려는 계획이 수립되었지만, 1930년대의 독일의 정치적인 혼란 때문에 중단되었다. 1933년 오르프는 더 이상 경제적으로 그의 작업을 지원할 수 없게 되었다. 그의 출판물의 대부분이 정치적인 대립 때문에 강제적으로 절판되어야만 했다. 오르프는 그 후 몇 년 동안 학교 일을 그만두었다. 학교는 1944년 정치적인 이유로 폐쇄되었고, 그 이듬해 폭탄으로 파괴되었다. 이러한 고난의 시기에, 그는 1936년 독일 베를린 올림픽 개막식 음악을 작곡해 달라는 요청을 받았다. 비록 그의 철학과는 달랐지만, 그는 수천 명의 아동을 위한 행진 음악과 그룹 댄스를 창조하였다. 이것은 1948년, 그의 음악을 아동들이 연주할 수 있는지에 관해 의문을 가졌던 한 독일 행정가의 관심을 끌었다. 이것은 흥미를 유발시켰고 노래를 부르는 데 아동의 노래들을 더 많이 연합하고 아동을 위한 적절한 크기의 악기들을 설계하도록 오르프의 관심을 변화시켰다. 이에 따라 슐베르크의 두 번째 단계가 시작되었다.

슐베르크의 두 번째 단계는 오르프 교육 프로그램을 정교하게 다듬은 시기였다. 오르프는 키트만의 도움으로 아동 라디오 프로그램 참여를 요청받은 후 다시 음악 교육을 개혁하려는 시도를 하였다. 바바리안(Bavarian) 방송국은 1948년 9월 처음으로 방송하게 될 이런 프로그램들을 만들기 위하여 그에게 접근하였다. 군터슐레의 자료 대부분이 파괴되었기 때문에, 오르프는 칼 맨들러의 동료인 클라우스 베커(Klauss Becker)의 도움을 받아 새로운 슐베르크에 자일로폰들과 메탈로폰들을 첨가하였다(Orff, 1963).

1949년 키트만은 오스트리아의 잘츠부르크에 있는 톤쿤스트 아카데미 모차르테움(Mozarteum)에서 아동을 위한 수업 과정을 개설하기 시작하였다. 이 과정들은 라디오 방송에 기초하였지만, 지금은 슐베르크의 핵심이라고 여겨지는 동작의 요소들을 포함하였다. 이러한 수업 과정들은 음악 교육계에서 계속적으로 큰 성공을 거두었다.

오르프–슐베르크의 개념들이 기록되기 시작한 것은 불과 1950년대 초반부터였다. 1950년에 시작하여, 오르프와 키트만이 그들의 경험을 통하여 발전시킨 개념들을 기록하는 데 4년의 세월이 걸렸다. 그들은 다섯 권의 『Music for Children』을 출간하였고, '아동에게 의미 있고 아동이 창조한 음악'에 기초한 음악 교육 프로그램 개념을 조성하였다. 오르프 훈련 프로그램은 1953년 잘츠부르크에 있는 모차르테움에서 시작되었다. 10년 후, 이 프로그램은 모차르테움보다 더 커지면서 잘츠부르크 외곽에 오르프 연구소가 설립되었다(Warner, 1991).

오르프-슐베르크는 전 세계에 걸쳐 꾸준히 인기를 얻었고, 음악 교육의 가장 잘 알려진 접근 방법 중 하나가 되었다. 이것은 1953년 모차르테움에서 개최된 국제 음악 학원 지도자 학술 대회에서 발표되면서 다른 나라에까지 알려지게 되었다. 몇 명의 오르프 학생들은 오르프-슐베르크 교과 과정의 시연을 통하여 음악 지도자들과 교육자들에게 기초 음악의 아이디어에 관해 소개하였다. 1962년 오르프, 키트만 그리고 몇 명의 그들의 제자들은 북미 지역인 캐나다 토론토에서 오르프 훈련 과정을 처음으로 교육하였다. 그 후 몇 년 동안 오르프-슐베르크는 북미 지역으로 전파되었으며, 1968년 미국 오르프-슐베르크 협회가 설립되었다. 『Music for Children』은 결국 영어로 번역되었는데, 처음 세 권은 캐나다에서 1956년에 출간되었고 미국에서는 1982년에 번역되었다(Shamrock, 1986). 그러나 각 문화는 이 접근법의 기초로서 그 자신만의 언어와 전통적인 노래를 사용하여야만 한다. 현재 오르프-슐베르크 방법들은 북미 지역에 걸쳐 음악 교육 프로그램들과 연합되어 있다(Frazee & Kreuter, 1987; Warner, 1991).

오르프-슐베르크와 음악치료

오르프는 음악치료를 위해 오르프-슐베르크 접근법을 설계하지 않았고 그 어떤 기록에도 그가 특정한 장애를 가진 아동에게 그의 교과 과정을 적용시켰다고 나와 있지 않다. 그는 1962년 토론토 대학에서 개설된 오르프 기초 교육 첫 세션에서 음악치료에 대해 언급하였다. 그는 "슐베르크에 대한 증가된 관심, 방금 언급하였던 편집 내용들, 음악치료와 같은 새로운 분야가 추가되면서 나는 아주 바빴습니다."(Orff, 1963: 74)라고 말하였다. 그 후 1964년 연설에서 오르프는 다음과 같이 언급하였다.

아동과 보통 사람은 리듬의 힘에 동조되는 존재들이다. 즉, 리듬이 그녀의 가장 사랑스러운 아이들을 행복하게 만드는 선물이라는 것을 그들의 기쁨 속에서…… 그들의 작업에서뿐 아니라 그들의 춤 속에서 입증하고, 가장 고통받고 있는 아이들에게는 힘을 부여한다(Orff, 1994: 13).

1962년부터 잘츠부르크의 오르프 연구소 소장으로 근무한 빌헬름 켈러(Wilhelm Keller)는 오르프-슐베르크의 기법들을 특수한 대상들에게 적용하였다. 호주에서는 정서 장애아동과, 잘츠부르크 특수학교에서는 정신 장애아동 및 신체 장애아동과 일하였고, 그 후 다운증후군, 경련성 마비, 정신지체 그리고 중증장애 진단을 받은 청년들과 작업하였다(Lehrer-Carle, 1971).

오르프 자신은 직접적인 관심이 없었음에도 불구하고, 오르프-슐베르크의 많은 원칙은 음악치료에서 다양한 클라이언트 대상자에게 적용될 수 있다. 최초로 기록된 오르프 접근법의 적용은 1969년 쥬디스 베반스(Judith Bevans)에 의해서였다. 그녀는 시각장애아동 학교에서 근무하였는데, 그녀의 프로그램은 "모든 아동은 다양한 수준에서 창조적이고 자신들을 표현하는 능력을 소유한다(Bevans, 1969: 41)."라는 기본 전제에 기초하였다. 이후 오르프-슐베르크는 다양한 대상자들을 위한 음악치료와 교육 프로그램들에 융합되었다(Adelman, 1979; Ball & Bitcon, 1974; Barker, 1981; Bernstorf, 1997; Birkenshaw-Fleming, 1997; Dervan, 1982; Hochheimer, 1976; Hollander & Juhrs, 1974; Leonard, 1997; Levine, 1998; McRae, 1982; Nordlund, 1997; Orff, 1994; Ponath & Bitcon, 1972). 오르프 음악치료라는 주제만을 다룬 가장 주목할 만한 출판물로는, 게르트루트 오르프(Gertrud Orff)가 저술한 『The Orff Music Therapy: Active Furthering of the Development for the Child』(1974)와 『Key Concepts in the Orff Music Therapy』(1989), 그리고 캐롤 비트콘(Carol Bitcon)의 『Alike and Different: The Clinical and Educational Uses of Orff-Schulwerk』(2000) 등이 있다.

철 학

오르프-슐베르크의 일반적 철학

오르프-슐베르크의 중심에는 두 가지 기본 전제가 있다. 모든 사람은 음악에 참여할 수 있고 교실에서 사용되는 음악은 본질상 기초적이어야만 한다는 점이다. 능력이나 장애와 상관없이 모든 아동은 오르프 합주에 참여한다. 이것은 말, 노래 부르기, 기악 연주, 동작의 형태로 나타난다. 교사는 아동이 성공적으로 연주할 수 있도록 적합한 곳에 그들을 배치하는 인도자의 역할을 수행해야만 한다(Shamrock, 1986; Warner, 1991).

오르프 지침의 핵심은 기초 음악(elemental music)이다. 언급된 것처럼 이 음악은 본질상 '기초적(elemental)'이며 말, 댄스, 동작의 요소들을 통합한다. 오르프는 이 음악이 홀로 서지 않아야 한다고 믿었는데, 이는 이 음악이 부족 문화들에서 다루어졌던 방식이 아니었기 때문이다. 이 음악은 기록되고 엄격하게 연주된다는 의미가 아니다. 그 대신, 기초 음악의 음악적 결과물은 즉흥연주를 통하여 언제나 변화할 수 있는 과정에 놓여 있다(Rudaitis, 1995; Warner, 1991).

오르프 음악 교육 접근법에 내재된 원칙 중 하나는 소리에서 상징으로의 진행이다. 오르프는 음악 학습의 이러한 진행이 아동의 언어 습득 과정과 병행한다고 믿었다. 따라서 이 프로그램은 이러한 전제를 지지하기 위하여 개발되었다. 아동이 언어를 학습해 감에 따라, 우리는 언어를 학습하기 위한 도구들(대화, 그들의 시도들에 대한 승인, 그림과 글자의 사용)을 가지고 아동에게 접근한다. 슐베르크 접근법에서는 아동이 그 경험을 말로 표현하기 이전에 수많은 음악 만들기에 참여한다(Wry, 1981). 아동은 최초로 음악 소리들과 단어들을 학습하고(탐구와 모방), 그 후 화성과 문장 조성을 통하여 그것들을 다루기 시작한다(즉흥연주와 창조). 아동은 사용하는 소리를 확실히 파악한 후(음악이나 본문의), 기록된 형식을 점차적으로 접하게 된다. 악보 읽기에 점점 더 익

숙해짐에 따라, 그들은 결국 음악이나 본문 글쓰기를 통하여 창조하도록 요구
받는다(Bitcon, 2000; Orff, 1963).

소리에서 상징으로의 이러한 진행을 통하여, 슐베르크는 음악적 개념의 발
전을 제공한다. 리듬은 모든 작업의 기반으로 여겨지며, 이는 기초 음악(말,
댄스, 동작)의 힘이자 원동력이다. 말로부터 아동은 선율의 발전(주고받기, 찬
트, 오음계 양식, 온음계 양식)뿐 아니라 박자가 있고 또한 박자가 없는 말의 발
전으로 이동한다. 동작은 리듬적 동작, 자유로운/해석적 동작, 반주라는 개념
적 발전의 세 분야로 확장된다. 반주는 오르프-슐베르크 과정의 핵심적인 요
소가 된다. 아동은 그들의 말, 노래 부르기, 동작 활동들을 반주하기 위하여
비선율악기들을 사용하기 시작하고 그 후 선율악기를 사용하게 된다. 이 반주
기술의 발전은 결국 전통적인 화성의 이해를 가져온다. 이 과정을 통하여, 동
작은 간단한 지속저음(bordun)에서 색깔로서 사용된 리듬 오스티나토까지
반주 패턴들의 시범을 보여 주기 위하여 계속적으로 사용된다(Morin, 1996;
Warner, 1991).

1980년 코랄리 스넬(Coralie Snell)은 그녀의 박사 논문인 「오르프-슐베르
크의 철학적 기반」을 저술하였다. 문헌들과 다른 중요한 자료들의 분석을 통
하여, 그녀는 다음과 같은 아홉 가지의 슐베르크 지지자들의 신념 체계를 요
약하였다.

(1) 교육은 개인의 구체적 필요, 능력, 잠재력에 따라 그들의 완전한 발전
    을 이끄는 경험을 위한 기회들을 제공해야만 한다.
(2) 창조력은 모든 인간에게 내재된 속성이다.
(3) 표현성을 위한 잠재력은 모든 사람들 속에 있고 적절한 자극에 반응할
    것이다.
(4) 유쾌함을 주는 경험은 학습을 촉진시키고 그 학습을 좀 더 많이 기억하
    게 한다.
(5) 일반적으로 학습, 특히 그중에서 음악학습은 경험에 참여함으로써 일

어나고, 경험은 그 학습을 이끈다.

(6) 음악은 인간의 총체적인 발전에 필수적이다.

(7) 음악 이론 학습은 오르프–슐베르크 경험 속에 지속적으로 참여함으로써 나타나는 직접적인 산물이다.

(8) 아동이 음악을 배우기 위한 가장 좋은 방법은 인류가 그 자신의 현존하는 음악성을 습득했던 역사적 과정을 반복함으로써 이루어진다.

(9) 집단은 중요하고 개인은 집단을 만들기 위해 독특하게 기여한다.

오르프 음악치료

음악 교육에 대한 오르프의 철학은 음악치료에서 사용되는 다양한 기법들을 병행한다. 이 두 분야에서 가장 중요한 요소 중 한 가지는 다감각적 접근 방식이다. 모든 아동에게 다가가는 오르프의 목적은 학습 경향성을 증가시키기 위하여 여러 가지 감각 양식들을 사용함으로써 나타난다. 오르프–슐베르크의 핵심 요소인 말, 노래 부르기, 동작, 악기 연주는 이러한 다감각적 접근 방식을 구체화한다. 예를 들어, 악기들은 촉각, 시각, 청각, 운동 감각 단계에서 클라이언트에게 다가갈 수 있다. 클라이언트는 악기의 촉감이나 무게, 크기나 색깔, 음색, 혹은 소리를 유발시키는 데 필요한 움직임에 반응할 수 있다(Orff, 1974).

오르프 음악치료 안에서, 음악은 사회적이고 의사소통적인 기능을 가진 것으로 보일 수 있다. 오르프 합주에 참여하는 것은 아동에게 자신의 존재가 합주에 필요하다는 것을 알려 줌으로써 그에게 정체성을 부여한다. 치료는 소속감과 더 큰 어떤 것, 즉 총체적인 음악 작품에 기여한다는 느낌을 창조하는 자극으로서 작용한다(Orff, 1974). 이러한 합주 속에서 협동과 순서 기다리기에 대한 필요는 타인을 인내할 수 있는 능력을 키운다. 결과적으로, 이러한 합주에 참여하는 것은 타인에 대해 반응하고 그들과 상호 작용할 수 있는 아동의 능력을 향상시킬 수 있다.

오르프 악기 연주는 또한 여러 형태의 의사소통을 허용한다. 악기는 아동과 치료사 간의 연결 또는 장벽으로서의 이중적인 역할을 할 수 있다. 아동은 악기 연주를 통하여 치료사에게 자신의 의도를 의사소통할 수 있지만, 반대로 치료사와 클라이언트 사이의 '안전한' 거리를 만들기 위하여 악기 연주를 사용할 수도 있다(Orff, 1974). 따라서 의사소통은 아동에서 악기로, 아동에서 치료사로, (그룹 세팅에서) 아동에서 아동으로 발생할 수 있다.

오르프 음악치료에서 음악치료사에게 잘 알려진 핵심적인 규칙들은 다음과 같다. 클라이언트가 있는 곳에서 출발하고, 그들이 할 수 있는 것에 초점을 맞추어라. 치료사는 확립된 목적을 성취하기 위해 작업하면서도 동시에 융통성이 있어야 하고 클라이언트의 능력을 건드릴 수 있는 음악치료 활동들을 적용하여야 한다. 음악적 학습과 음악적 전개에 대해 반주하는 것은 클라이언트의 속도에 부합되어야만 하고 매우 개별적이어야만 한다. 오르프에서 이것은 긴장과 이완 간의 교대로 설명된다. 이것은 습관을 배제한 채 새로움과 익숙함의 주의 깊은 조화와 관련된다. 만들어진 변화는 한 세션 안에 또는 세션 사이에서 흥미를 유발하고, 이것은 오르프 음악치료에서 '매력'이라고 설명될 수 있다(Orff, 1974).

『Alike and Different: The Clinical and Educational Uses of Orff-Schulwerk』(2000)라는 캐롤 비트콤의 책에서, 그녀는 임상 세팅에서 오르프-슐베르크를 가지고 작업할 때 고려해야 하는 네 가지 기본 전제들을 언급하였다. 첫째, 성공은 세션 안에 이미 암시적으로 존재한다. 환경은 긍정적이고 비위협적이어야 하고 모험 수행을 위한 분위기를 창조해야 한다. 클라이언트는 보상된 연속적 근접을 통하여 모험할 수 있어야만 한다. 둘째, 어떤 정도든 자유 해답식(open-ended) 자료가 제시되어야 한다. 비록 치료사가 어떤 특정한 목적을 염두에 두고 있을지라도, 치료사는 클라이언트의 반응에 대하여 다양한 변화를 허용해야 한다. 클라이언트의 능력 수준에 따라 치료사가 주도해야 하는 통제의 정도는 달라질 것이다. 셋째로, 사용된 자료들은 그룹 내 개인의 능력에 따라 달라져야만 한다. 치료사는 성공을 보증하기 위하여 (첫 번째 전제) 클라이언트에게 발달적으로 적절한 자료를 사용해야 한다. 마지막으로, 치료사는 적응성, 융통성, 민감성, 장애와 치료적 필요에 관한 지식, 유머를 이해하는 힘을 가져야 하고, 개인의 존엄성을 충분히 고려해야 한다.

음악치료의 임상적 적용

오르프-슐베르크 교수법은 다음과 같은 음악 발전의 네 분야, 즉 탐구, 모방, 즉흥연주, 창조를 통하여 아동을 이끄는 데 초점을 맞춘다. 첫 번째 분야인 탐구는 아동에게 소리와 동작 안에서 가능성의 영역을 발견하도록 한다. 아동은 음악적 자극을 제시받고 그 음악을 마음대로 조정할 수 있는 자유를 허락받는다. 그 다음 분야는 모방이다. 모방은 말, 신체 타악기, 동작, 노래 부르기, 악기 연주 영역 등에서 기본적인 기술들을 발전시킨다. 교사나 치료사는 한 패턴을 제시하고 아동에게 그것을 반복하도록 요구한다. 이것은 어떤 규칙 없이 할 수도 있고 또한 주고받기의 형태로 할 수도 있다. 어떤 것을 제시하든지, 모방 분야는 처음에는 신체 타악기(손가락 튕기기, 손뼉 치기, 발 구르기, 무릎 치기)를 통하여 제시되어야 한다. 그 후 비선율타악기, 선율타악기(자일로폰, 철금, 메탈로폰) 혹은 피리로 전환한다. 탐구와 모방 분야들은 때때로 상황에 맞게 동시다발적으로 혹은 교대로 소개한다.

일단 아동이 패턴을 올바르게 모방할 수 있게 되면, 치료사는 즉흥연주를 소개한다. 즉흥연주는 참여자가 새로운 패턴을 주도할 수 있는 기회를 제공함과 동시에, 신체 타악기 같은 모방을 위해 표적화된 기술 분야에 초점을 맞춘다. 아동은 그가 갖고 있는 즉흥연주 기술 수준의 높고 낮음에 상관없이 그것을 사용하여 그룹 활동들에 참여할 수 있다. 즉흥연주는 심지어 아동이 아주 기초적인 패턴을 모방하자마자 소개된다. 교사나 치료사는 이전에 배웠던 자료의 리듬이나 음정을 변화시키도록 아동을 격려함으로써 즉흥연주를 구조화한다. 이는 질문과 대답의 형태일 수도 있고, 혹은 독주와 그룹 연주를 교대로 하는 론도형식일 수도 있다.

마지막 분야는 창조다. 이 단계에서 그룹은 처음 세 분야인 탐구, 모방, 즉흥연주에서 얻은 자료를 결합시킨다. 아동은 론도형식, 주제와 변주, 미니 조곡 안에서 자신만의 작품을 창조하도록 격려받는다. 가사는 독창적으로 만들거나, '작곡가'에게 특별한 의미를 주는 자료에서 빌려올 수도 있다. 또한 가사는 오르프-슐베르크 접근 방식의 핵심적 요소인 말, 노래 부르기, 동작, 악기 연주 등을 사용함으로써 음악적으로 발전될 수도 있다(Shamrock, 1986).

이런 과정을 통하여, 오르프-슐베르크 접근법은 음악적이며 미학적인 반응성을 가르친다. 아동은 깊이 사고하고 이러한 예술에 독특한 방식으로 반응하며 자신들을 표현하는 것을 학습한다. 음악적 반응성은 감각 지각, 미학적 경험, 기술 발전, 즉흥연주를 포함한다. 오르프 활동은 청각, 촉각, 시각, 운동감각과 같은 아동의 다양한 감각들을 자극한다. 아동이 온몸으로 참여할 때 표현적이고 창조적이 되며 상상할 수 있는 기회를 가지게 된다. 오르프-슐베르크 동안, 아동은 말, 노래 부르기, 동작, 악기 연주를 통하여 과정에 능동적으로 참여함으로써 음악적이고 비음악적인 개념을 이해하게 된다(Banks, 1982; Thomas, 1980). 개념적인 이해가 발전해 가면서 아동은 "요소들을 디자인하고, 재디자인하고, 재구성하고, 재배열하고, 상징화하고 확장해 감"을 통하여 즉흥연주 경험에 참여한다(Thomos, 1980: 58).

오르프는 음악 만들기에 대한 이러한 접근법이 전 세계의 음악 교육에도 적합해야 한다고 느꼈다. 오르프-슐베르크의 기본 전제는 다양한 음악 발전 단계에서 사용된 음악이 동운어(rhymes), 속담, 아동의 찬트, 놀이, 노래를 포함하는 각 문화만의 말과 노래 전통에서 출발한다는 것이다. 오르프-슐베르크 접근법은 과정 중심적이다. 이것은 유도된 결과물이 아니다(Shamrock, 1986). 음악을 만드는 과정에서 발생하는 것이 음악적 결과물보다 중요하고, 이것은 비음악적 목적을 지향하는 음악치료에서는 이상적인 접근 방식이다.

아델만(Adelman)은 1979년 자신의 석사 논문에서, "임상 활동에서의 음악치료 이론과 오르프-슐베르크 기법들의 융합"을 고찰하였다. 그녀는 오르프-슐베르크 접근법을 윌리엄 시어즈(William Sears)가 언급하였던 '음악치료 과정'에 적용하였다(Sears, 1968). 음악치료의 이러한 과정은 다음과 같은 세 가지 주요한 제목으로 구분된다.

(1) 구조 안에서의 경험
(2) 자기-조직화 안에서의 경험
(3) 타인과의 관계 속에서의 경험

음악은 구조를 가진다. 이것은 시간과 관련하여 발생하고 멈추어 있지 않으며, 순간순간 변화한다. 오르프-슐베르크는 진행되는 작곡 과정(즉흥연주와 창조) 내에서의 변화를 허용함과 동시에, 일반적인 론도형식과 같은 구조를 제공하는 진화하는 과정이다. 음악치료사는 클라이언트에게 자기-조직화와 자기-표현을 이루는 방법으로 자기-동기부여와 개인적 선택을 위한 기회를 제공하기 위하여 노력한다. 오르프-슐베르크 과정에서 즉흥연주를 통한 작곡 과정에 클라이언트가 참여하는 것은 매우 중요하다. 악기, 형식, 패턴, 속도, 다이내믹 등등에 기초한 선택들은 창조의 중요한 요소다. 또한 타인과 관계를 맺는 경험 역시 성공적인 음악 만들기에 필수적인 요소가 된다. 오르프-슐베르크 작곡은 기본 박 오스티나토와 밑에 깔려 있는 리듬 오스티나토에 바탕을 두고 있기 때문에, 그룹의 개인 구성원은 자신의 개별적인 부분이 전체 합주의 일부로 맞춰짐에 따라, 집단 응집력과 독립성을 함께 추구해야만 한다(Adelman, 1979).

클라이언트를 위한 치료 계획을 설계하는 데 그 선행단계로서 음악치료 사정을 완수할 때 사회성, 의사소통, 운동, 인지, 심리, 자기-지각, 현실 자각, 정서, 시각, 청각, 음악 등의 분야들은 잠재적인 표적으로 여겨질 수 있다. 〈표 1-1〉은 음악치료 처치 계획에서 일반적으로 찾아볼 수 있는 필수적인 비음악적, 음악적인 목적들을 성취하기 위한 작업에서 사용할 수 있는 오르프-슐베르크 활동 중 몇 가지를 소개한다. 여기에서는 표적 분야, 그 분야와 연합된 구체적 행동 그리고 오르프 활동을 위한 가능성을 제시한다.

〈표 1-1〉 표적 행동들을 위한 오르프 활동

표적 분야	구체적 행동	오르프 활동
사회성	순서 기다리기	모방, 독주/합주
	지시 따르기	오스티나토, 리듬적인 댄스
의사소통	말 사용하기	찬트, 말 오스티나토
	질문-대답 기술들	주고받기 활동
운 동	동작 모방	신체 타악기 모방/오스티나토
	손바닥으로 움켜쥐기	악기 채 잡는 위치와 그 사용
인 지	감상 기술	합주 부분을 암기로 가르치기
	이름 인지	다양한 이름의 게임과 찬트
심 리	스트레스 분출	즉흥연주, 자유로운 동작
	자기-통제	창조 선택, 참여 수준
자기-지각	자기에 대한 언어적 표현	자기를 묘사하는 찬트 창조
	신체 언어 제시	편안한 느낌을 증가시키는 동작 반영
현실 자각	이름 인지	주제와 변주: 아동과 정보
	일상적으로 진행되는 사건들을 차례로 나열하기	작곡된 노래에 반주 만들기
정 서	감정 표현	즉흥연주, 작곡, 노래 부르기
	감정 구분하기	정서에 기초한 작품 창조하기
시 각	시각적 추적하기	리듬/가사 차트 읽기
	상징/문자 구별	시각적 도구를 사용한 론도 활동
청 각	청각적 구별하기	작품 속에서의 환경적 소리
	또래 상호작용	합주 연주
음 악	모든 것	모든 것

요 약

비록 칼 오르프가 음악치료를 위한 프로토콜로서의 그의 접근법을 의도적으로 확립하지는 않았지만, 그가 개발한 이 접근법은 음악치료 회기들에서 쉽게 사용될 수 있다. 많은 목적이 일치하기 때문에, 근본적인 원칙 또한 유사하다. 음악적인 표현을 통하여 말하도록 하는 것이 오르프-슐베르크의 기반이며, 이러한 표현을 통하여 음악은 치료적인 목적을 다룰 수 있다. 베반스(1969)에 따르면, 오르프-슐베르크는 "리듬이 모든 인생에 존재한다."라는 원칙과 "비음악적인 아동은 거의 없다."(p. 42)라는 원칙을 구현한다. 이러한 원칙들을 채택함으로써, 음악치료사는 오르프 접근법을 모든 대상자들에게 적용할 수 있다.

 참고문헌

Adelman, E. J. (1979). An integration of music therapy theory and Orff-Schulwerk techniques in clinical application (Master's thesis, Michigan State University, 1979). *Masters Abstracts International, 18*(2).

American Orff-Schulwerk Association (AOSA). (2000, October 8). *Chronology of Orff Schulwerk* [On-line]. Available: http://www.aosa.org/chronology.html

Ball, T. S., & Bitcon, C. H. (1974). Generalized imitation and Orff-Schulwerk. *Mental Retardation, 12*(3), 36-39.

Banks, S. (1982). Orff-Schulwerk teaches musical responsiveness. *Music Educators Journal, 68*(7), 42-43.

Barker, C. S. (1981). Using Orff-Schulwerk as a method to enhance self concept in children with learning disabilities (Doctoral dissertation, Brigham Young University, 1981). *Dissertation Abstracts International, 42*(05A).

Bernstorf, E. (1997). Orff-Schulwerk, inclusion and neurological disorders. *The Orff Echo, 29*(2), 8-11.

Bevans, J. (1969). The exceptional child and Orff. *Music Educators Journal, 55*(7), 41-43, 125-127.

Birkenshaw-Fleming, L. (1997). The Orff approach and the hearing impaired. *The Orff Echo, 29*(2), 15-19.

Bitcon, C. H. (2000). Alike and different: *The Clinical and educational uses of Orff-Schulwerk* (2nd ed.). Gilsum, NH: Barcelona.

Carl Orff Foundation. (1999, February 22). *Carl Orff* 1895-1982 [On-line]. Available: http://orff.munich.netsurf.de/orff/html_e/body_leben_und_werk.html

Dervan, N. (1982). Building Orff ensemble skills with mentally handicapped adolescents. *Music Educators Journal, 68*(8), 35-36, 60-61.

Frazee, J., & Kreuter, K. (1987). *Discovering Orff.* New York: Schott Music.

Hochheimer, L. (1976). Musically planned creativity and flexibility— elementary classroom: Implications for Orff-Schulwerk, the Kodaly methods and music therapy. *Creative Child and Adult Quarterly, 1*(4), 200-206.

Hollander, F. M., & Juhrs, P. D. (1974). Orff-Schulwerk: An effective treatment tool with autistic children. *Journal of Music Therapy, 11*, 1-12.

Lehrer-Carle, I. (1971). Orff-Schulwerk: A vitalizing tool in music therapy programs. *Musart, 23*, 10.

Leonard, S. F. (1997). Special songs, special kids: Learning opportunities for the special learner. *The Orff Echo, 29*(2), 20-21.

Levine, C. (1998). Reminiscences: Orff-Schulwerk at the Detroit Psychiatric Institute. *The Orff Echo, 30*, 30-32.

McRae, S. W. (1982). The Orff connection. Reaching the special child. *Music Educators Journal, 68*(6), 32-34.

Morin, F. (1996). *The Orff-Schulwerk movement: A case study in music education reform.* (ERIC Document Reproduction Service No. ED 420 608)

Nordlund, S. (1997). Me? Work with orthopedically what? *The Orff Echo, 29*(2), 12-13.

Orff, C. (1963). Schulwerk: Its origin and aims. *Music Educators Journal, 49*(5), 69-74.

Orff, C. (1994). The Schulwerk and music therapy: Carl Orff, 1964. *Orff Echo, 26*(4), 10-13.

Orff, G. (1974). *The Orff music therapy: Active furthering of the development of the child.* London: Schott.

Orff, G. (1989). *Key concepts in the Orff music therapy* (J. Day & S. Salmon, Trans.). London: Schott.

Ponath, L. J., & Bitcon, C. H. (1972). A behavioral analysis of Orff-Schulwerk. *Journal of Music Therapy, 9*, 56-63.

Rudaitis, C. (1995). Jump ahead and take the risk. *Teaching Music, 2*(5), 34-35.

Sears, W. (1968). Processes in music therapy. In E. Thayer Gaston (Ed.), *Music in therapy* (pp. 30-46). New Work: Macmillan.

Shamrock, M. (1986). Orff-Schulwerk: An integrated foundation. *Music Educators Journal, 72*(6), 51-55.

Snell, C. A. (1980). The philosophical basis of Orff-Schulwerk (Doctoral dissertation, University of Southern California, 1980). *Dissertation Abstracts International, 41*(04A).

Thomas, J. (1980). Orff-based improvisation. *Music Educators Journal, 66*(5), 58-61.

Warner, B. (1991). *Orff-Schulwerk: Applications for the classroom.* Englewood Cliffs, NJ: Prentice-Hall.

Wry, O. E. (1981). Philosophical implications of Orff-Schulwerk. *The Orff Echo, 13*(4), 5, 23.

교실 수업을 위한 추천도서

Frazee, J., & Kreuter, K. (1987). *Discovering Orff.* New York: Schott Music.

Keller, W. (1974). *Orff-Schulwerk: Introduction to music for children (methodology, playing the instruments, suggested for teachers).* MIami, FL: European American Music Distribution Cooperation.

Landis, B., & Carder, P. (1972). *The eclectic curriculum in American music education: Contributions of Dalcroze, Kodaly, and Orff.* Washington, DC: Music Educators National Conference.

Nash, G. C. (1974). *Creative approaches to child development with music, language, and movement.* Port Washington, NY: Alfred.

Regner, H. (Coordinatior). (1977, 1980, 1982). *Music for children. Orff*

Schulwerk American edition (Vols. 1-3). Schott.

Saliba, K. K. (1991). *Accent on Orff: An introductory approach*. Englewood Cliffs, NJ: Prentice-Hall.

Steen, A. (1992). *Exploring Orff: A teacher's guide*. New York: Schott Music.

Warner, B. (1991). *Orff-Schulwerk: Applications for the classroom*. Englewood Cliffs, NJ: Prentice-Hall.

Wheeler, L., & Raebeck, L. (1985). *Orff and Kodaly adapted for the elementary school*. Dubuque, IA: Wm. C. Brown.

추가 자료

American Orff Schulwerk Association (AOSA). Website address: http://www.aosa. org/ *The Orff Echo*. Quarterly Publication of the AOSA.

Carl Orff Canada. http://www.orffcanada.ca/
Ostinato. Publication of COC Published three times per year.

오르프-슐베르크 모음곡

Ferguson, N. (1987). *Good morning John Denver: Denver's greatest hits arranged for elementary singers*. Memphis, TN: Memphis Musicraft.

Forrest, L. (1994). *Orffestrations*. Dayton, OH: Heritage Music Press (Various volumes focusing of different topics).

Frazee, J. (1983). *Singing in the season*. St Louis, MO: MMB Music.

Hampton, W. (1995). *Hot marimba*. Danbury, CT: World Music Press.

Kriske, J., & Delelles, R. (1999). *Strike it rich!* Las Vegas, NV: Kid Sounds.

McRae, S. W. (1980). *Chatter with the angels*. St. Louis, MO: MMB Music.

McRae, S. W. (1982). *Glow ree bee*. Lakeland, TN: Memphis Musicraft.

McRae, S. W. (1985). *American sampler*. Lakeland, TN: Memphis Musicraft.

McRae, S. W. (1992). *Playtime*. Memphis, TN: Memphis Musicraft.

McRae, S. W. (1995). *Sing 'round the world*. Lakeland, TN: Memphis Musicraft Publications.

Memphis Orff Teachers. (1981). *Hearing America*. Memphis, TN: Memphis Musicraft.

Memphis Orff Teachers. (1991). *The world sings*. Lakeland, TN: Memphis Musicraft.

Nash, G. C., & Rapley, J. (1990). *Music in the making*. Van Nuys, CA: Alfred.

Olsen, A. (1987). *13 songs for Halloween*. Vancover, WA: Alice Olsen.

Saliba, K. (1981). *Who's who at the zoo?* Cordova, TN: Cock-A-Doodle Tunes.

Saliba, K. (1982). *Jelly beans and things*. Memphis, TN: Memphis Musicraft.

Saliba, K. (1993). *Yours truly. Creative choices for Orff classrooms*. Memphis, TN: Memphis Musicraft.

Saliba, K. (1994). *One world, many voices*. Memphis, TN: Memphis Musicraft.

Saliba, K. (1995a). *Good morning songs and wake-up games*. Lakeland, TN: Memphis Musicraft.

Saliba, K. (1995b). *Sing me a song*. Miami, FL: Warner Bros.

Saliba, K. (1996). *Austinato: An ostinato jamboree*. Lakeland, TN: Memphis Musicraft.

Saliba, K. (1998a). *Spice it up*. Miami, FL: Warner Bros.

Saliba, K. (1998b). *With a twist*. Lakeland, TN: Memphis Musicraft.

Saliba, K. (1999). *Pot-pourri*. Miami, FL: Warner Bros.

f

제 2 장

달크로즈 접근법에 기초한 음악치료

달크로즈 접근법에 기초한 음악치료

R. J. David Frego
Robin E. Liston
Mika Hama
Greta Gillimeister
Jayne Wenne 감수

서 론

미국의 음악 교육은 그 접근 방식에서 매우 절충적이다. 음악 교육은 문화, 철학 그리고 학문적인 실행의 다양한 혼합물인 미국의 국가적 특질을 반영한다. 교육적 철학과 법칙의 기본 원리는 모든 아동은 자유롭고 적절한 교육을 받을 수 있다는 것이다.

이러한 시각은 음악이 재능 있는 소수의 사람들을 위한 것이 아닌 모든 아동을 위해 존재해야만 한다는 점에서 음악 교육에 반영된다. 그리고 모든 사람을 위한 음악이라는 아이디어를 포용하는 철학을 가진 많은 음악 교육가들이 있다. 이런 음악가들 가운데, 에밀−헨리 자크−달크로즈(Émile-Henri Jaques-Dalcroze)가 있다.

철 학

달크로즈(Dalcroze) 철학은 정신, 신체, 정서의 통합은 모든 학습에 기본이라는 아이디어에 중심을 두고 있으며, 이러한 아이디어는 과거의 여러 시기에 걸쳐 존중을 받아 왔다. 플라톤은 그의 저서 『Laws』에서 "교육은 두 가지 줄기가 있는데, 그중 하나인 체육은 신체를 다루며, 또 다른 하나인 음악은 영혼의 발전을 위해 계획된다."(Pennington, 1925: 9)라고 언급하였다. 달크로즈는 모든 음악가의 목적은 민감하고 표현적이 되는 것이며 동작, 소리, 사고, 감정, 창조를 통하여 음악을 표현하는 것이라고 믿었다.

메드(Mead, 1994)는 달크로즈의 철학을 다음의 네 가지 기본 전제들을 통하여 설명하고 있다.

(1) 유리드믹스는 마음속에 있는 음악의 신체적, 청각적, 시각적 심상을 일깨운다.
(2) 솔페즈(시창과 청음), 즉흥연주, 유리드믹스는 표현적 음악성을 증진시키고 지적인 이해력을 향상시키기 위하여 함께 작용한다.
(3) 음악은 말, 몸짓, 동작을 통하여 경험할 수 있다. 이것들은 마찬가지로 시간, 공간, 에너지 속에서 경험할 수 있다.
(4) 인간은 감각들을 통하여 학습할 때 가장 잘 학습한다. 음악은 촉각, 운동 감각, 청각, 시각을 통하여 가르칠 수 있다.

역 사

에밀-헨리 자크(Émile-Henri Jaques)는 1865년 7월 6일 음악적인 분위기의 가정에서 태어났다. 스위스인이었던 그의 부모는 비엔나에 거주하였고, 어린 에밀과 그의 여동생 헬레네(Hélène)는 유능한 음악교사이자 피아니스트였던 어머니 율리(Julie)에게서 예술 교육을 받았다. 그녀는 교육 개혁가인 페스탈로치(Pestalozzi, 1746~1827)의 철학과 교육 접근 방법을 공부하였다. 페스탈로치는 단순히 기록된 언어를 통하지 않고 감각과 경험을 통한 교육을 주창한 선구자였다. 율리에게 미친 그의 영향은 그녀의 아들에게도 뚜렷하게 나타났다. 달크로즈 접근 방식은 음악에서의 경험이 음악적 이해에 필수적이라는 철학에 근거하였기 때문에, 이것은 페스탈로치와 달크로즈 철학 모두가 공통된 기반을 공유하는 것처럼 보인다(Collins, 1993). 자크 가(家)에서 보낸 어린 시절은 노래 부르기, 연주하기, 춤추기, 연극하기, 창조하기의 시간들이었다. 에밀은 행복한 어린 시절을 보냈으며 "생기발랄하고, 친절하며, 심지어 관조적인 아동"(Spector, 1990: 5)으로 묘사되었다.

1875년 그의 가족은 제네바로 이사하게 된다. 사립학교에서 몇 년의 세월을 보낸 후, 에밀은 제네바 음악학교에 등록하였다. 18세가 됐을 때, 그는 자신의 직업을 결정하지 못하였다. 그 이듬해인 1884년 그는 파리로 가서 코메디 프랑세즈(Comédie Française)에서 드라마를, 그리고 파리 음악학교에서는 음악을 공부하였다. 청년 에밀은 그 도시의 예술적인 분위기에 흠뻑 빠졌다. 열정적인 젊은 연극인이자 음악가로서 그는 또한 틈틈이 작곡하고 연주하며, 자신이 직접 반주하면서 노래를 불렀다.

파리에 있는 동안 에밀은 피아노 교육가면서 저술가인 루시(Mathis Lussy, 1828~1910)의 가르침에 친숙하게 되었다. 루시는 표현적 음악 연주와 음악적 이해에 관한 주제에 대하여 집중적으로 저술하였다(Caldwell, 1995). 루시를 통하여, 에밀은 문제를 인식하고, 과학적으로 그것들에 접근하며, 해결을 위한 방법들을 고안하는 것(Spector, 1990) 등의 학문적인 질문의 과정들을 배우게 되었다. 에밀은 음악을 강조하는 방향으로 관심을 옮겨 갔고, 1886년 여름 제네바에 있던 가족을 방문한 후, 북아프리카의 알제리에 있는 누보 극장(Théâtre des Nouveaux)의 부지휘자 겸 합창 감독을 맡게 되었다. 알제리는 1847년 이후로 프랑스의 점령지였고, 그 결과 서구 유럽 문화의 영향을 받았다. 에밀은 그의 첫 전문적인 직업에 열정을 쏟으면서 동시에 두 가지 변화를 겪게 되었다. 그의 젊은 외모가 리더로서의 그의 유능함을 방해한다고 느끼고, 그는 그의 전 생애 동안 유지하였던 콧수염과 턱수염을 기르기 시작하였다. 이것은 또한 그가 출생했을 당시 붙여졌던 이름인 자크에 달크로즈를 덧붙였던 시기였다. 이것은 프랑스 보르도(Bordeaux)에 있는 폴카 작곡가의 이름 또한 에밀 자크였기 때문에 혼란을 피하기 위하여 바꾼 것으로 보인다. 에밀은 한 친구에게서 발크로즈(Valcroze)라는 이름을 빌렸고, 거기서 첫 음절을 D로 바꾼 후 에밀 자크-달크로즈(Émile Jaques-Dalcroze)로 세상에 알려지게 되었다(Spector, 1990).

한 절기가 끝난 후, 달크로즈는 1887년 제네바로 돌아와 그해 말 비엔나로 이사하였고, 브루크너(Anton Bruckner, 1824~1927)의 스튜디오가 있는 비엔나 음악학교에 등록하였다. 그들의 협력은 간략하다. 브루크너, 바로 '이 미련한 프랑스인(der dumme Franzose)'이 화성을 처음부터 공부해야 한다고 주장하자 달크로즈는 이것을 거절하였다. 결국 브루크너는 이 음악학교에서 달크로즈를 내보내려 하였지만, 교수진들은 이를 저지했다. 프로즈니즈(Adolf Prosniz, 1827~1917)는 달크로즈를 그의 스튜디오에 초청하였다. 달크로즈가 그의 음악에 전념하고 더 심층적으로 음악을 연구할 수 있도록 학습하는 것을 도운 사람은 아마도 프로즈니즈였을 것이다(Spector, 1990). 브루크너와의 충돌에도 불구하고, 달크로즈는 그들의 연합이 가치 있는 것이라고 생각하였다. 브루크너의 아량 없음과 권위적인 스타일은 달크로즈의 사랑이 넘치는 유쾌한 기질과는 대조가 되었다. 아마도 이러한 경험이 유능한 교사는 전인 아동(whole child)을 존경하고 교육한다는 그의 철학을 세우는 데 도움을 주었을 것이다.

1889년 봄, 달크로즈는 파리 음악학교로 돌아와서 포레(Gabriel Fauré)에게 작곡을 사사받았다. 이 24세의 음악가는 프랑크(César Frank)와 그와 비슷한 수준의 다른 예술가들과 같은 음악적 활동 범위에서 활동하면서 대부분의 기회를 만들었다. 달크로즈는 당시의 관습에 따라 각종 노래, 합주, 음악소품을 작곡하였다.

1892년 달크로즈는 솔페즈 교수로서 제네바 음악학교로 돌아왔다. 그는 그 당시의 교수법에 의문을 가지기 시작했으며 그가 무엇을 개선시킬 것인지를 고민하였다. 학생들을 주의 깊게 관찰함으로써 그는 그의 학생들이 훌륭한 음악적 기술자일 수는 있지만, 그들이 연주하도록 요구받은 음악의 뉘앙스를 듣거나 느끼지는 못하였음을 발견하였다. 고정 박을 단순히 유지하는 것도 이런 학생에게는 어려운 일이었다. 달크로즈는 학생이 자리에서 일어나 공간을 돌아다니며 고정 박을 유지하도록 하였다. 거기에 그는 노래 부르기, 호흡하기, 다양한 속도로 걷기, 깡충깡충 뛰기, 큰 몸짓으로 지휘하기와 같은 다른 기본적 특징들을 추가하였다(Odom, 1998). 그 후 그는 학생들에게 자신이 연주하고 있는 즉흥음악에 신체적으로 반응하도록 요구함으로써 동작에 대한 특징을 첨가하였다. 이러한 특징들은 음악에 보완적인 레가토, 마르카토, 스타카토 동작들을 포함하였다. 파트너와의 협력 작업은 학생들에게 타이밍, 공간, 힘과 무게, 창조성, 협력 학습을 경험하도록 하였다. 음악에 리듬 동작을 추가함으로써 학생들은 표현의 일차적 도구로서의 신체를 깨닫게 되었다(Dutoit, 1971: 9). 솔페즈 교사로서 달크로즈는 상호 관계의 구분이 없는 세분화된 음악 수업이 학생들의 진정한 음악 발전을 방해하는 데 치명적이라고 믿었다(Carder, 1990). 달크로즈는 솔페즈를 리듬 동작에, 그리고 즉흥연주를 그가 처음으로 언급한 리듬 체육에 연합시킴으로써 달크로즈는 통합적인 교육 접근법을 시작하였다.

1903년부터 1910년까지, 달크로즈는 리듬 체육에 기초한 교수법의 발전을 활발하게 추구하였다. 그러나 제네바 음악학교의 동료들은 이것이 급진적이라고 생각하였다. 그의 개혁에 대한 불만은, 부분적으로는 그의 실험적인 기법들을 너그러이 용납하려는 의도가 없었고, 또한 그의 학생들이 "연주하는 원숭이들"이 되는 것을 거부하였던 음악학교 교수들 때문이었다(Dutoit, 1971: 14). 또 다른 저항은 제네바 사회 자체에 있었다. 달크로즈의 학생들은 자유롭게 움직이기 위하여 반소매 운동복 같은 옷차림과 맨발로 수업에 임하였다. 이는 20세기 초반의 완고한 도덕 체계에 따라 살고 있었던 대부분의 제네바 사람들에게 심한 모욕을 주는 일이었다.

한편, 제네바 밖에 있는 사람들은 달크로즈의 음악과 음악 교육의 철학을 열심히 적용했다. 베를린에서 그의 접근법에 대한 시연이 있은 후, 달크로즈는 독일 드레스덴 북부에 있는 실험적인 가든 시(Garden City)로부터 리듬 연구를 위한 연구소 설립을 제안받았다. 헬레라우(Hellerau)는 예술적 발전을 위하여 산업체를 학교와 연결시켜 아동과 성인이 함께 참여하는 공동체를 지향하였다. 1910년부터 1914년 사이에 헬레라우는 음악, 연극, 댄스를 위한 문화의 중심이 되었다.

저명한 연극 계획가인 압피아(Adolphe Appia)와의 제휴 아래, 달크로즈는 건축, 즉 극장의 혁신으로 알려진 학교와 연주 장소들의 공사를 관리하였다. 이런 구조는 앞에 무대가 있는 대신에 공간이 열려 있어서 청중이 연주자에게 좀 더 가까이 다가올 수 있도록 하였다. 또한 모든 요소들은 조립 단위로 구성되어 있어 연주자가 청중 앞에서 무대를 움직일 수 있었다(Spector, 1990). 연주를 하는 동안 학생들은 음악가, 무용가 혹은 연기자로 분류되는 것이 아니라 이 세 가지 역할을 모두 수행하였다. 1912년과 1913년 여름, 청중은 헬레라우로 모여들어 학생들이 하는 글룩(Gluck)의 'Orfeo ed Euridice' 공연을 관람하였다. 시연들은 각국에서 온 저명한 예술가들과 교사들을 매혹시켰다. 그들은 저명한 무대예술가인 스타니슬라프스키(Konstantin Stanislavsky)와 버나드 쇼(Geroge Bernard Shaw), 안무가인 위그만(Mary Wigman), 디아길레프(Sergei Diaghilev)와 라반(Rudolf von Laban) 그리고 음악가인 미요(Darius Mihaud) 등이었다(Martin, 1965).

제1차 세계대전 발발 후 헬레라우 학교는 폐쇄되었고, 제네바에 상설 학교가 설립되었다. 달크로즈는 수준 높은 교사의 필요성을 절감하고, 그의 교육 방식을 다른 사람들에게 교육할 수 있도록 전문가 훈련 과정을 개설하였다. 제네바에 있는 달크로즈 학교에서 달크로즈 유리드믹스를 공부한 교사들이 계속 배출되기 시작하였다. 이 졸업생들은 전 세계에 걸쳐 많은 도시에 훈련 학교들을 설립하였다(Dutoit, 1971). 달크로즈는 1950년 사망할 때까지 제네바에서 저술, 작곡, 교육을 계속하였다. 그는 교육 철학 외에도 노래, 오페레타, 많은 축제곡으로 기억되고 있다.

오늘날 달크로즈 유리드믹스는 음악 예비 학교에서 가르치고 있으며, 북미, 유럽, 아시아, 호주에 걸쳐 음악학교와 대학의 음악 이론 및 청음 기술 교과 과정의 일부가 되었다. 또한 유리드믹스 교사와 그 경험 추구에 관심 있는 사람들을 지지하기 위한 전국적이고 전 세계적인 전문가 조직도 있다.

달크로즈는 음악에 대한 신체의 반응을 강화함으로써 감각 경험과 지적 경험이 하나의 신경 운동적 경험으로 합체되는 음악 교육 접근법을 창조하기를 원하였다(Caldwell, 1995). 그는 이것이 예상한 수준을 뛰어넘어 더 높은 수준의 연주를 이끌 수 있다는 것을 느꼈다(Carder, 1990). 그는 음악 교육이 음악적 경험에 능동적으로 관여하는 것에 초점을 맞추어야 한다고 믿었다. 기법과 지적인 이해도 중요하지만, 능동적 경험이 먼저 일어나야만 한다. 오늘날의 음악 교육은 '상징 이전의 소리' 철학에 기초하는데, 이것은 달크로즈와 그 이전의 페스탈로치가 남긴 유산이다. 달크로즈는 학생들이 시간, 공간, 에너지의 능동적인 발견을 통하여 음악적 경험을 실습하고 학습할 수 있다고 느꼈다. 그는 음악의 움직임에 따라 음악가 또한 움직여야 한다고 믿었다. 따라서 리듬은 이 철학에서 필수적이다. 달크로즈는 리듬적인 동작을 통하여 음악가가 대칭, 형식, 긴장과 이완, 프레이징(phrasing), 선율, 화성을 경험할 수 있다고 가르쳤다. 그리고 이 경험을 통하여 음악적 요소들을 가르쳐야만 한다.

달크로즈 접근법

유리드믹스로도 알려진 달크로즈 접근법은 세 가지 관련 요소로 구성되어 있다. 첫 번째 요소는 솔페즈 혹은 청음 훈련이다. 달크로즈는 학생들이 정교한 감상 기술을 학습하고 '내적 듣기'를 개발해야만 한다고 믿었다. 음악가는 그들이 기보한 것을 듣고 또한 그들이 들은 것을 기보할 수 있어야만 한다. 음악 기보법은 현실이나 상상 속에서의 연주 속에서 깨닫기 전까지는 의미가 없다. 솔페즈는 프랑스 시스템인 '고정 도' 접근 방식을 사용하여 교육되었다. 학생들은 음정, 각 음정 간의 관계, 조성의 틀에 대한 민감성을 발전시킨다. 달크로즈 솔페즈가 독특한 이유는 운동기(locomotor)와 비운동기(nonlocomotor) 동작이 언제나 리듬과 결합되기 때문이다.

달크로즈 음악 교육의 두 번째 요소는 즉흥연주다. 즉흥연주 기술들은 연속적으로 발전되고 다양한 방법으로 이용된다. 교사는 학생들이 즉흥적으로 동작하고, 언어적 지침에 대해 자발적으로 반응하거나, 음악적 특징 안에서 변화하는 동안 피아노를 연주할 수 있다. 반대로 학생들은 다른 학생이 북, 피아노 혹은 노래로 반주할 때 즉흥적으로 동작을 만들 수 있다. 학생들은 곧 그들 자신의 악기들을 가지고 음악적으로 또한 표현적으로 즉흥연주를 할 수 있는 기술을 개발한다. 이러한 자발적인 연주 활동들은 반응 시간과 의사소통의 정확성을 향상시키기 위하여 기획된다(Mead, 1994).

이 퍼즐의 마지막 조각은 유리드믹스 그 자체다. 달크로즈 접근 방식의 핵심인 유리드믹스는 발전되어야 할 마지막 부분이다. 이것은 리듬적인 솔페즈와 즉흥연주에 비교하여 동등한 중요성을 가진다. 유리드믹스(eurhythmics)라는 용어는 그리스어인 '유(eu)', 즉 좋다는 의미에서 유래되었으며, '리드미(rhythmy)'는 리듬, 비율, 대칭을 의미한다. 이 아이디어는 달크로즈 철학의 두 가지 방식에 내재되어 있다. 첫째, 인간은 동작 속에서의 대칭, 균형, 리듬적인 정확성을 통하여 음악 속에서의 대칭, 균형, 리듬적 정확성을 경험할 수 있다. 둘째로, 달크로즈 접근법(리듬적 솔페즈, 즉흥연주, 유리드믹스)의 세 요소들은 서로 의존적이며 함께 교육되어야만 한다. 이 세 요소는 보완적이며 서로를 강화하고, 또한 완전하고 균형적인 음악 교육을 제공한다. 현대의 음악 교육가와 음악치료사는 종종 이 세 요소가 모두 함축되어 있음에도 불구하고, 유리드믹스만을 달크로즈 접근법이라고 알고 있기도 하다.

전형적인 초급 달크로즈 레슨들은 총체적인 지적 자각과 운동감각적인 자각이 요구되는 활동이나 게임으로 구성된다. 이 레슨은 참여자가 신체 자각과 감각을 생산하는 음악적 자극을 듣고 신체적으로 반응하도록 허용하는 신체적 접근방식 속에서 제시된다. 이러한 신체적인 감각은 정서와 경험의 좀 더 발전된 이해로서 뇌에 전달된다. 달크로즈 레슨은 즉흥연주에 맞추어 걸어가기와 또한 빠른 반응 게임 속에서 템포, 다이내믹, 악구들의 변화에 반응하기부터 시작되는 것이 보편적이다. 이러한 활동을 통하여 학생들은 음악에 '형태를 부여하기(physicalize)' 위하여 에너지와 체중의 흐름과 같은 신체적 적응이 어떻게 일어나야만 하는지를 이해하기 시작한다. 이러한 기본적 지침을 통하여 교사는 박, 박자, 분할, 미터, 리듬, 악구, 형식과 같은 음악적 요소들을 다룰 수 있게 된다.

중급 달크로즈 레슨들은 다중박자, 다중리듬, 캐논, 긴장과 이완, 호흡, 지휘, 대위법, 아나크루시스(anacrusis), 크루시스(crusis), 메타크루시스(metacrusis) 등의 상호작용을 다룰 수 있다. 창조성은 이 레슨을 통하여 널리 스며들어 있다. 모든 수업들은 참여자들이 음악과 동작 속에서 필요한 비언어적 의사소통 기술과 창조성을 개발하기 위하여 파트너나 소그룹과 함께 상호작용하는 그룹 세팅 속에서 존재한다.

플라스티크(Plastique)로 불리는 플라스티크 아니미(Plastique Animée)는 달크로즈 수업을 완성시키는 경험이다. 플라스티크는 수업을 통하여 다루어졌던 기술과 과거의 리듬 경험을 신체적으로 표현적이며 음악적인 안무에 연결한다. 학생들은 기본적인 요건을 지시받은 다음 음악과 함께 상호적인 작품을 자발적으로 창조하도록 요구받는다. 그 순간 달크로즈 스튜디오를 관찰한 사람은 아마도 동작 속에서의 음악을 볼 수 있을 것이다. 하지만 이 동작이 자발적이라는 것을 깨닫지 못할 수도 있다.

현대의 음악 교육은 다양한 측면에서 달크로즈 교수법에서 유익한 영향을 받는다. 요즘 교사들은 학생들 편에 서서 능동적 학습에 초점을 맞춘다(Caldwell, 1993). 달크로즈 철학은 또한 음악적 행동과 표현, 관찰 가능한 동작을 통한 그것들의 시연을 강조한다. 경험을 통한 음악적 이해의 시각적인 증거는 음악성을 언어로 정의하는 데 애매한 부분들을 보완한다.

달크로즈에게서 물려받은 현대 음악 교육의 또 다른 측면은 개인을 강조하는 것이다. 교사들은 모든 학생들을 위하여 적절한 음악 경험을 제공하고 싶어 한다. 창조성과 상상적 놀이는 즉흥연주를 통하여 격려된다. 음악 수업은 학생 중심적으로 이루어지며, 학생은 동료들과 더불어 능동적으로 음악에 대해 생각하고, 음악을 감상하며 분석하고 창조하게 된다(Johnson, 1993).

달크로즈 훈련과 교수법 원칙은 대부분의 교육 상황에 수월하게 적용된다(Johnson, 1993). 다양한 연령의 아동을 포함하는 수업이 대중화되어 가고 있다. 달크로즈 훈련은 학생들의 다양한 능력과 경험 수준 등에 맞추어 적용될 수 있다. 달크로즈 교사 훈련은 교사가 현대 교육의 주고받기 속에서 창조적이고 유연하게 되도록 한다. 수업에서 자발적이 될 수 있는 능력은 모든 교육가에게 필수적이다. 교사는 예상하지 못하였던 교습의 기회들을 수월하게 마무리하여, 적용 가능하고 창조적인 인성의 모델을 학생들에게 제공할 수 있다.

달크로즈 철학

달크로즈는 유리드믹스를 통하여 음악적 이해를 발전시키고 학생들이 리듬적 자극에 대해 즉각적인 신체적 반응성을 발전시키도록 돕기 위하여 그의 접근법을 의도적으로 사용하였다. 근육 리듬과 신경적 민감성의 개발은 결국 지속 기간, 시간, 강도, 프레이징의 미세한 단계적 변화들을 구분할 수 있는 능력을 가능하게 할 것이다. 리듬적인 동작을 통하여, 학생들은 자신을 좀 더 음악적으로 생각하고 표현하기 시작할 것이다. 초기 달크로즈의 유리드믹스 개념은 전문 음악학교의 음악가를 교육하기 위해 기획되었지만, 곧 아동을 위한 조기 음악 교육과 특수한 교육이 필요한 아동에게까지 확장되었다. 그의 철학은 학교에서의 리듬 훈련을 통하여 좀 더 발전된 음악적인 사회를 꿈꾸는 그의 신념을 포함한다(Campbell, 1991).

달크로즈는 직접적인 감각 경험과 관련된 학습 과정을 믿었다. 그는 운동 감각적 학습을 주창하였다. 동작을 통하여, 학습은 관찰을 첨가한 경험을 통하여 이루어진다. 다양한 음악적 경험－동작, 노래 부르기, 즉흥연주, 악보 읽기와 기보, 악기 연주－은 음악적 학습을 강화한다(Johnson, 1993). 그리고 달크로즈는 건강을 향한 방법은 정신, 신체, 감각의 조화를 통해야 한다고 믿었다. 많은 사람들은 그들이 처음에는 현실의 신체 속에서 동작들을 조합시키는 것을 연습하고, 그 후 운동감각적인 신체 속에서 특별한 유동성을 가진 이러한 동작들이 관통하는 것을 상상함으로써 기술을 향상시키고 정제할 수 있다는 것을 발견하였다. 인간은 운동감각적 연습의 향상된 흐름이 실제적인 동작 속으로 이월하는 것을 허용한 후 현실의 신체 속에 똑같은 동작으로 돌아갈 수 있다(Abramson, 1980).

달크로즈는 아동 중심의 학습을 특히 강조하였다. 그는 아동의 자연적인 발달에 특별한 관심을 보였다(Johnson, 1993). 달크로즈는 여러 연령층과 능력 수준에 적절한 음악 교수법을 개발하였다. 음악 학습에 대한 그의 접근법은 저학년, 중간 학년, 고학년 아동을 위한 경험으로 세분화된다(Mead, 1994).

음악치료의 임상적 적용

달크로즈는 개인에 따라 교과 과정을 적용하였다(Johnson, 1993). 음악 교육에 대한 달크로즈 접근법의 다양한 기초적 기술과 원칙은 음악치료에서도 적용될 수 있다. 음악치료의 아버지인 개스턴(Gaston)은 음악에서의 리듬은 '조직자이고 활력자' 역할을 한다고 말하였다. 이러한 개념은 달크로즈의 유리드믹스와 밀접한 관련이 있다. 음악치료사는 클라이언트가 치료적 목적들을 성취하는 과정에서 자신들을 움직이고 표현하도록 그들을 격려함으로써 달크로즈 접근법 중 유리드믹스 부분을 이용할 수 있다. 또한 그들은 리듬적인 개념들을 가르치는 방법에 관하여 달크로즈의 아이디어를 연구하고 이것을 장애를 가진 아동을 가르치는 데 적용시킬 수 있다. 달크로즈 자신도 시각 장애를 가진 아동을 위하여 그 접근법을 변형하였다. 앞에서 언급한 바와 같이, 임상가는 달크로즈는 음악을 보충하기 위하여 여러 가지 게임들을 고안하였다. 임상가는 달크로즈의 제언들을 연구함으로써 운동 장애가 있는 아동이나 성인을 위한 치료적 세팅에서 음악 게임을 사용할 수 있을 것이다.

또한 달크로즈는 음악치료 철학과 밀접하게 관련된 개념인 전인 아동을 교육시키기 위한 도구로서 음악을 사용하기를 주창하였다. 달크로즈 접근방식의 즉흥연주적인 측면은 노도프−로빈스(Nordoff-Robbins) 즉흥연주 기법을 사용하는 음악치료사에게 효과적일 수 있다. 음악의 리듬적인 요소에 대한 강조는 이 책의 뒷부분에서 설명할 신경학적 음악치료의 원칙과 밀접하게 관련된다.

임상적 세팅에서 달크로즈 접근법을 사용하는 음악치료사의 여러 사례가 있다. 음악치료사는 HIV 양성반응이나 AIDS와 관련된 질병을 가진 사람들에게 그들의 신체적, 정신적, 정서적, 사회적 요구들 다루고 이완을 돕기 위하여 유리드믹스를 사용하였다. 프레고(Frego, 1995)는 음악과 동작치료가 클라이언트 스스로 자신의 치료에 책임을 지도록 하는 데 도움을 줄 뿐 아니라 완화치료의 효과도 거둘 수 있다고 주장하였다. 음악은 클라이언트의 장애와 상관없이 보편적으로 사용할 수 있고 또 효과적이다. 치료에서의 유리드믹스의 목적은 다음과 같다.

(1) 신체 자각을 향상시키고 클라이언트가 공간 지각을 발전시키도록 한다.
(2) 클라이언트가 좀 더 수용적이고 각성 상태를 유지하도록 해 준다.
(3) 창조성과 상상력을 육성한다.
(4) AIDS 클라이언트가 그룹에 차별 없이 융합되고 타인과 언어적이고 신체적인 접촉을 할 수 있도록 허용한다.
(5) 클라이언트에게 이완 훈련을 제공하고 그들의 삶에 대한 개인적인 통제를 회복시킨다.

프레고(1995)는 참여자 관찰, 비공식적이고 반구조적인 인터뷰, 문헌 고찰에 의존한 그의 기술 연구에서 민족지학적(ethnographic) 접근방식을 사용하였다. 각 세션은 이완 훈련으로 시작되어, 하나의 음악적 요소에 초점을 맞춘 음악에 의해 반주된 동작 훈련으로 이어진다. 그 후 클라이언트는 플라스티크 아니미(plastique animée, 느슨하게 안무된 발표)를 창조하였다. 각 세션은 음악을 이용한 이완으로 마무리되었다. 그 결과 "음악—동작 치료가 사람들이 미래를 직면하는 데 필요한 사회적 지지를 발전시키고 그들의 고통과 염려를 창조적으로 극복할 수 있도록 돕는 안전하고 지지적인 그룹 환경을 제공할 수 있다."(p. 24)라고 제시하였다. 또한 클라이언트는 개인적인 독립성을 유지하고 감정을 처리하는 데 귀중한 기술을 발전시킨 것 같았다.

힙번(Hibben, 1984, 1991)은 학습장애, 정서장애 혹은 정신지체 아동을 위한 달크로즈 유리드믹스 프로그램과 그 효과에 대해 보고하였다. 연구자들은 이 프로그램을 위하여 다음과 같은 몇 가지 목적을 세웠다. 아동의 집중력과 듣기기술을 동원하는 것, 그들이 신체 관계에 대한 자각을 향상시키고 공간 속에서 그들의 동작을 조절하는 것을 학습하도록 아동을 돕는 것, 또래의 수용과 인정을 육성하는 것, 자기—표현을 위한 기회를 제공하는 것 등이다. 음악과 동작 게임 등을 통하여 아동은 새로운 아이디어를 탐구하고 결국 그들 스스로에 대해 좋게 느끼게 된다.

청각 장애아동을 위한 유리드믹스 프로그램(Swaiko, 1974)은 호흡과 신체 조절, 청각 훈련, 언어 향상, 창조적 표현, 정신 건강과 같은 기본적인 요소들을 강조하였다. 이 프로그램은 아동의 창조적이고 자발적인 표현에 초점을 두었다. 아동은 언어, 댄스 혹은 리듬적인 즉흥연주 속에서 신체적인 동작을 통하여 이러한 목적들을 성취하기 위하여 작업하였다. 아동은 구조적인 접근방식과 비공식적인 접근방식을 함께 사용한 유리드믹스를 통하여 그들의 언어 산출을 증가시켰다(Brick, 1973). 저학년 아동은 비공식적인 리듬 밴드, 동물에 대한 창조적인 해석, 간단한 노래 작곡과 같은 활동에 참여하였다. 고학년 아동은 음정, 강도, 질, 소리 속의 선율의 방향을 발전시키기 위하여 대조되는 인간의 음성과 악기 동일시를 사용하였다. 브릭(Brick)은 청소년을 위한 그룹 활동을 추천하였다.

음악치료의 임상적 적용의 예

카렌(Karen)은 규칙적으로 앞으로 몸을 흔드는 동작, 큰소리에 대한 혐오, 근접한 타인에 대한 부정적인 반응 등의 자폐 행동을 보이는 6세 소녀다. 달크로즈 유리드믹스 훈련을 받은 인증된 음악치료사인 마이클(Michael)은 카렌에게 자신의 행동과 그녀의 주위 사람들과의 관계를 용납할 수 있도록 하기 위한 상호작용적인 중재를 설계하였다. 마이클은 키보드에서 카렌의 몸을 흔드는 동작의 템포를 사용하여 조용하게 즉흥연주를 시작하였다. 그 템포를 조금 빠르거나 느리게 변화시킴으로써, 마이클은 그 자극에 대한 카렌의 자각에 대한 반응을 측정할 수 있다. 카렌이 그 템포의 변화에 반응할 수 있게 될 때, 마이클은 다양한 템포와 다이내믹을 담고 있는 즉흥연주를 시작하고 멈춘다. 마이클이 연주를 멈출 때, 카렌은 몸 흔들기를 중지한다. 미래의 상호작용에서, 마이클은 스타킹의 한 끝자락을 카렌에게 주고 자신은 다른 한 끝자락을 잡는다. 카렌이 선호하는 내적 템포에 따라 프로그램된 즉흥연주 음반은 리듬적인 흔들기, 춤추기 그리고 카렌과 마이클 간의 상호작용을 위한 자극을 제공하기 위하여 연주된다. 추가적인 리듬적인 동작에 대한 작업을 통하여, 카렌은 그녀 자신의 자극들 외의 리듬적인 자극들을 허용함으로써 타인과 더 긴밀히 상호 작용하기 시작한다.

넬(Nell)은 수술 후 회복기에 있는 낮은 자기 이미지와 신체 통합을 보이는 48세의 유방암 생존자다. 넬은 암 생존자와 보호자를 위해 구성한 16명의 그룹에 속해 8주 과정의 달크로즈 유리드믹스 수업에 참여하고 있다. 넬은 일주일에 한 번씩 그녀의 가장 친한 친구와 함께 이 수업에 참여하고 있었는데, 이 둘은 모두 음악가가 아니었다. 수업 중 진행자는 다양한 종류의 리듬적이고 동작에 기반을 둔 활동들을 통하여 참여자들을 인도한다. 이러한 활동들은 건기, 치기, 즉흥적인 동작을 통하여 그들의 개인적인 템포들을 발견하는 것에 서부터 연주되고 있는 음악의 리듬과 요소들을 표현하도록 하는 동작 기술에 대한 표현 형식 발전시키기, 수업 중 파트너와 음악적 문제들을 해결하기, 음악이 동작 속에 어떻게 표현될 수 있는지를 보여 주는 것에 이르기까지 다양하다. 모든 수업은 음악의 요소와 인간의 감정을 말하는 그룹 동작 즉흥연주를 창조하기 위하여 참가자가 뇌와 신체를 통합시키도록 허용하는 음악적 표현—플라스티크 아니미—속에서 정점에 다다르게 된다. 넬은 그 경험에 대하여 계속 저널을 쓸 것과 정기적으로 그 경험을 진행자와 나눌 것을 요구받았다.

결 론

음악치료는 달크로즈라는 귀중한 후원자를 가졌다. 그는 모든 사람들이 노래 부르기, 연주하기, 감상하기, 분석하기, 즉흥연주하기, 작곡하기를 통하여 능력에 상관없이 음악을 경험할 수 있고 또 해야만 한다고 믿었다. 그는 초기에 시각장애를 가진 아동과 작업할 때 음악과 동작 활동을 통하여 음악뿐 아니라 자신감과 오리엔테이션 기술도 교육하였다. 사람들은 음악의 신체적, 정서적, 지적인 힘의 통합으로 그들 자신뿐 아니라 주위의 타인을 좀 더 잘 이해할 수 있다. 달크로즈는 그가 사랑하였던 모든 것, 즉 사람, 음악, 동작, 연극, 자유, 삶을 위한 진정한 열정과 귀중한 유산 등을 연합시킨 인생을 창조하였다.

 참고문헌

Abramson, R. M. (1980). Dalcroze-based improvisation. *Music Educators Journal, 66*(5), 62-68.

Brick, R. M. (1973). Eurhythmics: One aspect of audition. *Volta Review, 75*(3), 155-160.

Caldwell, J. T. (1993). A Dalcroze perspective on skills for learning music. *Music Educators Journal, 79*(7), 27-28.

Caldwell, J. T. (1995). *Expressive singing: Dalcroze eurhythmics for voice.* Englewood Cliffs, NJ: Prentice Hall.

Campbell, P. S. (1991). Rhythmic movement and public school education: Progressive views in the formative years. *Journal of Research in Music Education, 19*, 12-22.

Carder, P. (Ed.). (1990). *The eclectic curriculum in American music education* (2nd ed.). Reston, VA: Music Educators National Conference.

Collins, D. L. (1993). *Teaching choral music.* Englewood Cliffs, NJ: Prentice Hall.

Dutoit, C. L. (1971). *Music movement therapy.* Geneva, Switzerland: Institute Jaques-Dalcroze.

Frego, R. J. D. (1995). Music movement therapy for people with AIDS. *International Journal of Arts Medicine, 4*(2), 21-25.

Hibben, J. K. (1984). Movement as musical expression in a music therapy setting. *Music Therapy, 4*, 91-97.

Hibben, J. K. (1991). Identifying dimensions of music therapy activities appropriate for children at different stages of group development. *Arts in Psychotherapy, 18*, 301-310.

Johnson, M. D. (1993). Dalcroze skills for all teachers. *Music Educators Journal, 79*(8), 42-45.

Martin, F., Dénes, T., Berchtold, A., Gagnebin, H., Reichel, B., Dutoit, C., & Stadler, E. (1965). *Émile Jaques-Dalcroze: L'homme, le compositeur, le créateur de la rhythmique.* Neuchâtel, Swisse: Baconnière.

Mead, V. H. (1994). *Dalcroze eurhythmics in today's music classroom.* New York: Schott Music.

Odom, S. L. (1998). Jaques-Dalcroze, Emile. *International Encyclopedia of*

Dance, Vol. 3. New York: Oxford.

Pennington, J. (1925). *The importance of being rhythmic*. New York: Knickerbocker Press.

Spector, I. (1990). *Rhythm and life: The work of Emile Jaques-Dalcroze*. Stuyvesant, NY: Pendragon Press.

Swaiko, N. (1974). The role and value of a eurhythmics program in a curriculum for deaf children. *American Annals of the Deaf, 119*(30), 155-160.

추천도서

Aronoff, F. W. (1983). Dalcroze strategies for music learning in the classroom. *International Journal of Music Education, 2*, 23-35.

Bachmann, M. L. (1991). *Dalcroze today. An education through and into music* (D. Parlett, Trans.). New York: Oxford University Press.

Brown, J., Sherrill, C., & Gench, B. (1981). Effects of an integrated physical education/music program in changing early childhood perceptual/motor performance. *Perceptual and Motor Skills, 53*(1), 151-154.

Dale, M. (2000). *Eurhythmics for young children: Six lessons for fall*. Ellicott City, MD: MusiKinesis.

Driver, E. (1951). *A pathway to Dalcroze Eurhythmics*. London: T. Nelson and Sons.

Findlay, E. (1971). *Rhythm and movement: Applications of Dalcroze Eurhythmics*. Secaucus, NJ: Summy Birchard.

Jaques-Dalcroze, E. (1920). *The Jaques-Dalcroze method of eurhythmics: Rhythmics movement* (Vols. 1, 2). London: Novello. (Original work published 1918).

Jaques-Dalcroze, E. (1921). *Rhythm, music and education* (H. F. Rubinstein, Trans.). New York: G. P. Putnam's Sons. (Original work published 1921)

Jaques-Dalcroze, E. (1931). *Eurhythmics, art and education* (F. Rothwell, Trans.; C. Cox, Ed.). New York: Barnes. (Original work published 1930)

Joseph, A. (1982). *A Dalcroze Eurhythmics approach to music learning in kindergarten through rhythmic movement, ear-training and improvisation.* Doctoral dissertation, Carnegie Mellon University, Pittsburgh.

Moore, S. F. (1992). *The writings of Emile Jaques-Dalcroze: Toward a theory for the performance of musical rhythm.* Doctoral dissertation, Indiana University. (University Microfilms International).

f

제 3 장

코다이 접근법에 기초한 음악치료

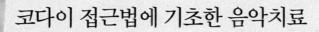

제3장

코다이 접근법에 기초한 음악치료

Mike D. Brownell

R. J. David Frego

Eum-Mi Kwak

Amanda M. Rayburn

Jayne Wenne 감수

서 론

헝가리 작곡가이자 음악학자 그리고 음악 교육가였던 졸탄 코다이(Zoltán Kodály, 1882~1960)는 헝가리 음악 교육 전통과 훗날 미국의 음악 교육을 발전시키는 데 핵심적인 역할을 하였다. 지금까지 헝가리는 풍부한 음악 문화를 보존해 왔다. 헝가리 전역에 걸쳐 수많은 오케스트라와 합창단이 활동하고 있고 음악 교육 또한 매우 강조되고 있다. 유아 양육 시설에서 출발하여, 음악은 정규 교과 과정의 일부분을 차지한다. 코다이는 헝가리의 케치케메트(Kecskemét)에서 출생하였다. 그의 가족은 그 후 지금의 슬로바키아인 서부 헝가리의 작은 도시 갈란타(Galánta)로 이주하였고, 코다이는 그곳에서 7세가 될 때까지 성장하였다(Ledbetter, 1996). 유년시절과 청년시절 동안, 그는 여러 종류의 다양한 음악 장르들을 탐구하였고 헝가리 민속 음악에 대한 관심과 열정을 키워 나갔다. 비록 그의 부모는 전문적인 음악가는 아니었지만, 아버지는 바이올린을 연주하였고 어머니는 아름다운 목소리로 노래를 불렀다. 이 가족의 친구들은 때때로 코다이의 집으로 악기를 가져와 그의 부모와 함께 작은 실내악 합주단을 만들곤 하였다. 그 결과, 코다이는 어린 시절부터 실내악 민속 음악을 접하게 되었다. 또한 유명한 미오크(Miók) 집시 밴드 아동들이 코다이가 자랐던 지역에서 연주하였기 때문에, 코다이는 여러 번 그들의 노래를 감상할 수 있었다.

1892년 나지스좀바트(Nagyszonmbat)로 이사한 후, 코다이는 피아노, 바이올린, 첼로를 배우기 시작하였다. 그는 몇 년 안에 이 세 가지 악기 모두를 잘 연주하게 되었고, 그 지역 성당의 오케스트라와 성가대에 참여하게 되었다. 1905년 코다이는 그의 친구이자 동료인 헝가리 작곡가 밸라 바르톡(Bela Bartok)과 함께 헝가리와 다른 나라의 민속 음악을 수집하고 분석하기 시작하였다. 그들은 첫 탐구에서, 150개 이상의 민속 노래를 수집하였다. 이러한 노래들은 분석되었고, 모드와 스케일에 따라 분류되었으며, 궁극적으로 광대한 『Corpus Musicae Popularis Hungaricae』(헝가리 민속 음악)의 첫 권이 되었다. 이는 2,700개의 마자르(Magyar) 민속 노래, 3,500개의 마자르-루마니아 민속 노래 그리고 수백 개의 터키와 북아프리카 민속 노래 등을 담고 있는 12권의 책들을 포함하는 공동 연구다(Eosze, 1962).

코다이는 다작하는 작곡가였고 그의 많은 작품들이 유명한 20세기 작품들의 영역에 속한다. 바르톡과 같이 그는 많은 작품들을 헝가리의 민속 이디엄에 기초해 작곡하였다. 작곡에 열중하던 때, 코다이는 수많은 마을과 도시를 여행하며 민속 노래와 그 변형물 등을 수집하고 녹음하였다. 그의 수집 활동은 음악 교육에 대한 그의 작업을 자극하였다. 코다이는 20세기 음악 교육의 가장 위대한 지도자들 중 한 명이 되었다. 그는 수준 높은 음악 교육에 굉장한 가치를 부여하였고 이를 다음과 같이 강조하였다. "키스바르다(Kisvárda)에 있는 음악 교사가 부다페스트에 있는 오페라 제작자보다 훨씬 중요하다……. 왜냐하면 실력 없는 제작자는 한 번 실패하지만 실력 없는 교사는 30년 동안

계속 실패하며 수많은 아동 속에 있는 음악에 대한 사랑을 죽인다."(Choksy, 1988: 3)

코다이는 1925년 그의 관심을 음악 교육에 맞추고 코다이 철학의 기본적인 원칙을 능동적으로 확립해 나가기 시작하였다. 그는 다음과 같은 전제들을 믿었다.

(1) 음악은 모든 사람에게 속해야만 한다.
(2) 아동은 그들의 모국어를 학습하는 것 같이 그들의 음악적인 '모국어'를 학습해야만 한다.
(3) 아동은 공식 교육 초기에 노래, 독보, 기보의 음악 훈련을 받아야만 한다(Choksy, 1988; Carder, 1990).

코다이의 신념과 계속된 작업은 헝가리와 세계 여러 나라에 있는 그의 제자와 지지자들이 확장, 발전시켜 갔다. 1960년대 동안 전 세계에 걸쳐 음악 교사들은 국제 음악 교육 협회(International Society for Music Education, ISME)에서의 학술발표 후 코다이 접근법에 대하여 학습하기 시작하였다. 동유럽과 서유럽, 일본, 호주, 뉴질랜드, 북미와 남미, 아이슬란드의 음악 교사들은 헝가리를 방문하여 코다이 접근법을 배운 후 자신의 나라에서 이 방법을 수행하기 시작하였다. 미국에서는 미시간의 인터로첸(Interlochen)에서 열린 ISME 학술대회와 1966년 스탠퍼드 대학에서 개최된 코다이 방법 학술대회를 통하여 이 접근법이 알려지게 되었다(Choksy, 1988).

코다이 접근법

이론과 원칙

코다이는 음악 훈련이 인생 초기에 직접적인 경험과 만남을 통한 음악 교습 및 학습에서 시작되어야 한다는 것을 강조하였다. 코다이에 따르면 "때때로 단 한 번의 경험이 전 생애 동안의 음악에 대한 어린 열정을 열어 줄 것이다. 이러한 경험은 우연히 이루어질 수 없다. 이를 제공해야 하는 것은 학교의 의무다"(Organization of American Kodály Educators, 이하 OAKE로 표기, 1965). 그의 모국인 헝가리 사람들의 수준 낮은 음악성과 음악적 문맹을 목격하면서, 코다이는 핵심적인 목적 하나를 세우게 되었다. 바로 음악을 읽고 쓰는 능력(Shehan, 1986)이다. 코다이는 "글을 읽을 수 없는 사람들이 읽고 쓰는 것이 기초가 되는 문화나 지식을 얻는 것이 가능한가? 마찬가지로 어떤 종류의 음악적 지식도 음악을 읽을 수 있는 능력 없이는 성취될 수 없다." (Hoffer, 1993: 125)라고 말하였다. 음악적 기술의 체계적인 교육과 훈련은 음악을 읽고 쓰는 능력의 발전을 조성하기 위한 독보, 기보, 감상을 포함한다. 코다이는 "학교에서 음악과 노래 부르기를 가르칠 때는 그것이 아동을 위한 기쁨이 되어야 하고 고문이 되어서는 안 된다. 좀 더 정제된 음악을 향한 열정, 즉 일생 동안 지속될 수 있는 열정이 아동 안에 스며들게 하라."(OAKE, 1965)라고 주장하였다. 코다이는 사람들이 좀 더 접근할 수 있는 음악을 만들 것을 고취하였고, 그 자신이 음악 교육의 기준들을 고양하는 데 선구자 역할을 하였다(Shehan, 1986). 이 접근법의 목표 중 한 가지는 "잘 균형 잡힌 아동의 사회적이고 예술적인 발전"(Choksy, 1999)을 조장하는 것과 "완전한 음악가"(OAKE, 1965)를 개발하는 것이다.

코다이 접근법의 주요 요소

코다이 접근법은 다음의 네 가지 주요 요소, 즉 노래 부르기, 민속 음악, 솔페즈, '이동 도' 도법에 기반을 둔다. 코다이는 첫 번째 주요 요소인 노래 부르기가 음악을 가르치고 배우며 이해하는 데 필수적이라고 믿었다. 따라서 그는 선천적인 노래하는 목소리는 음악적 자기-표현을 허락하고 내적인 음악적 귀를 훈련시키기 때문에 이것의 발전이 중요하다고 주장하였다(OAKE,

음악치료의 임상적 적용

코다이 철학의 가장 중요한 법칙은 음악은 모든 아동에게 사용되어야 한다는 것이다. 다음과 같은 다섯 가지의 일반적인 원칙과 목표가 이러한 신념에 기여한다.

(1) 모든 아동에게 현존하는 내재된 음악성은 가능한 한 최대로 발전되어야 한다.
(2) 음악의 언어는 구어에서와 같은 방식으로 아동에게 소개됨으로써, 그들은 음악의 어휘를 가지고 독보하고 기보하며 창조할 수 있게 된다.
(3) 민요와 음악적 유산은 아동에게 계승되어야 한다.
(4) 세계의 위대한 음악은 모든 아동에게 사용되고 제시되어야 한다.
(5) 음악은 인간 발달에서 필수적인 것으로서, 하찮게 여겨서는 안 된다 (Bonis, 1964; Choksy, Abramson, Gillespie, & Woods, 1986; Williams, 1975).

코다이는 음악 교육과 관련하여 이러한 진술들을 하였지만, 그중 많은 부분이 음악치료에도 명확하게 적용된다. 음악이 모든 사람에게 적용될 수 있어야 한다는 코다이의 주된 신념은 "모든 인간은 심미적인 표현과 경험을 필요로 한다(p. 21)."라는 개스턴(Gaston, 1968)의 신념과 밀접한 관련이 있다. 이런 철학은 장애아동에게 음악 교과 과정을 적용시켜야 하는 학교 세팅에서 근무하는 음악치료사에게 적용되기 때문에 더욱 중요하다. 이 접근법의 원칙들과 기법들은 특수교육에 가장 적절하게 적용된다. 스트롱(Strong, 1983)은 "비록 코다이가 특수교육에 대해 직접적으로 언급하지는 않았지만, 코다이 접근법은 장애아동에게도 음악을 읽고 쓰는 것이 가능하도록 함으로써 모든 사람에게 적용되는 음악의 야심 찬 목적을 성취하는 가장 훌륭한 도구가 될 수 있다."(p. 3)라고 언급하였다.

코다이 접근법에서의 발달적 접근방식은 장애아동을 위해 안전함과 성공적인 경험들을 제공하는 데 가장 필수적인 특질일 수 있다. 음악의 지적 이해는 아동이 음악을 신체적으로 연주할 수 있기 전까지는 다루어지지 않는다 (Lathom, 1974). 또한 이러한 접근방식은 다감각적 경험에 기초를 둔다. 쿠르벤 수신호는 노래로 불리는 음들의 물리적 표상을 제공하며, 감각적 정보에 추가적인 양식을 제공한다(Lathom, 1974). 시각적 보조 기구는 장애아동에게 다양한 음악적, 비음악적 기술을 학습시키는 데 도움을 줄 수 있다. 예를 들어, 수신호, 느낌판(felt board), 단어를 대표하는 그림은 학습되는 자료의 시각적 표상을 제공할 수 있다. 이러한 시각적 보조 기구들은 치료 세션에서 여분의 감각적 양식과 상징적인 표상으로서 작용한다. 특수교육에서의 코다이 접근법의 적용에 대해서, 스트롱(1983)은 다음과 같이 언급하였다.

> 장애아동의 정신 속에는 학습의 정상 경로 중 한 가지가 차단되어 있거나 제대로 기능하지 않기 때문에, 각 음악 개념이 시각, 청각, 운동감각을 통하여 제시될 수 있다는 사실은 코다이 접근법을 통하여 장애아동이 좀 더 음악적 학습을 할 수 있음을 의미한다. 이러한 접근법은 과제 분석과 계기적 근사법에 기반을 둔다. 각 단계는 다음 단계로 넘어가기 전까지 아동에게 익숙해져야만 한다. 코다이는 학습 과정을 향상시키기 위하여 반복의 중요성과 음악의 단순한 본질을 강조하였다. 다양한 학습장애나 정신지체 학생들과 작업할 때, 치료사는 반복적인 음악을 사용해야 하고, 이는 학생이 적절한 행동이나 반응을 유발하도록 풍부한 기회를 제공하게 된다. 또한 음악치료사는 장애아동에게 성공적인 경험을 제공하기 위하여 치료에 관련된 과제와 유사한 순서로 음악을 배열한다. 따라서 순서대로 배열된, 예측 가능한 음악은 학생들의 안전하고 편안한 감정을 촉진시킨다. 이 접근법은 양보다는 결과의 질에 초점을 맞추기 때문에, 자료들이 제시되는 속도는 각 개별 학생이나 집단의 학습 스타일에 따라 쉽게 변형된다(p. 4).

코다이는 음악이 모든 사람들에게 사용되어야 한다는 신념 아래 그의 모국인 헝가리 아동들을 교육하기 시작하였다. 이 접근법의 기법들과 더불어 이 원칙은 전 세계 음악 교육가들이 채택하였다(Choksy, 1999; Eosze, 1962). 또한 음악치료사들은 코다이 접근법의 유연성과 변형 가능성을 받아들여 이것을 그들의 임상적 실행에 연합시킬 수 있을 것이다.

음악치료의 임상적 적용의 예

브렌다(Brenda)는 언어 능력 결핍을 보이는 8세의 경련성 뇌성마비 소녀다. 공인 음악치료사인 댄(Dan)은 표현적 언어 기술 습득을 이루기 위하여 코다이 접근법을 사용하는 중재를 설계하였다. 브렌다는 그녀의 생각들을 언어로 표현하는 데 어려움을 겪고 있었기 때문에, 그녀에게 '누가 낚싯대를 가졌나(who's Got a Fishpole?)' 라는 노래의 맥락 속에서 단어와 프레이즈를 말하도록 요구하였다. 성공적으로 이 단계를 수행한 후, 그녀가 이 노래의 새로운 가사를 창조하도록 하였다. 그녀가 창조하였던 프레이즈의 리듬의 시각적 표상이 제시되었고, 그 프레이즈는 노래 안에서 반영되었다. 브렌다는 음악치료사가 제공한 리듬을 사용하여 그녀가 창조하였던 프레이즈를 노래하도록 요청받았다. 댄은 이후 세션에서 브렌다가 단어나 프레이즈를 첨가할 수 있는 다른 노래들을 제공하였다. 이러한 노래에 대한 추가적인 작업을 통하여, 댄은 음조의 변화와 발음과 같은 영역 등을 다룸으로써 브렌다의 언어 발전을 더욱 향상시켰다.

페기(Peggy)는 공립학교의 특수학급에서 장애아동과 작업하는 음악치료사다. 페기는 코다이 접근법에 대해 약간의 훈련을 받았고, 이러한 기법을 그녀의 세션에 자주 사용한다. 중재는 대근육 기술을 향상시키기 위해 계획되었다. 페기는 발, 손, 다리 그림 등을 사용한 판 위에 타악기 패턴을 제시한다. 각각의 그림은 타악기를 연주하기 위해 사용되는 각각의 신체 부분을 나타낸다. 이러한 중재는 신체 지각, 균형, 민첩성, 힘을 발전시켰다.

데이비드(David)는 통합 음악 교육을 받는 9세의 경증 정신지체 소년이다.

교사는 데이비드를 이 학급에 완전히 통합시키도록 노력하였지만, 데이비드가 또래 친구들이 전형적으로 습득하는 수준에서 리듬을 읽을 수 없기 때문에 어려움을 겪고 있었다. 이 교사는 4분음표와 8분음표 사이의 관계를 가르치기 위하여 코다이의 리듬 계명창 기법을 실시하였다. 데이비드에게 교사가 '타' 라고 말할 때 리듬에 맞추어 걷고 '티-티' 라고 말할 때 뛰도록 요구하였다. 이러한 기술을 습득하였을 때, 교사는 칠판에 음절을 기록하고 그 음절을 손으로 지적할 때 데이비드로 하여금 걷거나 뛰는 것을 반복하도록 하였다. 그 이후 전형적인 리듬 기호는 음절 위에 겹쳐지게 되며, 드럼이 걷기와 뛰기를 대신하여 사용되었다. 음절들은 점차적으로 사라졌으며, 이 시기에 데이비드는 두 음의 길이 차이를 시각적으로 구별할 수 있게 되었고 동료들과 함께 좀 더 완전하게 참여할 수 있게 되었다.

결 론

코다이 접근법은 음악적이고 교육적인 다양한 개념들을 가르치기 위하여 사용될 수 있는, 융통성 있고 변형 가능한 접근 방식이다. 이 접근법의 발달적이고 실행 중심적 측면들은 음악치료 임상적 세팅에 적절하다. 코다이에 기초한 레슨에서 사용되는 연속적인 교수법 전략들은 클라이언트의 행동을 조성하는 데 중요한 의미를 지닌다. 강화와 사정의 코다이 단계들은 특히 음악치료 임상 기법에 적용할 수 있다. 또한 음악치료의 모든 대상자는 이러한 접근법을 사용함으로써 음악을 더 잘 이해하고 음악적 기술을 향상시키는 등의 이점을 취할 수 있다.

참고문헌

Bonis, F. (1964). *The selected writings of Zoltan Kodály* (L. Halapy & F. Macnicol, Trans.). London: Boosey & Hawkes.

Boshkoff, R. (1991). Lesson planning the Kodály way. *Music Educators Journal, 79,* 30-34.

Carder, P. (1990). *The eclectic curriculum in American music education* (2nd ed.). Reston, VA: Music Educators National Conference.

Choksy, L. (1988). *The Kodály Method: Comprehensive musical education from infant to adult* (2nd ed.). Englewood Cliffs, NJ: Prentice Hall.

Choksy, L. (1999). *The Kodály Method I-III.* Englewood Cliffs, NJ: Prentice Hall.

Choksy, L., Abramson, R., Gillespie, A., & Woods, D. (1986). *Teaching music in the twentieth century.* Englewood Cliffs, NJ: Prentice-Hall.

Eosze, L. (1962). *Zoltan Kodály: His life and work* (I. Farkas & G. Gulyas, Trans.). London: Collet's Holdings.

Gaston, E. T. (Ed.). (1968). *Music in therapy.* New York: Macmillan Press.

Hoffer, C. (1993). *International curriculum developments: An introduction to music education* (2nd ed.). Belmont, CA: Wadsworth.

Lathom, W. (1974). Application of Kodály concepts in music therapy. *Journal of Music Therapy, 11,* 13-20.

Ledbetter, S. (1996). *Zaltan Kodály (1882~1967).* Retrieved from: http://www.proarte.org/notes/Kodály.htm

Organization of American Kodály Educators [OAKE]. (1965). *The Kodály concept of music education* [Brochure]. New York: Boosey & Hawkes.

Shehan, P. (1986). Major approaches to music education: An account of method. *Music Educators Journal, 72,* 26-31.

Strong, A. D. (1983). The Kodály method applied to special education. *Kodály Envoy, 9*(3), 3-8.

Szonyi, E. (1973). *Kodály's principles in practice: An approach to music education through the Kodály method.* New York: Boosey & Hawkes.

Turpin, D. (1986). Kodály, Dalcroze, Orff, and Suzuki: Application in the secondary schools. *Music Educators Journal, 72,* 56-59.

Williams, M. (1975). Philosophical foundations of the Kodály approach to education. *Kodály Envoy, 2*(2), 4-9.

추천도서

Nash, G. C. (1974). *Creative approaches to child development with music, language, and movement: Incorporating the philosophies and techniques of Orff, Kodály and Laban.* Los Angeles: Alfred.

Zemke, L. (1976). *Kodály: 35 lesson plans and folk song supplement.* Champaign, IL: Mark Foster Music.

f

제 4 장

킨더뮤직과
음악치료

킨더뮤직과 음악치료

Varvara Pasiali

Shannon K. De L'Etoile

Kimberly Tandy

Suzanne R. Byrnes 감수

서 론

킨더뮤직(Kindermusik®)은 전 세계 인증된 교사들 간의 네트워크가 형성되어 있는, 아동을 위한 조기 일반 음악 프로그램이다. 킨더뮤직 전문가들은 0~7세까지의 아동을 위한 음악 교육 과정을 출판하고 기획한다. 킨더뮤직 프로그램의 활동과 자료의 목적은 아동의 사회적, 정서적, 인지적, 창조적, 운동적, 언어적, 자기-표현적 기술들을 향상시키기 위한 도구로 음악을 사용하는 것이다. 훈련된 킨더뮤직 교사들은 노래 부르기, 악기 연주, 음악에 맞춘 신체동작과 같은 활동 속으로 아동과 부모를 초대한다(Kindermusik, 2003a). 킨더뮤직 교과 과정은 연주보다 과정에 초점을 맞추며, 다양한 발달 수준을 포함하고, 장애아동을 위해 변형될 수 있다.

역 사

킨더뮤직 교과 과정은 1960년대 서독에서 발전하기 시작하였다(Scism, 1994). 정부는 독일 음악 학교 연합회의 이사인 디트하르트 부허(Diethard Wucher)의 지도 아래 음악과 아동 발달의 전문가들을 소집하였다. 이 팀은 '어린 시절부터 음악에 대한 사랑을 권장하기 위한' 이라고 해석되는 '뮤지칼리세 프루허지홍(Musikaliche Fruherziehung)' 이라고 알려진 교과 과정을 함께 개발하였다(Kindermusik, 2003a).

1968년 최초로 출판된 이 교과 과정은 코다이(Kodály), 오르프(Orff), 달크로즈(Dalcroze), 스즈키(Suzuki), 몬테소리(Montessori)의 철학을 포함하는 매우 다양한 철학과 교수법에 기초를 두었다(Kindermusik, 1999). 헝가리의 코다이는 모든 아동은 자주 노래를 불러야 한다고 믿었으며 그들의 목소리를 발전시키기 위하여 무반주로 노래하게 하였다. 아동이 어떻게 선율적인 구조와 윤곽을 학습하고 기억하는지에 대한 코다이의 연구는 킨더뮤직 교과 과정 설계에 영향을 주었다.

독일의 음악가이자 작곡가 겸 교사인 오르프는 리듬이 신체와 함께 시작하여 리듬 악기들로 전환되어야 하는 사회적 경험이라고 믿었다. 예를 들어, 오르프 활동은 손뼉을 치는 활동에서 시작하여 아동이 같은 리듬 패턴을 북으로 전환하여 연주하도록 한다. 오르프는 노래 부르기, 동작, 악기 연주, 특히 목소리와 악기 즉흥연주의 사용을 강조하였다. 킨더뮤직 교과 과정은 오르프 철학에 영향을 받아 동작, 노래 부르기, 음악 감상, 악기 탐색을 격려함으로써 다중 학습 양식과 연합하였다.

킨더뮤직의 아동 중심 교과 과정, 신체 중심 리듬 학습, 각 세션에서의 동작과 음악의 연합은 달크로즈 철학의 영향을 받았음을 나타내는 것이다. 스위스의 음악가이자 교사인 달크로즈는 음악과 동작은 유사한 것이며 둘 다 학습을 위해 필요하다고 믿었다. 그는 아동의 자연적인 발달을 강조하였다. 오르프와 같이 달크로즈도 아동은 악기를 사용하기 이전에 리듬 학습을 위해 신체를 사용해야 한다고 믿었다. 또한 달크로즈는 모든 교과 과정이 아동에게 맞도록 적용되어야 하며 반대로 아동을 교과 과정에 맞출 수 없다는 것을 강조하였다.

일본의 스즈키는 아동은 적극적 상상과 발견을 통하여 음악을 학습해야 한다고 믿었다. 그는 음악적 발달에 가장 중요한 단계로서 음악을 듣고 이해할 수 있는 능력인 '음악적 귀'를 확립할 것을 강조하였다. 또한 킨더뮤직 교과 과정은 모방과 발견을 강조한다. 예를 들어, 아동은 킨더뮤직 교사나 다른 소리의 근원으로 만들어진 소리를 모방하기 위하여 자신의 목소리를 사용하도록 격려받는다.

킨더뮤직 세션들은 다감각적 경험을 사용하는 학습을 격려한다. 다감각적 학습은 몬테소리가 개발한 이론에 근거를 둔다. 이탈리아인 교사인 몬테소리는 가장 훌륭한 학습은 감각, 후각, 촉각, 시각을 연합한 다감각적 학습이라고 믿었다. 그녀는 매우 다양한 학습의 양식을 매 세션마다 사용할 것을 강조하였다.

이러한 철학들을 받아들여, 부허의 음악가, 교사, 아동 발달 전문가 팀은 킨더뮤직 프로그램을 창조하게 되었다. 이 팀 구성원 중 다니엘 프랫(Daniel Pratt)과 로르나 헤이그(Lorna Heyge)가 있었다. 1967년 프랫은 서독 쾰른(Cologne)에 있는 음악학교에서 풀브라이트(Fulbright) 장학생으로 성악을 공부하고 있었다. 그는 훗날 뉴저지의 프린스턴에 있는 웨스트민스터 합창 대학(Westminster Choir College) 프로그램 감독이 되었다. 이 시기에 헤이그는 음악학을 공부하는 쾰른 대학교의 대학원생이었다. 프랫과 헤이그는 뮤지칼리세 프루허지흥 프로그램을 미국으로 가져와 1970년대 초반 이것을 영어로 번역하였다. 이 프로그램은 1974년 출판되었으며 킨더뮤직(Kindermusik®)으로 이름을 바꾸었다. 프랫과 헤이그는 음악 교사들을 위한 여름 과정을 함께 개설하였다. 그 후 이 교사들은 킨더뮤직 프로그램을 미국에서 실시하게 되었다. 1984년 이 프로그램에 대한 음악 교사들의 관심이 늘어나자 프랫은 MRI(Music Resources International®)을 창설하였다. 이 기업은 미국에서 공식적인 킨더뮤직 물품들과 교과 과정 자료들을 보급하는 권리를 가지게 되었다. 1988년에 프랫은 캐나다로까지 보급을 확장하였다. 1993년에 MRI는 KI(Kindermusik International®)로 이름을 바꾸었고, 본사를 뉴저지 주의 프린스턴에서 노스캐롤라이나 주의 그린즈버러(Greensboro)로 이전하였다 (Kindermusik, 2003a).

철 학

킨더뮤직의 목적은 0~7세 아동의 음악에 대한 본질적인 즐거움을 활성화시키는 질 높은 프로그램을 제공하는 것이다. 킨더뮤직 철학에 따르면, 가정은 아동을 위한 일차적 학습 환경이다(Kindermusik, 2003k). 킨더뮤직 전문가들에 따르면(Kindermusik, 1999), 이 철학은 다음과 같은 일곱 가지 전제에 기반을 둔다.

(1) 아동을 위한 음악 교과 과정은 아동 중심적이어야 한다. 결과적으로, 킨더뮤직 프로그램은 연령에 적합하고 악기 연주나 음악에 맞추어 신체 활동하기와 같은, 아동이 즐기는 과제와 관련된다. 각 프로그램은 아동의 가장 훌륭한 능력과 잠재력에 초점을 맞추어 기획되었다. 킨더뮤직 프로그램은 아동이 매우 힘들어하거나 어려워하는 과제들을 수행하지 않게 하면서 그들에게 도전한다.

(2) 아동을 위한 음악 교과 과정은 신체적, 사회적, 정서적, 인지적, 음악적 영역에서 발달적으로 적절하여야 한다. 각 세션에서의 활동은 그들의 능력 이상의 것들을 요구하지 않으면서도 아동이 계속적으로 참여하도록 설계된다. 예를 들어, 아직 기지 못하는 아동은 걷기 활동에 참여하는 것은 힘들지만 똑바로 앉기를 요구하는 활동에는 참여할 수 있다.

(3) 아동을 위한 음악 교과 과정은 전인 아동(whole child)에 초점을 맞추

어야 한다. 이 교과 과정은 비음악적 영역에서의 기술 발달을 돕기 위하여 음악을 사용하도록 기획된다. 특별하게 계획된 활동들을 통하여, 훈련된 킨더뮤직 교사들은 음악적 지식과 기술을 교육함과 동시에 사회화, 인지 기술, 의사소통 및 언어 기술, 자기-지각과 자긍심, 소근육이나 대근육 기술들을 다룬다. 예를 들어, 아동이 악기를 연주하는 것을 학습하는 동안, 그들은 소근육과 대근육 기술을 발달시킬 수 있다.

(4) 아동을 위한 교과 과정은 결과가 아닌 과정을 강조해야 한다. 음악은 목적이 아닌 도구다. 아동은 음악 만들기에 적극적으로 참여하지만, 그 초점은 음악적 결과물에 있는 것이 아니다. 그보다는 비음악적 기술 발달과 아동의 즐거움이 일차적인 목적이다. 킨더뮤직 프로그램은 아동을 음악가로 만들기보다는 노래 부르기, 신체 활동, 악기 연주를 통해 그들이 더욱 성장하고 발달하도록 지지하기 위하여 계획된다.

(5) 아동을 위한 음악 교과 과정은 즐거워야 한다. 긍정적인 반응을 나타내기 위하여, 아동은 그들이 즐거워하는 활동에 참여해야 한다. 즐길 수 있는 활동들은 반복되고 그 기술들은 다른 환경으로 일반화될 수 있는 경향이 있다. 예를 들어, 만약 아동이 '맥도널드 아저씨의 농장(Old McDonald Had a Farm)'이라는 노래를 부르는 것을 즐겨 한다면, 그 활동에는 사진들이나 동물 인형들을 활용할 수도 있다. 나중에 아동이 킨더뮤직 환경 밖에서 똑같은 동물들을 접하게 되었을 때, 그 동물과 그 울음소리를 정확하게 알아차릴 수 있게 된다.

(6) 아동을 위한 음악 교과 과정은 부모가 포함되어야 한다. 킨더뮤직 교사는 부모를 포함하여 교육시키기 때문에 아동의 학습은 가정에서도 지지되고 지속될 수 있다. 예를 들어, 부모는 세션 중에 사용된 몇 가지 노래들을 배울 수 있다. 이러한 노래는 그 후 비슷한 활동들을 촉진시키고 아동의 지속된 학습을 지지하기 위하여 가정에서 사용될 수 있다. 가정 학습 자료 속에 있는 음악 CD는 가정에서의 음악 활동을 지지하고 강화하는 데 도움을 준다.

(7) 아동을 위한 교과 과정은 고품질의 재료들을 사용해야 한다. 훌륭한 상

태의 재료들은 아동의 성장과 즐거움을 촉진시키는 데 중요하다. 질 낮은 악기들과 불만족스러운 음반들은 즐거움과 학습에 치명적일 수 있다. 킨더뮤직은 오직 고품질의 재료들만이 그들의 프로그램들을 수강하는 아동의 요구를 채울 수 있다고 믿는다. 예를 들어, 킨더뮤직 세션에서 사용하기 위해 생산된 모든 음반들은 전문 음악가들이 제작한다.

킨더뮤직 교과 과정

킨더뮤직 교과 과정을 제작하기 위하여, 킨더뮤직 전문가들은 조기 아동교육 전문가들과 협력하였다. 교과 과정들은 구체적인 연령 집단들과 발달적 수준에 따라 기획된다. 이 교과 과정들의 목적은 아동의 인지적, 정서적, 언어적, 사회적, 신체적, 음악적 발달을 양성하는 나이에 알맞은 활동들을 수반하는, 자극적이며 음악적으로 풍성한 환경을 제공하는 것이다(Kindermusik International, 2000a). 킨더뮤직 전문가들은 킨더뮤직 교과 과정이 음악 학습과 음악에 대한 애정을 촉진시킬 뿐 아니라 언어 발달, 상징적 사고, 협응, 사회적 상호작용을 격려한다고 믿는다. 그들은 '킨더뮤직 학습의 기초®'를 통하여 비음악적 학습이 교실 안에서 어떻게 발생하는지에 관한 이론을 정립한다.

학습의 기초®

킨더뮤직 교사들은 학습이 '킨더뮤직 학습의 기초®'와 함께 교실에서 이루어진다고 주장한다. 킨더뮤직 학습의 기초는 "킨더뮤직이 어린 마음과 신체의 자연적인 성장 시스템을 어떻게 향상시키는지에 관한 과학적 설명"이다 (Kindermusik, 2001a). 조기 아동 발달에 관한 최근의 지식에 기초하여 킨더뮤직 학습의 기초는 킨더뮤직 활동이 어떻게 아동의 두뇌를 자극하며 아동의 전반적인 발달을 향상시키는지에 관하여 교사와 부모에게 과학적인 통찰을 제공한다. 그 목적은 음악이 어떻게 언어 발달과 읽기를 위한 준비를 촉진시키며 통제력, 집중력, 음운론적인 지각을 향상시키는지를 밝히는 것이다 (Kindermusik, 2001a).

킨더뮤직 학습의 기초의 철학적인 틀은 아동이 학습하는 방식에 대한 다양한 이론적 설명에 기초한다. 그중 피아제(Piaget)의 인지 발달 단계 이론은 킨더뮤직 교과 과정 발달에 주요한 기초로 영향을 미쳤다(Kindermusik International, 1998b).

피아제는 정해진 순서대로 발생하는 네 단계의 인지 발달 단계를 규명하였다. 각 단계는 독특한 특징을 가지는데, 아동은 그들이 성장함에 따라 각 단계를 거친다. 아동의 발달적 능력 속에서 이러한 차이점을 고려하여 킨더뮤직 교사는 다양한 연령 집단을 위한 다양한 프로그램을 개발하였다. 또한 킨더뮤직 학습의 기초는 하버드 대학 인지 연구소 소장인 브루너(Bruner)가 개발한 이론과 가드너(Gardner)의 다중 지능 이론을 반영하였다(Kindermusik International, 1998b).

현존하는 모든 아동 발달 이론을 통합함으로써 킨더뮤직 학습의 기초는 다음과 같은 네 가지 핵심적인 영역, 즉 신체적, 인지적, 사회적, 정서적 발달 (Kindermusik International, 1998b)에 초점을 맞춘다. 학습의 기초는 교실 활동과 수업 계획, 가정 활동 속에 통합되어 있기 때문에 아동의 총체적인 발달을 촉진시키는 작용을 한다. 각 수업 계획은 킨더뮤직 학습의 기초 원칙에 근거한 몇 가지 진술을 포함한다. 그 진술은 뚜렷하게 기술되어 있기 때문에 킨더뮤직 교사 그것을 음악 활동 안에서 수행할 수 있다. 킨더뮤직 활동들이 아동의 발달을 어떻게 향상시키는지를 부모가 이해하도록 도와주기 위하여 같은 진술문을 가정 활동 카드 속에 포함시킨다(Kindermusik International, 1998b).

학습의 기초가 수업 중에 어떻게 반영되는지에 관한 한 예로 상징적 놀이를 통한 언어 발달을 다루는 음악 활동을 들 수 있다. 이 활동 중에 부모는 '가을

낙엽들(Autumn leaves)' 이라는 노래를 감상하고, 이에 맞추어 몸을 움직이면서 아기로 하여금 종이를 들고 다양한 방식으로 그것을 조정하도록 할 수 있다. 이 수업 계획에서 킨더뮤직 학습의 기초는 다음과 같이 진술되고 있다.

> 한 대상을 다른 대상으로 대체하는 것은(낙엽을 대신하는 종이) 상징적 놀이 과정의 일부다. 상징적 놀이는 언어 습득을 이끈다. 아기는 한 대상을 다른 대상인 척하기 시작한다. 한 대상이 다른 대상을 대표할 수 있다는 것을 학습하는 것이 대상들을 위해 언어를 사용하는 것의 출발점이다(Kindermusik International, 1998b: 80).

킨더뮤직 학습의 기초는 또한 두뇌 발달의 다양한 분야에 초점을 둔 음악 활동과 연합된다. 다른 음악적 활동은 다음과 같은 비음악적 기술을 다룬다.

(1) 순서 기다리기를 요구하는 음악적 반응을 통해 사회 기술 발전시키기
(2) 아동으로 하여금 소리들과 음절들을 듣도록 하고 다양한 노래 속의 음량, 속도, 음정을 변화시킴으로써 언어와 청각 기술들을 발전시키기
(3) 흔들기, 아동의 위치를 다시 잡기를 포함하는 동작을 통하여 신체 발달을 향상시키기
(4) 음악에 맞추어 시작과 멈추기를 통해 통제력을 학습하도록 아동을 도움으로써 정서적 기술을 발전시키기

지금까지 살펴본 것을 요약하면, 킨더뮤직 학습의 기초 개념은 킨더뮤직 활동 속에 반영된다. 학습의 기초에 관한 진술문, 두뇌 발달에 관한 각 활동의 영향력을 보여 주는 시각 자료 그리고 각각의 구체적 활동이 각 아동의 발달에 어떠한 영향을 미치는지에 관한 정보는 부모와 킨더뮤직 교사 모두에게 배부된 유인물 속에 포함된다.

킨더뮤직 수업

킨더뮤직은 생후 6세까지의 삶을 발달에서 가장 중요한 기간이라고 여긴다 (Heyge & Sillick, 1988). 이에 따라 킨더뮤직 수업들은 신생아부터 7세까지의 아동을 위해 기획되었다. 킨더뮤직은 부모나 일차 양육자가 그들의 자녀와 함께 수업에 참석할 것을 요구한다. 부모가 정식 음악 교육을 과거에 받았는가의 여부는 상관없다. 또한 어린이집과 유치원 세팅을 위해 특별히 구상된 다른 프로그램이 존재한다(Kindermusik, 2003f). 각 킨더뮤직 수업은 다음과 같이 설명된다.

킨더뮤직 빌리지™

킨더뮤직 빌리지(Village)™는 신생아부터 1.5세의 영아와 그들의 부모/일차 양육자를 위한 발달적 음악 프로그램이다. 수업은 8개 단위로 구성되어 있는데, 각 단위는 8주에 걸쳐 교육되며, 수업은 매 45분에 걸쳐 진행된다. 이 프로그램의 목적은 영아가 음악과 동작을 통하여 그들 주위 세계를 탐색해 감에 따라 영아의 수준에서 참여하도록 격려하는 것이다. 킨더뮤직 빌리지™는 음악 만들기 과정에 가족을 참여시키고 학습의 기초®에 대해 부모를 교육한다. 킨더뮤직 교사는 각 아동의 독특한 반응을 숙지하고 음악 만들기 집단에 참여하도록 격려한다. 킨더뮤직 빌리지™는 "조기 아동 발달에 관한 가장 최신의 연구를 반영하여 음악과 동작을 통하여 다른 부모 및 영아와 함께 관계 맺고 학습하기 위한 특별한 장소를 가족에게 제공한다."(Kindermusik, 2003l)

각 음악 활동은 앉는 아기, 기는 아기, 걷는 아기를 위한 다양한 선택권을 제공함으로써 다양한 발달적 단계를 도모한다. 그 결과 각 아동은 발달 속도에 따라 참여하고 발전할 수 있다. 이 프로그램은 노래 부르기, 찬트하기, 대상 놀이, 의도적 접촉, 음악에 맞춘 동작, 부모 교육과 같은 활동 등을 포함한다. 이 프로그램에 참여하는 부모는 이야기책, 활동 일기, 수업에서 사용되는 노래를 수록한 CD 그리고 이것을 담을 수 있는 가방 등의 가정용 교재를 받는다(Kindermusik, 2003l).

이 프로그램의 궁극적 목적은 부모와 아동 간의 관계를 풍성하게 하는 것이다. 킨더뮤직 교사들은 민요 혹은 부모들이 아동기 때 좋아했던 노래와 그들의 아기가 좋아하는 노래를 부르도록 부모를 교육하고 격려한다. 예를 들어, 부모는 그들의 자녀가 한 팔로 반대편 발을 만질 수 있도록 도와줄 때 '런던 브리지(London Bridge)' 를 부르며 고정 박을 유지할 수 있다. 또한 그들은 일상 활동들을 반주하기 위한 다른 노래들을 만들도록 격려받는다. 예를 들어, '아기는 어디 있니? 아기는 어디 있니? 어디 있을까? 어디 있을까? 셔츠를 입어요, 셔츠를 입어요.' 라는 가사를 '지금 자고 있니?(Are You Sleeping?)' 라는 곡으로 만들어 볼 수 있다. 요약하면, 킨더뮤직 빌리지 프로그램은 아동의 음악적 노력들을 인정하고 음악에 대한 아동의 사랑을 발전시킴으로써 미래 음악 교습의 기초를 확립시킨다. 또한 부모는 음악을 통한 자녀의 발달에 대해 이해하는 경험을 한다(Kindermusik, 2001f).

노인과의 빌리지   "이 특별한 수업에서, 인증된 킨더뮤직 교사는 한 집단의 아기와 그들의 양육자를 매주 양로원에 모이게 한다. 본래 신생아부터 18개월까지의 아기와 그들의 부모나 양육자를 위해 고안된 이 수업에 몇 명의 노인들이 관찰하거나 참여하도록 한다. 이와 같이 특별하게 기획된 킨더뮤직 빌리지 버전은 노인 치료와 치매 연구 분야의 전문가들이 이끈다." (Kindermusik, 2003l)

킨더뮤직 아워타임™

킨더뮤직 아워타임(Our Time)™은 4개 단위로 이루어진 프로그램이다. 각 단위는 15주간 지속된다. 각 수업시간은 45분이다. 이 수업은 1.5~3세 유아를 위해 기획되었다. 킨더뮤직 빌리지™와 마찬가지로 부모들은 자녀들과 함께 이 수업에 참여한다(Kindermusik, 2003j). 이 프로그램은 건강한 정서적 발달을 강조하고 부모의 지원을 통해 그의 환경을 탐구하기 위한 아동의 요구를 인정한다. 이것은 노래 부르기, 리듬 스틱, 징글 벨, 북, 낱 건반 같은 간단한 리듬 악기 연주, 창조적 동작, 음악 감상, 동작 노래들에 대한 참여를 포함하는 흥미로운 음악 활동으로 구성된다. 또한 이 프로그램은 음악적 사고 능력을 위한 기본을 확립하기 위하여 기초적인 음악 이론 정의를 소개한다(Kindermusik, 2001e, 2003j).

이 프로그램에는 참여하는 아동을 위한 다양한 비음악적, 치료적 이점이 있다. 노래 부르기는 성악 기술의 발전을 촉진시키고, 신체 활동은 신체 지각을 향상시키고 운동 협응을 권장하며, 음악 감상과 악기 연주는 집중력과 서로 다른 소리 자극에 대한 차이점을 구분하는 능력을 강화시킨다. 음악 활동 중, 킨더뮤직 교사는 아동이 연주할 악기를 선택하거나 특별한 악기나 소품을 발견하게 한다. 악기를 선택하거나 인지하는 것은 아동이 독립적으로 하게 한다. 균형과 동작 협응을 향상시키는 활동은 '펑! 족제비가 사라졌어요(Pop! Goes the Weasel)'라는 노래를 사용한다. 아동은 후프 주위를 걸어 다니다가 음악에 맞추어 바닥에 앉는다. 교사는 음악의 리듬에 맞추어 북을 연주한다. '펑'이라는 단어에 교사는 악센트 박을 연주하고 아동은 그들의 후프 속으로 깡충 뛴다(Hyege & Swears, 1990).

이 프로그램에 참여하는 부모는 좀 더 민감한 관찰자가 되고 자녀들의 발달을 이해하기 위하여 배운다. 자녀가 각 단계에 참여할 때마다 부모들은 가정용 활동 책자, 두 개의 가정용 CD, 킨더뮤직에서 출판된 두 권의 책 그리고 악기를 받게 된다. 음악 CD는 다양한 언어로 부른 세계 여러 나라의 민요, 고전 작품, 자연의 소리를 담고 있다(Kindermusik, 2003j).

아동은 이 프로그램을 통하여 그들의 환경을 탐색하고 음악의 가치를 이해하도록 학습한다. 주고받기 노래들은 감상하기와 반응하기의 개념을 소개하고 간단한 댄스는 집단 작업과 사회적 교환을 소개하며, 신체 활동은 신체 지각, 동작 협응 그리고 표현을 향상시킨다(Kindermusik, 2001e, 2003j).

킨더뮤직 이매진댓™

킨더뮤직 이매진댓(Imagine That)™은 4개 단위로 이루어진 프로그램이다. 각 단위는 15주간 지속된다. 부모들은 45분 수업 중 후반 15분 동안만 참여한다. 이 프로그램은 3~5세 사이의 아동을 위해 기획되었다.

이 프로그램의 목적은 조기 학습과 창조성을 격려하기 위하여 음악을 사용함으로써 수용적 학습과 표현적 학습 사이의 가교를 확립하는 것이다. 이 교과과정은 킨더뮤직 아워타임™ 프로그램과 유사한 활동을 포함한다. 그러나 이 활동은 각 세션에 참여하는 아동의 발달 수준에 따라 변형된다(Kindermusik, 2001d, 2003h).

이 프로그램의 주요 목적은 음악을 아동의 삶의 자연스러운 부분으로 만듦으로써 아동이 음악의 적극적인 소비자가 되도록 그들을 교육시키는 것이다. 아동은 적극적인 음악 만들기를 경험하고, 타인을 위하여 연주하며 합주한다. 결과적으로, 그들은 적극적인 음악 만들기를 하면서 느끼는 즐거움을 CD나 음악 비디오로 대체할 수 없다는 것을 깨닫게 된다. 수업은 음악 개념과 동작 탐험 활동을 소개하는 음악 게임을 포함한다. 가정 교재는 두 개의 가정용 CD, 두 권의 이야기책, 상호 교류적인 놀이 기구 세트, 가정용 활동 책자, 특수하게 제작된 악기다. 이것을 사용하여 부모들은 학습 경험이 가정에서도 지속되도록 하고 가정 생활의 일부로 적극적인 음악 만들기를 하도록 한다(Kindermusik, 2001d, 2003h).

요약하면, 킨더뮤직 이매진댓™ 수업들은 매우 구조화된 환경 속에서 학습을 촉진시킨다. 적극적인 음악 만들기를 위한 모든 아동의 시도는 강화, 격려되며 아동은 수용, 이해, 존중 속에서 교육된다. 그 결과, 세션의 긍정적인 환경은 자기-도움 기술을 포함하는 새로운 기술을 탐색하고 학습하도록 아동을 격려한다.

킨더뮤직 영차일드®

4.5~7세까지의 아동을 대상으로 하는 킨더뮤직 영차일드(Young Child)®
는 4개 단위로 이루어진 프로그램으로 각 단계는 15주간 지속된다. 수업은
60~75분간 진행된다. 이것은 네 단계 킨더뮤직의 마지막 과정이다. 그러나
등록할 때 아동의 사전 음악 경험이나 킨더뮤직 프로그램의 등록 경험을 요구
하지 않는다. 활동은 댄스, 감상, 창조와 타악기 연주, 음악 독보와 기보에 대
한 학습을 포함한다. 수업은 아동 음악가를 만들기보다는 아동의 삶을 풍성하
게 하고 그들로 하여금 음악을 음미하도록 하는 데 그 목적이 있다. 이 프로그
램의 목적은 음악적 결과물이 아니라 적극적인 음악 활동에서 나오는 비음악
적 결과물이다. 수업은 목소리 발달, 언어 기술, 상징적 사고, 동작 협응, 사
회적 상호작용, 적극적 상상 놀이를 촉진시킨다(Kindermusik, 2001b,
2003g). 아동은 "리듬스틱, 낱 건반, 드럼, 철금, 덜시머(dulcimer), 피리와
같은 다양한 악기들을 살펴보고 연주할 수 있도록 배운다. 각 악기는 각 아동
에게 알맞은 적당한 수준의 동기부여, 도전과 성공을 보장하기 위하여 의도적
으로 제시된다."(Kindermusik, 2001b). 킨더뮤직 아워타임™과 마찬가지로
부모들과 형제들은 이 활동에 참여할 수 있다. 다른 킨더뮤직 프로그램과 마
찬가지로 참여자들에게는 가정에서도 활동을 반복할 수 있도록 교재를 제공
한다. 그들은 CD, 가정용 노래책, 색깔 폴더, 게임 가방, 철금, 덜시머 혹은
피리와 같은 선택된 악기를 받는다(Kindermusik, 2001b, 2003g).

킨더뮤직 뮤직박스™

킨더뮤직 뮤직박스(Music Box)™는 3~5세까지의 아동을 위한 구조적 프
로그램이다. 이 교과 과정은 6개의 단위로 구성되어 있고, 각 단위는 10주간
지속되며 수업 시간은 30분이다. 이 프로그램은 특별히 유치원이나 어린이집
에서 사용하도록 개발되었다. 이 교과 과정은 노래 부르기와 목소리 훈련, 악

기 탐색, 음악적 개념 학습을 포함한다. 모든 활동은 전통적인 유아 교육의 결과를 강화시킨다(Kindermusik, 2001c, 2003i).

각 아동은 그림 노래책, 가정용 CD를 담고 있는 밝은 색깔 음악상자를 받는데, 이 안에는 수업할 때 불렀던 노래들과 찬트, 소도구, 후속적인 가정 활동을 제시한 부모 카드가 있다. 비록 부모들은 뮤직박스™ 수업에 직접 참여하지는 못하지만, 수업 진행 상황을 따라가며 그중 몇 가지 경험을 자녀와 공유할 수 있다(Kindermusik, 2001c, 2003i).

킨더뮤직 전문가들은 킨더뮤직 뮤직박스™ 활동에 참여하는 아동은 나중에 합창단에 가입하거나 악기를 배우고 싶어 하는 욕구가 좀 더 많다고 믿는다. 또한 아동이 초등학교 생활을 준비하도록 감상, 읽기 준비, 신체 협응, 통제, 집중력 기술과 같은 비음악적 기술들을 발전시켜 준다(Kindermusik, 2001c, 2003i).

킨더뮤직 어드벤처™

킨더뮤직 어드벤처(Adventures)™는 1.5~7세까지의 아동을 위한 여름 캠프 활동 프로그램이다. 수업의 구조와 기간은 각 캠프마다 다르다. 교과 과정은 아동의 상상력을 고려하여 이를 향상시키는 데 목적을 둔 음악과 신체 활동 프로그램을 사용한다. 다양한 연령별 그룹을 위한 다양한 주제의 프로그램은 다음과 같다.

(1) 1.5~4세까지의 아동을 위한 'Creatures in My Backyard(뒤뜰의 생물들)' 그리고 'Creatures at the Ocean(바다 생물들)'
(2) 3~5세까지의 아동을 위한 'Confetti Days(사육제 날)'
(3) 4~7세까지의 아동을 위한 'Near and Far(이곳저곳)'와 'Around the World(세계일주)' (Kindermusik, 2003e)

'Creatures in My Backyard'와 'Creatures at the Ocean'은 노래 부

르기, 신체 활동하기, 창조하기와 같은 활동을 다룬다. 아동은 다양한 동물과 자연에 대해 학습한다(Kindermusik, 2003d). 'Confetti Days'는 음악, 신체 활동, 미술, 역할 놀이, 드라마, 이야기 모두를 통합한다(Kindermusik, 2003c). 'Near and Far'와 'Around the World'는 독일, 일본, 아프리카, 영국, 멕시코와 같은 세계 각국 다양한 문화의 음악, 동작 노래, 신체활동, 만들기 활동을 소개한다. 아동은 이를 통해 세계 여러 나라의 기후, 식물, 동물, 역사를 학습한다(Kindermusik, 2003b).

이상이 킨더뮤직 프로그램의 요약이었다. 킨더뮤직 기업은 킨더뮤직 프로그램을 교육하는 교사에 대한 엄격한 가이드라인과 기준을 가지고 있다. 인증된 킨더뮤직 교사만이 킨더뮤직 교과 과정을 취급할 수 있고 교육할 수 있다. 또한 인증된 킨더뮤직 교사만이 수업 계획서와 다른 자료들의 다운로드가 가능한 온라인 사이트에 접속할 수 있다.

킨더뮤직 훈련

킨더뮤직 교사 인증을 받기 위해서는 참가자들은 우선 '킨더뮤직의 기초(Fundamentals of Kindermusik)'라고 명명된 훈련 과정을 이수해야만 한다. 이 과정은 워크북/비디오 형식을 사용하며 킨더뮤직의 철학과 교과 과정을 탐구한다(Kindermusik, 2002a). 지원자들은 멘토(mentor), 이메일 지원, 온라인 자료들의 접속의 도움을 받아 이러한 상호 훈련 과정을 킨더뮤직 웹 사이트를 통해 가정에서 이수할 수 있다. 개인 훈련을 마친 후 그 다음 해 3월까지의 자격증 유지비용은 무료다. 그 이후 자격증은 매년 3월마다 갱신해야 한다. 현재 1년간의 자격증 유지비는 75달러 혹은 90달러다(Kindermusik, 2002a, 2002b).

비록 킨더뮤직 교사 지원자에게 음악 학위나 교육학 학위가 요구되는 것은 아니지만, 그들이 이수해야 할 구체적인 자격이 있다. 첫째, 지원자는 악보를 읽고 해석할 수 있어야 한다. 둘째, 그들은 밝은 음색으로 적절한 음역에서 노래할 수 있어야 한다. 셋째, 그들은 간단한 리듬적이고 선율적인 패턴을 목소리와 악기로 표현할 수 있어야 하며, 고정 박을 유지하는 동시에 음악에 맞춰 동작으로 표현하여야 한다. 넷째, 그들은 성인 양육자의 도움이 있든 없든 간에 30~60분 동안 어린 아동을 인솔할 수 있어야 한다. 마지막으로, 킨더뮤직 교사는 자녀와 함께 킨더뮤직 활동에 참여하는 양육자들과 효과적으로 의사소통하고 상호 작용할 수 있어야 한다. 인증된 교사가 되기 위한 부가적인 자격 조건은 다음과 같다.

(1) 훈련을 이수하고 온라인 학습과 지원 도구를 활용하기 위하여 활동 중인 이메일 주소와 인터넷 접근망을 유지하는 것
(2) 자격에 관한 규정을 따르는 것
(3) 수업에 등록한 모든 부모에게 킨더뮤직 가정용 교재를 판매하는 것
(4) 킨더뮤직 교재는 킨더뮤직 수업에서만 사용할 것, 이러한 수업 계획서와 음반들은 다른 교습 상황에서 사용될 수 없다(Kindermusik, 2002c).

킨더뮤직은 인증된 교사에게 계속적인 지원을 제공한다. 고객 관리 담당자는 킨더뮤직 프로그램을 확립할 수 있도록 인증 1년차 교사를 돕는다. 킨더뮤직 웹 사이트는 부모를 인증된 교사에게 연결시켜 줄 수 있는 온라인 교사 위치도를 제공한다. 교사는 전문적인 교육 도구를 구입하고 킨더뮤직 상품에 대해 할인받을 수 있다. 다른 유익한 점은 "뉴스레터를 통한 지속적인 의사소통, 지속적인 교육과 최근 연구를 위한 '킨더뮤직 대학' 웹 사이트 그리고 교과 과정 최신정보 갱신, 그리고 이야기 방과 게시판을 운영하는 교사의 라운지와 같은 온라인 프로그램을 통한 다른 킨더뮤직 교사와의 상호작용"(Kindermusik, 2002d)이 있다. 과거에는 킨더뮤직 교사 인증을 받기 위해서 대상자가 훈련 세미나에 참석하여야 했다. 킨더뮤직에서 인증된 전문가가 그들의 스튜디오에서 제공하는 세미나와 워크숍은 이제 선택사항이 되었다(Kindermusik, 2002a).

킨더뮤직 프로그램의 치료적 의미

킨더뮤직 교사들은 아동이 7세가 될 때까지 몇 가지의 발달적 단계들을 거친다는 것을 인지한다. 따라서 킨더뮤직 프로그램은 개인의 학습 단계에 알맞은, 발달적으로 적절한 교과 과정을 사용한다. 교과 과정은 언어 기술, 상징적 사고, 협응, 사회적 상호작용을 촉진시킨다. 그러나 킨더뮤직 교사는 아동에게 학습을 강요하지 않는다. 그보다 교사는 아동 모습 그대로를 이해하고 격려한다. 킨더뮤직 전문가들은 모든 아동이 음악을 경험할 기회를 가져야 한다고 믿었으며 모든 아동이 같은 방식으로 음악에 참여하는 것은 아니라는 것을 깨달았다. 장애를 가진 아동은 참여를 위한 도움이 필요하거나 수정된 음악 활동을 필요로 한다. 이러한 아동은 감각적, 인지적/발달적, 혹은 운동적 결함을 가지기도 한다(Kindermusik International, 1998a).

킨더뮤직 프로그램은 장애를 수용하고 치료적 결과를 얻기 위하여 다음과 같은 세 가지 다른 접근방식을 사용한다.

(1) 발달적 접근방식
(2) 과정 중심적 접근방식
(3) 부모−아동의 관계

우리는 다음에서 이러한 접근방식에 대해 논하고자 한다.

발달적 접근방식

킨더뮤직이 사회경제적 지위나 활동 수준에 관계없이 모든 아동에게 적용될 수 있기 때문에, 모든 아동이 참여할 수 있도록 활동을 구상하여야 한다. 킨더뮤직 교과 과정은 이러한 요구를 두 가지 방법으로 도모한다. 첫째, 아동은 그들의 생활 연령이 아닌 발달 연령에 기초하여 그룹에 배정된다. 둘째, 킨더뮤직 활동들은 그룹 속의 아동의 요구에 따라 수정될 수 있다(Kindermusik

International, 1998a).

이상의 이유 때문에, 킨더뮤직은 다양한 속도로 발전하고 있는 아동을 포함한 모든 아동을 위해 적용될 수 있다. 예를 들어, 한 그룹에 걷는 아동과 걷지 못하는 아동이 함께 있다면, 킨더뮤직 교사는 걷지 못하는 아동을 활동에서 배제하지 않으면서 걷는 아동에게 걷기 동작을 격려하는 활동을 사용할 수 있다. 한 가지 수정된 활동 방법으로, 교사는 걸을 수 있는 아동에게는 악기를 연주하면서 방 안을 서서 돌아다니게 하고, 걷지 못하는 아동에게는 앉은 자리에서 악기를 연주하도록 할 수 있다. 만약 또 다른 그룹 속에 말을 할 수 있는 아동과 그렇지 않은 아동이 혼재해 있을 경우, 킨더뮤직 교사는 말할 수 있는 아동에게는 전체 단어와 프레이즈를 찬트로 말하게 하고, 말할 수 없는 아동에게는 노래를 부르게 하거나, 근접한 단어나 적절한 소리를 말하도록 격려할 수 있다.

과정 중심적 접근방식

킨더뮤직 전문가는 아동이 비록 음악 활동과 관련을 맺지만, 음악적 기술의 습득이 궁극적인 목적은 아니라고 강조한다. 각 활동은 음악적 기술의 발달과 더불어 운동/신체, 의사소통, 사회/정서, 인지/학습 기술과 같은 비음악적 기술이 발달되도록 기획된다. 운동/신체 기술의 발달을 촉진시킬 수 있는 다양한 킨더뮤직 활동이 있다. 예를 들어, 보조기구를 조작하고 탐색하거나 혹은 악기를 연주함으로써, 아동은 손과 손가락의 대소근육을 사용할 수 있다. 악기 연주 또한 이 같은 기술을 강화한다. 아동으로 하여금 똑바로 앉기, 기기, 걷기, 행진하기, 깡충 뛰기를 하도록 격려하는 음악 활동은 팔다리의 대근육 기술의 발달을 촉진시킨다.

운동과 신체적 발달을 촉진시키는 것과 더불어, 킨더뮤직 활동은 의사소통 기술의 발달을 권장한다. 아동이 간단한 노래를 부르도록 함으로써, 킨더뮤직 교사는 언어화, 호흡 지원, 새로운 단어 학습의 기회를 그들에게 제공한다.

아주 어린 아동에게는 이러한 활동들이 전언어적(preverbal) 기술의 습득을 촉진시킨다. 또한 킨더뮤직 활동은 사회적/정서적 기술의 발달을 촉진시킬 수 있다. '엄지는 어디 있나?(Where is Thumbkin?)'와 같은 상호 관계와 관련된 노래 사용을 통하여, 아동은 그들의 부모나 그 밖의 어른들과 상호 작용하는 것을 학습할 수 있다. 음악 게임의 구조는 아동이 또래 아동과 긍정적으로 상호 작용하도록 도울 수 있기 때문에, 아동은 공유하기와 순서 기다리기와 같은 기술을 학습할 수 있다. 또한 '우리 모두 다함께 손뼉 쳐(If You're Happy and You Know It)' 노래를 부르는 것과 같은 특정한 음악 활동은 아동에게 그들의 감정을 적절한 방법으로 표현할 수 있는 방법을 교육할 수 있다.

킨더뮤직 교과 과정의 또 다른 목적은 인지/학습 기술들의 발달을 촉진시키는 것이다. 킨더뮤직 교사들은 좋은 목소리로 노래 부르는 것을 아동에게 가르칠 뿐 아니라 전학습(preacdemic)과 학습 기술들을 가르치기 위하여 노래를 사용하기도 한다. 노래 가사는 아동이 노래하는 동안 개념을 학습하고 암기하도록 도움으로써 정보의 전달자 기능을 한다. 예를 들어, '맥도널드 아저씨(Old McDonald)' 노래를 부르면서, 아동은 동물의 이름과 울음소리를 연관시키는 것을 학습하게 된다. '머리, 어깨, 무릎, 발(Head, Shoulders, Knees and Toes)' 노래는 아동이 전후 관련 연속성과 신체 부분들에 대해 학습하는 데 도움을 줄 수 있다.

킨더뮤직 세션에는 일반적으로 5~10명의 아동과 그들의 양육자들이 참여한다. 그룹 음악 활동에 참여하는 것이 아동으로 하여금 과제에 집중하기, 리더와 눈 맞추기, 성인 그리고 또래와의 접근을 유지하기와 같은 기술 등을 학습하도록 한다. 이러한 모든 기술은 학습에 필수적이다. 지금까지 살펴본 바에 따르면, 결과 중심의 관점과 비교하여 보았을 때 과정 중심의 관점의 가장 중요한 유익은 양육자들과 아동이 함께 학습하기 때문에 더 긴밀한 부모-자녀 관계를 발전시킨다는 것이다. 부모-자녀 관계는 적극적 음악 만들기와 관련된 과정만큼 중요하다.

부모-자녀 관계

부모-자녀 관계는 킨더뮤직 프로그램의 중요한 측면이다. 여러 킨더뮤직 프로그램들은 적극적으로 부모를 활동에 참여하도록 하고 그들의 자녀와 음악적으로 상호 작용하도록 격려한다. 프로그램은 교실 안팎에서 자녀와 상호 작용하는 도구로서 음악을 사용하도록 부모를 교육한다. 부모와 자녀 간의 관계의 질은 음악적 경험과 음악 놀이를 가정에서 공유함으로써 향상된다.

장애아동의 부모들이 겪는 가장 큰 어려움은 아마 그들의 자녀와 의미 있게 상호 작용하는 방법을 찾는 데 있을 것이다. 장애아동은 전형적으로 발달하는 아동에 비해 감각적, 시각적 혹은 촉각적 자극에 대해 반응하지 않는다. 형제 또한 그들의 장애 형제나 자매와 상호 작용하는 것을 어려워한다. 킨더뮤직 프로그램은 장애아동 부모에게 자녀들과의 성공적인 상호작용과 의사소통을 위한 새로운 길을 교육할 수 있다. 그 결과, 부모는 자녀들과 함께하는 시간을 좀 더 효과적으로 사용하는 것을 학습할 수 있다. 우리는 다양한 장애를 가진 아동의 요구를 충족시키기 위해 사용될 수 있는 다양한 킨더뮤직의 방법을 다음 부분에서 제시하고자 한다.

장애아동을 위한 킨더뮤직 활동의 적용

킨더뮤직 활동에 참여하는 아동 중에는 시각이나 청각 손상을 포함하는 다양한 종류의 감각 손상을 입은 아동도 있다. 청각을 상실한 아동은 음악에 맞춘 신체활동과 악기 연주와 같은 음악 활동에 쉽게 참여할 수 있다. 감각 손상을 입은 아동과 작업할 때, 킨더뮤직 교사는 시각적이고 촉각적인 다양한 종류의 신호를 제시할 수 있다. 변형된 활동의 예를 들면, 교사는 음악의 볼륨을 높여 아동이 진동을 통하여 듣고 느낄 수 있도록 하거나 아동을 스피커 옆에 앉도록 할 수 있다. 신체 활동 중에 킨더뮤직 교사는 아동의 반응을 촉진시키기 위하여 음악에 맞추어 크고 과장된 동작들을 사용해야 한다(Kindermusik International, 1998a).

킨더뮤직 교사는 교재의 도움을 받고 이를 장애아동의 필요에 알맞게 변형하여 시각 손상을 입은 아동으로 하여금 활동에 참여할 수 있도록 한다. 변형된 활동의 예를 들면, 교사는 다양한 촉각을 가진 물건들과 같은 촉각적 자극을 제공하는 악기나 교구를 사용하기도 한다. 또한 시각 장애아동은 성인이나 앞을 볼 수 있는 아동의 도움을 받아 신체 활동에 참여할 수 있다. 이런 동반자는 교실을 행진할 때 시각 장애아동이 그들을 만지거나 붙잡을 수 있도록 허용한다. 또한 동반자는 그룹이 하고 있는 동작을 아동에게 설명할 책임이 있으며 이를 통하여 아동은 비슷한 방법으로 참여할 수 있다.

다운증후군, 자폐, 발달장애와 같은 인지 손상이나 발달 지체를 보이는 아동은 일반적인 발달을 하는 아동보다 좀 더 느린 속도로 발달한다. 킨더뮤직 교사는 여러 번 반복하고, 활동에서 요구하는 사항들을 충족시키기 위하여 아동에게 더 많은 기회를 허락하며, 긍정적인 참여를 위해 아동을 수차례 강화함으로써 이런 장애아동의 요구를 충족시키기 위한 활동을 변형할 수 있다. 예를 들어, 자폐 아동은 언어적이고 비언어적인 의사소통, 사회적 상호작용, 놀이 활동 영역에서 어려움을 겪는다. 이 장애는 아동이 타인과 의사소통하는 것을 어렵게 만든다. 이러한 아동은 반복적인 신체 활동을 하고, 타인에 대해 이상 반응을 보이며, 일과에 대한 어떠한 변화를 거부하기도 한다. 이러한 아동을 위한 변형된 활동으로서 교사는 그림 형태로 된 세션 계획 차트를 아동에게 제공한다. 이런 방법으로 킨더뮤직 교사는 다음에 무엇을 하며 이전에는 무엇을 했었는지에 관하여 아동과 의사소통할 수 있게 된다. 같은 활동을 지속적으로 사용하는 것은 이런 아동에게 중요하다. 예를 들어, 교사는 매 세션마다 안녕 노래로 시작하여 노래 부르기 활동, 악기 활동, 신체 활동, 또 다른 악기 활동, 또 다른 노래 부르기 활동을 거쳐 안녕 노래로 마쳐야 한다. 단, 각 활동 영역에서 변형이 있을 수 있다.

발달 지체를 보이는 아동의 성공적인 참여를 촉진시키기 위하여 킨더뮤직 교사는 각 활동을 과제 분석할 수 있다. 각 활동 중, 킨더뮤직 교사는 3~5개의 단어로 이루어진 프레이즈를 사용하여 짧은 단계로 나누어 지시를 내리기도 한다. 지시를 그림으로 보여 주는 것도 도움이 될 수 있다. 부모들은 자녀의 신체 활동과 참여를 안내할 수 있다. 부모와 킨더뮤직 교사는 아동에게 많은 긍정적인 언어적 강화를 제공할 수 있다.

아동은 뇌성마비, 척추피열(披裂), 선천적 기형 혹은 사고로 인한 손상 때문에 운동 능력에 장애를 가지게 된다. 이러한 장애아동에게 알맞도록 활동을 변형하기 위하여, 킨더뮤직 교사는 먼저 각 아동의 강점과 약점을 파악해야 한다. 아동의 능력을 강조하는 활동을 기획하거나 활용하는 것은 중요하다. 예를 들어, 만약 아동이 똑바로 앉는 활동에 참여할 수 있다면, 킨더뮤직 교사는 모든 참여 아동이 앉은 상태에서 참여할 수 있는 활동들을 설계할 수 있다. 아동으로 하여금 서거나 교실을 행진하도록 요구하는 활동에서는, 부모는 자신의 팔로 자녀를 앉아 올린 채 함께 행진할 수 있고, 혹은 아동을 행진하는 그룹의 중앙에 있게 할 수도 있다.

킨더뮤직 전문가들은 모든 아동은 음악에 참여하는 기회를 가져야 한다고 믿기 때문에, 킨더뮤직 기업은 킨더뮤직 수업에 등록하기 위해 필요한 비용을 마련하는 데 경제적으로 어려움이 있는 가정을 지원하는 장학금 프로그램을 발전시켜 왔다. 이런 아동에게 자금을 제공하는 두 가지 프로그램이 있다. 바로 존 스펜서 스턴즈(John Spencer Stearns) 장학금과 킨더뮤직 아동 기금이다(Kindermusik International, 1998a).

킨더뮤직의 유익성에 관한 연구

디 엘토일레(De L'Etoile, 1999)는 음악 훈련 프로그램의 가치를 결정하는 주요 결과 영역은 음악 활동에 참여하는 아동의 긍정적인 행동 변화라고 지적하였다. 부모들의 많은 사례 보고와 관찰은 킨더뮤직 활동에 참여한 자녀와 부모를 위한 유익함을 잘 보여 준다. 최근에 샘 휴스턴 대학(Sam Houston State University)에서 시행한 연구는 킨더뮤직 영차일드 프로그램에 참여하였던 아동이 긍정적인 인지적·음악적 유익함을 얻었다는 것을 보고하였다 (Bilhartz, Bruhn, & Olson, 1998). 연구자들은 4~7세까지의 71명의 아동을 대상으로 연구하였다. 통제 집단은 정기적으로 유치원에 다니지만 수업 중 추가적인 음악 프로그램에는 참여하지 않았다. 실험 집단은 30주 동안 매주 75분 프로그램에 참여하였다. 음악 프로그램으로는 킨더뮤직 영차일드 교과 과정이 시행되었다. 두 명의 인증된 킨더뮤직 교사가 아동의 정기적인 학교 프로그램을 가르쳤다. 부모들은 첫 번째와 열여섯 번째 세션에 모두 참여하였고 그 밖의 수업 시간에는 마지막 15분간만 참여하였다. 또한 그들은 자녀의 숙제를 도와주어야 하였다. 연구 결과, 이 음악 프로그램에 참여한 아동이 「Young Child Music Skills Assessment」(Bilhartz et al., 1998)와 「Stanford-Binet Bead Memory Subtest」(Thorndike, Hagen, & Sattler, 1986)에서 사전과 사후에 유의미한 증가를 보였다. 결과에 근거하여 연구자들은 조기 음악 교육과 특정한 비음악적 능력 중 인지적 성장 사이에 인과적 관계가 존재한다고 결론지었다. 또한 이 연구는 자녀들의 음악 훈련에 대한 부모의 참여도가 모든 영역의 발달에 영향을 끼친다는 것을 지적하였다.

결 론

  킨더뮤직 프로그램의 목적은 아동 음악가를 만드는 것이 아니라 그들을 둘러싸고 있는 세계에 대해 탐구하고 학습하려는 아동의 열망을 증가시키는 데 있다. 이 목적은 어린 아동을 위한 음악치료 프로그램에도 적용될 수 있다. 킨더뮤직 교과 과정의 구조는 아동 자신의 속도에 따라 참여하고 발달할 수 있도록 허용하며, 다양한 장애를 가진 아동의 참여도 가능하게 한다. 부모는 자녀의 수업에 함께 참여하고 수업을 마친 후에도 킨더뮤직 교재와 테이프를 가지고 가정에서 자녀들과 상호 작용하도록 격려받기 때문에, 음악 만들기는 장애아동의 가정 생활에 핵심적인 부분이 된다.

 참고문헌

Bilhartz, T. D., Bruhn, R. A., & Olson, J. E. (1998). *The effect of early music training on child cognitive development. Manuscript submitted for publication.* Sam Houston State University.

De L'Etoile, S. K. (1999). *An inservice training program in music for child care personnel working with infants and toddlers.* Unpublished doctoral dissertation, University of Kansas, Lawrence.

Heyge, L., & Sillick, A. (1988). *Teacher's guide: Year one, Kindermusik for the Young Child.* Greensboro, NC: Music Resource International.

Heyge, L., & Swears, L. (1990). *Teacher's guide: Kindermusik, beginnings, music for me, music and my world.* Greensboro, NC: Music Resources International.

Kindermusik. (1999). *Kindermusik professional educator training.* Greensboro, NC: Author.

Kindermusik. (2001a). *Foundations of learning®.* Retrieved September, 20, 2003 from http://www.kindermusik.com/parents/village.htm

Kindermusik. (2001b). *Kindermusik for the Young Child®.* Retrieved September, 20, 2003 from http://www.kindermusik.com/parents/youngchild.htm

Kindermusik. (2001c). *Kindermusik Music Box™.* Retrieved September, 20, 2003 from http://www.kindermusik.com/parents/musicBox.htm

Kindermusik. (2001d). *Kindermusik Our Time™.* Retrieved September, 20, 2003 from http://www.kindermusik.com/parents/ourTime.htm

Kindermusik. (2001e). *Kindermusik Our Time™.* Retrieved September, 20, 2003 from http://www.kindermusik.com/parents/ourTime.htm

Kindermusik. (2001f). *Kindermusik Village™*. Retrieved September, 20, 2003
from http://www.kindermusik.com/parents/village.htm

Kindermusik. (2002a). *Frequently asked questions*. Retrieved October 3, 2003
from http://www.kindermusik.com/LicensedEducator/RightForYouFAQ.asp

Kindermusik. (2002a). *Frequently asked questions*. Retrieved October 3, 2003 from
http://www.kindermusik.com/LicensedEducator/RightForYouFAQ.asp

Kindermusik. (2002b). *Fundamentals of Kindermusik*. Retrieved October 3,
2003 from http://www.shopkindermusik.com/funofkin1.html

Kindermusik. (2002c). *Qualifications and criteria*. Retrieved October 3, 2003 from
http://www.kindermsik.com/LicensedEducator/RightForYouSkills.asp

Kindermusik. (2002d). *The support you need*. Retrieved October 3, 2003 from
http://www.kindermusik.com/NeededSupport.asp

Kindermusik. (2003a). *About Kindermusik*. Retrieved September 20, 2003 from
http://www.kindermusik.com/parents/about.asp

Kindermusik. (2003b). *Around the World™*. Retrieved September 20, 2003
from http://www.kindermusik.com/parents/adv4-7land.asp

Kindermusik. (2003c). *Confetti Days™*. Retrieved September 20, 2003 from
http://www.kindermusik.com/parents/adv3-5land.asp

Kindermusik. (2003d). *Creatures at the Ocean™*. Retrieved September 20, 2003
from http://www.kindermusik.com/parents/adv1.5-4land.asp

Kindermusik. (2003e). *Kindermusik Adventures™*. Retrieved September 20,
2003 from http://www.kindermusik.com/parents/adventures.asp

Kindermusik. (2003f). *Kindermusik classes*. Retrieved September 20, 2003 from
http://www.kindermusik.com/parents/parent2.asp

Kindermusik. (2003g). *Kindermusik for the Young Child™*. Retrieved September
20, 2003 from http://www.kindermusik.com/parents/youngchild.asp

Kindermusik. (2003h). *Kindermusik Imagine That™*. Retrieved September 20,
2003 from http://www.kindermusik.com/parents/imagineThat.asp

Kindermusik. (2003i). *Kindermusik Music Box™*. Retrieved September 20, 2003
from http://www.kindermusik.com/parents/musicBox.asp

Kindermusik. (2003j). *Kindermusik Our Time*™. Retrieved September 20, 2003 from http://www.kindermusik.com/parents/ourTime.asp

Kindermusik. (2003k). *Kindermusik philosophy.* Retrieved September 20, 2003 from http://www.kindermusik.com/aboutKindermusik/philosophy.asp

Kindermusik. (2003l). *Kindermusik Village*™. Retrieved September 20, 2003 from http://www.kindermusik.com/parents/village.asp

Kindermusik International, Inc. (1998a, October). Kindermusik touches the lives of children with special needs. Kindermusik Notes, 1-7.

Kindermusik International, Inc. (1998b). *Kindermusik Village: Feathers, teacher's guide.* Greensboro, NC: Author.

Scism, J. (1994, June 6). Kindermusik hits right notes with kids. *News & Record,* 3.

Thorndike, R., Hagen, E., & Sattler, J. (1986). *The Stanford-Binet Intelligence Scale: Fourth edition. Guide for administering and scoring.* Chicago: Riverside.

음악치료 접근법

제2부
음악심리치료 접근법

f

제 5 장

유도된 심상과 음악

유도된 심상과 음악

Debra Burns
Jennifer Woolrich
Helen Bonny 감수

서 론

유도된 심상과 음악(The Bonny Method of Guided Imagery and Music, GIM)은 "내적 경험들의 역동적인 전개를 자극하고 지속하기 위하여 특정한 연속적인 고전 음악 프로그램들을 사용하는 의식의 음악–중심적 탐구"(Association for Music and Imagery, AMI, 2000)다. GIM 철학의 제안자들은 다음과 같이 믿는다.

(1) 심상과 음악 모두는 치료적인 동인이다.
(2) 치료적 과정은 초개인적이며 역동적인 측면 모두를 포함한다.
(3) 확장된 자각은 주요한 치료적 유익을 이끈다.

치료사는 다양한 대상자와 함께 작업할 수 있지만, 일차적으로 만성적 질병 환자나 개인적이고 영적인 성장을 추구하는 사람들을 위해 일하고 있다. 현재 미국에만 약 100명의 GIM 치료사가 있고, 이 훈련 프로그램은 미국, 유럽, 호주, 뉴질랜드, 일본에서 사용되고 있다.

음악은 자기-표현을 위한 기반을 제공한다. 또한 이것은 자기를 조직하게 한다(Ruud, 1980). 이러한 측면에서 GIM은 자아 발달에서의 개인의 자각과 음악의 영향력을 강조하는 인본주의적, 초개인적인 이론에 기반을 둔다. GIM에서의 고전 음악은 클라이언트의 내적 경험에 집중하고 결과적으로 좀 더 이것에 몰입하도록 도움으로써 치료적 목적을 성취하도록 돕는다. 음악은 경험을 위한 구조와 방향성을 제시하고, 정서적 표현을 촉진시키며, 절정 경험에 기여한다(Bonny & Pahnke, 1972).

음악은 치료적 사용을 위한 무의식적 자료를 분출하는 자극제로서 작용한다. 무의식적 자료는 클라이언트의 현재와 과거 경험과 연관된 심상, 감정, 사고를 포함한다. 형식, 다이내믹, 음색, 리듬과 같은 음악적 요소는 예측할 수 있는 구조를 제공함으로써 결국 클라이언트에게 안전감을 부여한다. 이러한 예측성과 안전감은 클라이언트로 하여금 적재된 무의식적 자료에 정서적으로 직면하도록 그를 격려한다. 무의식적 갈등에 대한 직면은 정서의 분출을 촉진시키고 심리적인 이해와 이에 수반되는 행동 변화에 기여한다.

역사와 발달

헬렌 바니(Helen Bonny)는 바이올린을 연주하는 동안 절정 경험에 따른 영감을 받았기 때문에 메릴랜드 정신과 연구 센터(Maryland Psychiatric Research Center)에서 유사한 클라이언트 경험을 촉진시키기 위하여 음악을 이완과 연합하여 사용하였다. GIM은 환자의 치료를 향상시키기 위한 LSD 사용에 대한 연구 결과에 따라 개발되었다(Bonny & Savary, 1990).

연구자들은 의식의 제한을 초월하기 위한 방법으로서 LSD를 사용하여 절정 경험을 유발하고자 하였다. 결국 음악 또한 치료 세션에 통합되었고 음악의 유익성은 금세 알려졌다. 음악은 환자의 관심을 좁혀 그들의 집중을 향상시킬 수 있었는데, 이것은 환자들로 하여금 그 경험에 좀 더 집중하게 하였다.

정부에서 LSD 연구를 위한 기금을 삭감하기 시작함에 따라, 음악은 실험적 연구의 초점이 되었다. 연구자들은 음악 자체만으로 환자에게 절정 경험을 인도할 수 있는지에 관해 탐구하기 시작하였다. 연구 결과는 음악이 더 심층적인 수준의 의식으로 환자를 인도함으로써 절정 경험을 촉진시킨다는 것을 밝혀 주었다. 1974년까지 GIM 감상 프로그램들은 발전되었고 구조화된 세션은 이러한 음악 프로그램에 기초하였다.

GIM과 관련된 인본주의적 그리고 초개인적 이론

GIM은 자기-자각과 이해를 증가시키는 데 목적을 둔 인본주의적 그리고 초개인적 심리학에 기초를 둔다. 인본주의 심리학의 근원은 일차적으로 매슬로(Abraham Maslow)의 저서에 기초한다. 매슬로는 인간은 기본적인 심리 욕구에서 시작하여 그가 자기-실현이라고 명명한 복잡한 욕구에 이를 때까지 발전한다는 욕구 이론을 발전시켰다. 자기-실현은 자신의 최대한의 잠재력에 이르기 위하여 자기가 주도하는 추진력이다. 인본주의 심리치료는 인간이 이러한 과정들을 통하여 진보할 수 있도록 돕고자 한다(Maslow, 1968). 변형된 의식 상태에서의 음악 감상은 개인이 자기-실현에 이르도록 돕는 뇌관적 절정 경험을 유발시킬 수 있다(AMI, 2003).

인본주의 심리학의 확장인 초개인적 심리학의 목적은 클라이언트가 자기자신에 대한 확장된 자각을 성취하도록 하는 것이다. 초개인적 심리학 세션에서 나타나는 경험은 클라이언트의 기본적 요구뿐 아니라 정서적, 정신적, 영적 요구까지도 만족시키도록 그들을 격려한다. 그들의 모든 요구를 채움으로써 클라이언트는 전체로서의 자기를 이해하고 최상의 수준의 정체성에 다다르며 자기-실현을 성취할 수 있다. 치료적 경험은 존재의 초개인적 측면을 포함시키기 위하여 내면을 향하여 여행하고 그의 내적 세계에 대해 좀 더 이해하며 자신의 정체성을 향상시키도록 클라이언트를 격려한다. 내적 추구는 클라이언트로 하여금 전체성과 초월성을 향하여 이동하도록 하는 지혜로 이끈다(Vaughan, 1979).

초개인적 심리학의 주요한 목적 중 하나는 클라이언트로 하여금 자신들의 내적 자료를 건드리도록 하는 것이다. 초개인적 심리학자들은 모든 클라이언트가 개인적 치유의 자연적인 과정을 따름으로써 독자적으로 성장하고 발전할 수 있는 잠재력이 있다고 본다. 치료사는 클라이언트의 문제를 해결해 주는 대신, 클라이언트가 치료 중에 발생하는 통찰을 통하여 지식을 얻어 감에 따라 단순히 그들을 지지한다. 클라이언트는 초개인적 치료를 통하여 자아 수준에서의 자각 한계를 초월하여 심상과 꿈을 통한 좀 더 완전한 자기-이해를 경험할 수 있다. 이러한 심상은 내적 경험의 신화적, 원형적, 상징적 영역을 포함한다. 클라이언트는 이러한 심상을 통하여 자기의 현실화를 경험한다. 클라이언트는 그들의 정체성을 분리된 부분으로 관조하고 모든 내적 갈등을 해소할 수 있다. 그 후 클라이언트는 재통합 과정을 통하여 진보하고 자아 경계선을 초월한다(Vaughan, 1979).

초개인적 심리학에서 경험의 궁극적인 목적은 자기-초월이다. 이것은 클라이언트가 그들 자신을 "총체적으로 고립된 것이 아닌 좀 더 큰 어떤 것의 부분으로서, 선천적으로 연관되고 모든 것과 관련된 것으로서" 그들 자신을 이해할 때 일어난다(Vaughan, 1979). 클라이언트는 관계들을 통하여 서로 얽힌 우주 만물 속에 그들이 어떻게 적합한지를 이해한다. 그 후 클라이언트는 이 우주 만물 속에서 그들 자신의 목적과 책임감을 수용해야만 한다. 클라이언트가 자기 자신과 우주 만물에 대해 완전히 이해하게 되면, 그들은 개인적 자유, 내적인 방향성 그리고 책임감을 얻게 된다(Vaughan, 1979).

음악의 기능

GIM에서의 음악의 기능은 심상 경험을 촉진시키는 것이다. 연구 결과, 음악은 심상을 좀 더 생생하게 만듦으로써(McKinney, 1990; McKinney & Tims, 1995; Peach, 1984; Quittner & Glueckauf, 1983), 그리고 심상 경험 속에서 몰입을 증가시킴으로써(Band, 1996) 심상의 질을 향상시킬 수 있다. 이때 음악은 클라이언트의 개인적 필요와 목적들에 부합하는 적절한 종류의 심상을 유발시켜야 한다. 바니(1972)는 선율 윤곽, 다이내믹 범위, 화성 구조, 리듬, 음악의 오케스트레이션에 기초하여 정서적 특징을 담은 감상 프로그램 시리즈를 개발하였다. 이 프로그램의 이름은 평안, 긍정적 정서, 정서 분출, 심상 등(Bonny, 1978b)의 음악이 묘사하는 정서적 특징을 제시한다. 이러한 프로그램은 GIM 치료에서 사용되는 표준 음악이다.

음악이 심상 경험을 구조화하기 때문에, 치료사의 음악 선곡은 치료 환경에 핵심적이다. 치료사는 적절한 음악을 선곡함으로써 클라이언트의 요구를 이해하고 있음을 보여 준다. 음악은 역사적으로 동질성의 원리에 근거하여 선곡되어 왔다. 이 원리는 선곡된 음악 작품이 클라이언트의 현존하는 기분에 맞는 것이어야 함을 제시한다. 치료사는 음악이 어떤 기분을 묘사하는지 결정해야 한다. 클라이언트를 위한 적절한 음악을 선곡하기 위하여, 치료사는 클라이언트의 내적 갈등을 해석하고 반영해야 한다. 이렇게 함으로써 치료사의 투사와 전이는 치료 환경 속으로 들어갈 수 있게 된다.

서머(Summer, 1993)는 위니콧(Winnicott)의 충분히 좋은 어머니의 양육에 기초하여 음악 선곡의 아이디어를 소개하였다. 이 원칙에 기초하여, 지나치게 이완적이고 변형이 거의 없는 명확한 구조가 있는 곡을 선곡하는 것은 클라이언트로 하여금 정서적인 안락함의 영역을 초월하도록 도전할 수 없게 한다. 음악이 불안을 유발시키고 심상을 격려하는 구조적인 모호성을 가지고 있을 때 클라이언트 속의 변화가 격려된다. 그러나 구조가 거의 없는 음악은 클라이언트에게 너무 많은 불안을 유발시킬 수 있다. 서머는 충분히 좋은 어머니의 양육 원칙을 그의 환경을 탐색하고 어머니의 팔로 돌아가는 어린 아동의 예에 비유하였다.

심상과 감정의 기능

내적 갈등의 표상인 심상은 다양한 종류의 정서적 반응들을 유발시킨다. 골드버그(Goldberg, 1992)는 GIM 세션 속에서의 감정적인 내용은 자율 신경계의 각성에서 기인한다고 주장하였다. 이러한 감정의 각성은 심상을 형성시키는 결과를 초래한다. 음악의 정서적 내용이 변화함에 따라 감정적 자각은 변화하고 심상의 움직임에 영향을 미친다. 신경계의 자극은 청각 신경에서부터 시작되는데, 이것은 음악적 자극을 귀에서 달팽이신경핵(cochlear nuclei), 하구(inferior colliculus), 망상체(reticular formation)까지 운반한다. 망상체는 대부분 뇌간을 통하여 시상, 궁극적으로 시상하부까지 확장된다. 시상하부는 림빅 시스템을 만드는 면역 반응과 관련된 하나의 신경-해부학적인 구조다. 음악을 감상하는 동안 기분의 지각은 이 시스템 속에서 처리될 수 있다고 학자들은 추측하기도 하지만, 음악 과정 속에서의 림빅 시스템의 역할에 대해 알려진 것은 거의 없다.

음악이 신경-해부학적 구조를 각성시키기 때문에, 이것은 클라이언트 속에 널리 퍼진 감정을 유발시킬 수 있다. 이러한 감정은 무의식적이거나 의식적일 수 있다. 만약 클라이언트가 그 감정을 자각하고 참을 수 없다면, 심상은 그 감정의 표상으로 나타날 것이다(Goldberg, 1992). 이 과정 동안에 음악은 환경 속에 항상 존재하지만 클라이언트가 심상 속에 점차 몰입함에 따라, 이를 의식하지 못한다. 만약 음악이 심상을 지지하지 못한다면 감정적인 표현을 상실할 수도 있다. 클라이언트의 감정이 표출됨에 따라서 그들의 심상도 표현된다.

생리적인 활성화는 클라이언트가 그 각성을 해석하기 전까지는 감정적인 경험이 되지 않는다. 만약 클라이언트가 그 각성이 너무 위협적이라고 판단하면, 그들은 골드버그(1992)가 명명한 "방어 전략"(p. 12)에 관여하게 될 수 있다. 그녀는 이 과정이 정서를 동반하지 않거나 심상과 일치하지 않은, 정서적으로 적재된 심상을 설명할 수 있다고 추론하였다. 방어 전략의 목적은 "음악에 대한 정서적 반응과 그것이 대표하는 이슈를 편향적으로 생각하고, 변화시키며, 억누름으로써"(p. 12) 클라이언트가 지각하는 위협이나 스트레스의 양을 감소시키는 데 있다. 방어 전략들은 감정, 심상 혹은 개인적 이슈의 억압으로 나타나기도 한다. 감정적 억압은 음악이 지루하다는 클라이언트의 불평으로 나타날 수 있다. 만화적 심상들은 본래의 심상의 효과를 감소시키기 위한 시도로 대표될 수 있다. 개인적 이슈의 방어 전략은 심상이 연결되지 않을 경우에 나타나게 된다.

골드버그(1995)는 방어 전략을 포함하는 그녀의 정서 이론의 예를 제공하였다. 그녀는 항우울증 약물을 과다 복용한 후 입원한 21세 남성에 대해 설명하였다. 환자는 자신의 우울증에 대한 그 어떤 이유도 발견하지 못하였다. 그의 첫 세션의 음악/심상 부분의 묘사는 다음과 같다.

> 나는 나무 아래 편안하게 누워 있다. 그곳에는 강과 꽃들이 있다. 나의 친구도 그곳에 있다. 사람들은 나를 향해 뛰어오고 있다. 그들은 강의 반대편에 있다. 나는 약간 긴장되었다. 나는 지금 공원에서 나의 강아지와 함께 있다. 아버지도 계시다. 그는 내 강아지가 어디 있냐고 묻는다. 나는 그를 응시하고 있다(p. 125).

이 환자는 아버지의 심상을 참을 수 없었기 때문에 이 세션을 일찍 끝냈다. 그의 아버지는 수년 전 이 클라이언트의 생일 전에 죽었고 그의 가정은 그가 자신의 슬픔을 표현하지 못하게 하였다. "이 클라이언트의 상처받기 쉬운 측면은 방어 전략들을 통하여 압도적인 정서와 심상을 억누르거나 혹은 변형시킬 수 없는 그의 무능력 속에서 나타났다."(p. 126)

방어 전략을 형성하기 위한 클라이언트의 능력은 자아의 힘이나 대처 전략의 발전을 암시하기도 한다. 또한 정서적으로 적재된 이슈들은 방어 전략의 출현과 함께 뚜렷해진다. 골드버그는 건강한 클라이언트는 조절할 수 있는 수준에서 불안을 유지하고 세션 중 방어 전략을 통하여 빠르게 이동한다. 이와 대조적으로 건강하지 못한 클라이언트는 방어 전략을 형성하는 경향이 상대적으로 적으며 정서적으로 압도당하게 된다. 방어 전략에 대한 치료사의 사정은 클라이언트가 얼마만큼의 지지와 구조가 필요한지를 알려 준다.

클라이언트는 GIM 과정을 통하여 자신의 심상 경험을 통제하는 것과 긍정적 감정과 좀 더 큰 자기-가치를 유발시키기 위해 음악과 함께 작업하는 것을 학습한다. 이 과정은 클라이언트로 하여금 세션의 음악 감상 부분 동안 발생하는 심상과 연합된 감정을 경험하도록 요구한다. 개인의 기분이 향상됨에 따라 치료 세션 중 유발되었던 심상은 이러한 변형을 반영해야만 한다.

린커(Rinker, 1991)는 클라이언트의 심상의 변형을 황폐함에서 돌봄으로 묘사하였다. 한 클라이언트의 첫 심상은 그녀의 목 안에 뜨거운 모래가 있는 것이었다. 이 클라이언트는 이 심상이 감정과 갈등에 대해 말하지 않는 그녀 가족의 메시지와 관련이 있다고 생각하였다. 그러므로 클라이언트가 자신을 표현했다고 느꼈을 때마다, 그녀의 목 안에 있는 뜨거운 모래의 심상이 나타났고, 이것은 그녀의 정서적 차단을 상징하였다.

이러한 갈등을 처리하면서 그녀가 자기 자신에 대해 좀 더 자각하게 되고, 아이가 성장하는 것같이 그녀의 고통스러운 정서적 경험을 계속적으로 사용함에 따라 클라이언트의 심상은 변화하기 시작하였다. 중추적인 세션 도중 클라이언트는 울기 시작했고, 그녀의 눈물은 "파란색과 보라색 무지개로 둘러싸인 금색 눈물"(p. 314)로 나타났다. 떠오르는 태양이라는 심상이 추가로 출현하였을 때 이러한 눈물은 그녀의 고통을 씻겨 주었다. 치료사는 클라이언트의 침묵의 순간과 그녀의 얼굴에 핀 아름다운 미소를 관찰하였다. 클라이언트는 햇빛 속에 있으면서 그녀가 행하였던 모든 것들이 좋았다고 생각하였음을 보고하였다.

치료사의 특질

치료사의 역할은 지지와 격려다. 그는 치료 과정을 통하여 클라이언트가 진보해야 하는 치료적 구조를 제공함과 동시에 클라이언트와 공감해야만 한다. 바니(1978a)는 성공적인 GIM 임상을 위한 가이드의 세 가지 자격은 인격, 훈련, 책임이라고 명시하였다. 치료사는 클라이언트가 세션을 이끌도록 허락한다. 또한 클라이언트가 강렬한 정서적 반응을 경험하도록 만드는 치료사의 능력이 중요하다. GIM 치료사는 음악적 자극에 대한 다양한 반응의 이론적인 토대를 인지해야 하고 음악 역사, 이론, 음향심리학에 대한 면밀한 지식도 갖추어야 한다.

치료적 기법, 변형된 의식 상태, 꿈 분석, 이상심리학에 대한 지식 또한 GIM 치료사가 클라이언트와 효과적으로 작업하도록 돕는다. 또한 바니(1978a)는 GIM 클라이언트와 작업하는 데 헌신과 책임이 필수적이라고 주장하였다. 이러한 두 가지 요소는 GIM을 실습하는 사람들이 자기-치유를 도모하는 데 GIM의 효과성을 신뢰해야만 하기 때문에 더욱 중요하다. 이러한 특질이 치료사에게 중요하긴 하지만, 지나친 관여는 클라이언트의 판단을 흐리게 하고 클라이언트의 진보를 사정하는 데 필요한 분별력을 허락하지 않을 수 있다. 또한 GIM 과정에 대한 과도한 관여는 치료사가 다양한 환자 대상자들을 위해 효과적인 다른 치료를 무시하는 편견을 갖게 할 수도 있다.

세션 구조

GIM 세션 구조는 환자 대상과 관계없이 표준화되어 있다. 바니(1978a)는 GIM 세션의 네 가지 요소들을 준비 대화, 유도, 음악 감상, 사후 통합 혹은 검토라고 설명하였다. 준비 대화는 세션의 분위기를 결정하고 치료사가 클라이언트와 라포를 확립할 수 있는 기회를 제공한다. 대화를 나누는 동안 치료사는 환자의 과거와 주요 고민을 진단한다. 또한 첫 번째 세션 동안 클라이언트는 GIM 과정과 심상 경험의 다양한 영역에 대해서 알게 된다.

치료사는 클라이언트의 과거에 대해 사정하고 치료 목적을 확립한 후, 이완과 집중이라는 두 가지 중요한 요소들을 포함하는 유도로 클라이언트를 이끈다. 바니(1975)는 클라이언트가 심상 과정으로 들어가는 데 이완이 필요하다는 것을 GIM 발달 초기에 발견하였다. 이완의 두 가지 보편적인 종류에는 점진적 긴장—이완 훈련과 자율 이완이 있다. 치료사는 준비 대화 동안 어떤 이완 훈련이 클라이언트에게 적합한지를 결정해야만 한다. 이완 훈련과 유도는 동질성의 원리에 기초하여 선택된다. 예를 들어, 만약 클라이언트가 고도의 불안 상태로 세션에 온다면, 치료사는 점진적 긴장—이완 훈련을 통하여 클라이언트를 인도함으로써 이완과 긴장 간의 대조를 설명할 수 있다. 또한 만약 클라이언트가 심리적으로 방어적이라면, 치료사는 클라이언트 속으로 통제감과 평안함이 스며들도록 자율 이완 훈련을 활용할 수 있다.

점진적 이완 도중, 클라이언트는 대근육 집단들을 긴장시키고 이를 유지하며 그 후 긴장을 해소한다. 치료사는 긴장과 해소의 절차가 예측 가능하도록 구조화함으로써 이완을 유도한다. 발, 종아리, 허벅다리, 골반과 엉덩이, 배, 가슴, 등, 팔, 손, 어깨, 목, 얼굴의 순서대로 이완 훈련이 진행될 수 있다. 이상적으로, 치료사의 목소리는 클라이언트에게 지시를 내리면서 동시에 긴장하기, 유지하기, 해소하기의 단계들을 반영해야 한다. 치료사의 지시는 다음과 같은 형식으로 진행될 수 있다. '당신의 발 속의 근육을 긴장시키세요. 그것들을 긴장시키고 유지하세요. 유지하세요. 유지하세요. 유지하세요. (쉼) 이제 해소하세요. 완전히 해소하세요. 긴장이 떠나가도록 하세요.' 훈련이 진행됨에 따라, 클라이언트는 계속적인 해소를 위해 심호흡을 할 것을 지시받는다. 클라이언트 모든 대근육 집단을 긴장시키고 이완시킨 후 온몸을 긴장시키고 이완시킨다.

자율 이완은 클라이언트의 이완과 집중을 증가시키기 위하여 심상을 사용한다. 치료사는 클라이언트의 요구나 기분 상태에 근거하여 심상을 소개한다. 예를 들어, 만약 클라이언트가 증가된 안전감과 정서적 지지에 대한 요구를 표현한다면, 치료사는 이러한 경험을 묘사하는 심상을 다음과 같이 제시한다.

> 당신의 발 위에 작은 전구가 있다고 상상하세요. 이 전구는 당신의 몸에 따
> 뜻함과 이완을 가져다줄 수 있어요. 이 전구가 천천히 당신의 발에서 종아
> 리로 굴러가도록 하세요. 이것이 당신의 종아리를 만짐에 따라, 이것이 종
> 아리에 따뜻함과 이완을 가져다줄 수 있다고 상상하세요. 당신의 종아리가
> 이러한 따뜻함과 이완을 전구로부터 느낄 수 있도록 하세요. 이제 전구가
> 천천히 당신의 무릎으로 옮겨 가도록 하세요(같은 방식으로 계속 진행됨).

이완 훈련 후 치료사는 심상의 시작 장면을 설명함으로써 음악 감상으로 연결해 주는 다리를 제공한다. 이런 역할 혹은 유도는 클라이언트로 하여금 세션의 음악 감상 부분에 집중하도록 하는 대상을 창조한다. 치료사는 심상 장면을 설명하기 전에 클라이언트의 이슈, 기분, 에너지 수준을 물론 고려하여야 한다. 자율 이완과 더불어 이완 중에 사용되는 심상은 또한 세션의 음악 부분에 대한 다리가 될 수 있다. 예는 다음과 같다.

> 이제 작은 전구가 당신의 손 위에 올려 있어요. 이 전구를 가까이 보시고, 색
> 깔, 감촉, 형태 그리고 주목할 만한 어떤 것이 있는지 살펴보세요. 이것을 만
> 지고 감각을 느껴 보세요. 안을 보시고 그 안에 무엇이 있는지 살펴보세요
> (이 시점에 치료사는 음악이 시작되었음을 알린다). 음악이 시작됨에 따라
> 그 전구가 당신과 함께 탐험하도록 하세요. 그리고 그것이 당신이 필요로
> 하는 것은 무엇이든지 당신에게로 가져오도록 하세요.

다리를 지나 음악이 시작된다. 음악 감상은 30~40분간 지속된다. 이 시간 동안 클라이언트는 음악을 감상하며 치료사에게 심상을 보고한다. 치료사는 그곳에서 클라이언트를 지지하고 격려하며, 클라이언트로 하여금 심상 속에서 가능한 모든 감각적인 경험을 탐구하도록 기회를 제공한다. 심상 경험을

격려하기 위하여 사용되는 접근방식은 반영과 공감과 같은 기본적인 상담 기술을 포함한다. 심상에 대한 어떠한 해석도 세션 중이나 후에 제시되지 않지만, 치료사는 명료화, 언어적 격려, 공감적 진술을 통하여 클라이언트와의 접촉을 유지해야만 한다(Bonny, 1978a).

세션 음악 감상 부분에는 다음의 세 가지 단계들이 있다. 전주, 다리, 세션의 심장(Bonny, 1978a)이다. 빠른 심상의 변화는 전주를 의미한다. 심상의 변화들은 음악 속의 변화를 반영하거나 빈약한 심상은 간헐적인 상징이나 사고의 연속과 함께 발생하기도 한다. 가능한 경험으로는 영화, 텔레비전 프로그램, 자연 속의 장면, 기하학적 도형, 색깔, 감정 등이 있으나 이것들에 한정되지는 않는다.

전주에서 다리로 옮겨 가는 전환은 클라이언트가 좀 더 심상 과정에 몰입해 갈 때 나타난다. 전환은 떨어지는 느낌, 하늘을 날기, 계단을 오르거나 내려가기로 대표될 수 있다. 전환 중에 심상은 또한 갈라진 틈, 구멍, 터널, 동굴 혹은 어떤 종류의 열린 구멍을 포함한다. 어떤 클라이언트, 특히 우울한 사람들은 좌절감을 촉진시킬 만큼 오랫동안 느리고 무거운 방식으로 걷는 것을 보고한다. 이러한 좌절은 분노가 표면화되기 시작하여 결국 행동을 변화시키도록 클라이언트에게 동기를 부여하기 때문에 치료사가 격려해 준다. 다리 부분이 지난 후, 심장 혹은 메시지의 목적이 나타나게 된다.

음악 감상 후 치료사와 클라이언트는 심상 경험을 검토하고 그 심상이 클라이언트가 언급하였던 요구와 치료 목적과 어떤 관계가 있는지에 대해 탐구한다. 치료사는 클라이언트에게 심상에 대해 해석하여 주지는 않지만, 클라이언트가 심상과 자신의 인생 간의 유사성과 의미를 연결시키도록 격려한다. 만약 치료사가 이슈들을 클라이언트 경험 속으로 투사함으로써 심상을 해석한다면, 클라이언트는 치료사의 공감이 부족하다고 느낄 수도 있다. 클라이언트 스스로 의미를 생산할 수 있도록 함에 따라, 클라이언트는 자기-조사와 관련되어 필요한 독립성과 자신감을 성취할 것이다.

치료사의 이론적 배경에 따라 사후 통합에 몇 가지 변형이 있을 수 있다. 어떤 치료사는 경험을 통합하고 그 경험이 좀 더 구체적이 되도록 클라이언트에게 그림을 그리게 하기도 한다. 다른 치료사는 언어적으로 자료를 통합하고 심상 경험과 관련하여 약간의 인지적 작업을 하기도 한다. 치료사는 또한 세션 도중에 음악 즉흥연주와 동작을 사용하기도 한다.

음악치료의 임상적 적용

일차적인 치료 양식으로서의 GIM의 효율성은 음악의 비언어적인 본질과 기억과 감정을 유발시키는 음악의 능력으로 설명될 수 있다. 또한 음악은 클라이언트가 집중하는 시간을 연장시키고 기분을 유지시키며, 긴장을 창조하고 경감시키도록 돕는다(Jarvis, 1988). 워커(Walker, 1993)는 언어 심리치료와 GIM 치료를 통합하는 것에 대한 유익성을 논하였다. 그녀는 클라이언트가 그들의 언어 심리치료사에게 GIM 경험을 설명함으로써 그 자료가 그들의 치료에 포함될 수 있게 된다고 설명하였다. 이런 종류의 연합된 관계를 가지고 작업할 때, 치료사가 심상 경험을 가지고 작업하는 방법에 대해 알고 동의하는 것이 중요하다.

GIM 과정은 내적 갈등에 대한 심층적인 통찰을 촉진시킨다. 따라서 약한 자아를 가진 클라이언트는 자기−이해와 실현을 추구하는 사람들에게는 부과되지 않는 추가적인 구조를 요구한다. GIM에 참여하는 클라이언트는 상상할 수 있어야 하고, 또한 상상과 현실을 구분할 수 있어야 한다. 명백한 정신 질환자들은 이 접근방식에 적절한 대상자가 아니다. 공식적인 진단이 없는 사고장애를 가진 클라이언트를 구별해 내는 것은 어렵지 않다. 심상은 화려하고 연결되지 않는다. 치료사는 추가적인 진단과 약물 치료를 위해 이러한 클라이언트를 의료 전문가에게 보내야 한다. 치료사는 이 접근방식이 모든 사람들에게 가장 훌륭한 중재는 아니라는 것을 인지해야 한다. 어떤 클라이언트는 종교적인 신념 때문에 심상 경험이라는 아이디어에 반대하는 반응을 보일 수도 있다.

랭조와 쿌린(Wrangsjö & Körlin, 1995)은 정신병적 증상의 변화를 측정하는 연구를 하였다. 이 연구에 참여한 클라이언트의 대부분이 정신병적 증상과 대인관계의 문제에서 유의미한 감소를 보였다. 또한 클라이언트는 그들의 인생이 좀 더 조절할 수 있고 의미 있는 것이라고 여기게 되었다. 저자들은 클라이언트가 "힘과 애정 깊은 양육을 취득하는 것을 학습함에 따라, 그들은 고통스럽고 갈등적인 심상 속으로 더욱 깊이 이동하게 되고 이것은 결국 내적 세계를 조절하는 데 그들의 자신감을 증대시켰으며, 이는 조절능력의 향상으로 반영되었다."(p. 89)라고 주장하였다. 비록 이 연구의 대상자들은 수가 적고 다양하였지만 연구 결과는 유망해 보인다. 또 이 연구가 통제 집단을 포함하지는 않았지만, 이것은 GIM 접근법이 일차적 심리치료로서 효과적일 수 있으을 보여 준다.

 참고문헌

Association for Music and Imagery [AMI]. (2000). *Welcome.* Retrieved from: http://www.nas.com/ami/

Association for Music and Imagery [AMI]. (2003). *Core elements of the Bonny Method of Guided Imagery and Music.* Abailable at: http://www.nas.com/ami/Core%20Elements.htm

Band, J. B. (1996). *The influence of selected music and structured vs. unstructured inductions on mental imagery.* Unpublished doctoral dissertation, University of South Carolina.

Bonny, H. L. (1972). *Preferred records for use in LSD therapy.* Unpublished report. Maryland Psychiatric Research Center, MD.

Bonny, H. L. (1975). Music and consciousness. *Journal of Music Therapy, 12,* 121-135.

Bonny, H. L. (1978a). *Facilitating Guided Imagery and Music sessions* (GIM Monograph No. 1). Baltimore: ICM Books.

Bonny, H. L. (1987b). *The role of taped music programs in the GIM process.* (GIM Monograph No. 2). Baltimore: ICM Books.

Bonny, H. L., & Pahnke, W. N. (1972). The use of music in psychedelic (LSD) psychotherapy. *Journal of Music Therapy, 9, 62-87.*

Bonny, H. L., & Savary, L. M. (1990). *Music and your mind: Listening with a new consciousness* (2nd ed.). New York: Station Hill Press.

Goldberg, F. S. (1992). Images of emotion: The role of emotion in Guided Imagery and Music. *Journal of the Association for Music and Imagery, 1,* 5-17.

Goldberg, F. S. (1995). The Bonny Method of Guided Imagery and Music. In T. Wigram, B. Saperston, & R. West (Eds.), *The art and science of music therapy: A handbook* (pp. 112-128). Amsterdam: Overseas Publishers Association.

Jarvis, J. (1988). Guided Imagery and Music as a primary psychotherapeutic approach. *Music Therapy Perspectives, 5,* 69-72.

Maslow, A. H. (1968). *Toward a psychology of being.* New York: Van Nostrand Reinhold.

McKinney, C. (1990). The effect of music on imagery. *Journal of Music Therapy, 27,* 34-46.

McKinney, C., & Tims, F. (1995). Differential effects of selected classical music on the imagery of high versus low imagers: Tow studies. *Journal of Music Therapy, 32,* 22-45.

Peach, S. (1984). Some applications for the clinical use of Guided Imagery and Music. *Journal of Music Therapy, 21,* 27-34.

Quittner, A., & Glueckauf, R. (1983). The facilitative effects of music on visual imagery: A multiple measures approach. *Journal of Mental Imagery, 7,* 105-119.

Rinker, R. L. (1991). Guided Imagery and Music (GIM): Healing the wounded healer. In K. E. Bruscia (Ed.), *Case studies in music therapy* (pp. 309-320). Phoenixville, PA: Barcelona.

Rund, E. (1980). *Music therapy and its relationship to current treatment theories*. St. Louis, MO: MMB Music.

Summer, L. (1993). Melding musical and psychological process: The therapeutic musical spaec. *Journal of the Association for Music and Imagery, 4,* 37-48.

Vaughan, F. (1979). *Awakening intuition*. New York: Doubleday.

Walker, V. (1993). Integrating Guided Imagery and Music with verbal psychotherapy: A case study. *Journal of the Association for Music and Imagery, 2,* 15-22.

Wrangsjö, B., & Körlin, D. (1995). Guided Imagery and Music as a psychotherapeutic method in psychiatry. *Journal of the Association for Music and Imagery, 4,* 79-92.

추천도서

Bonny, H. L. (1980). *GIM therapy: Past, present, and future implications* (GIM Monograph No. 3). Salina, KS: The Bonny Foundation.

Bonny, H. L. (2002). *Music consciousness: The evolution of Guided Imagery and Music*. Gilsum, NH: Barcelona.

Bonny, H. L., & Bruscia, K. (1996). *Music for the imagination*. Gilsum, NH: Barcelona.

Bruscia, K. E. (1995). The many dimensions of transference. *Journal of the Association for Music and Imagery, 4,* 3-16.

Bruscia, K. E. (1995). Manifestations of transference in Guided Imagery and Music. *Journal of the Association for Music and Imagery, 4,* 17-36.

Bruscia, K. E., & Groke, D. E. (Eds.). (2002). *Guided Imagery and Music: The Bonny Method and beyond*. Gilsum, NH: Barcelona.

Bush, C. A. (1995). *Healing imagery and music: Pathways to the inner self*. Portland, OR: Rudra Press.

Jacobi, E., & Eisenberg, G. (1994). *The efficacy of the Bonny Method of Guided Imagery and Music (GIM) as experiential therapy in the primary care of persons with rheumatoid arthritis.* Paper presented at the Association for Music and Imagery Conference, Little Switzerland, NC.

Kasayka, R. (1991). *To meet and match the moment of hope: Transpersonal elements of the guided imagery and music experience.* Unpublished doctoral dissertation, New York University.

Logan, H. (1998). *Applied music-evoked imagery for the oncology patient: Results and case studies of a three month music therapy pilot program.* Unpublished manuscript.

McKinney, C., Antoni, M., Kumar, A., & Kumar, M. (1995). Effects of Guided Imagery and Music on depression and beta-endorphin levels in healthy adults: A pilot study. *Journal of the Association for Music and Imagery, 4,* 67-78.

McKinney, C., Antoni, M., Kumar, M., Tims, F., & McCabe, P. (1997). The effects of Guided Imagery and Music (GIM) therapy on mood and cortisol in healthy adults. *Health Psychology, 16,* 390-400.

McKinney, C., Tims, F., Kumar, A., & Kumar, M. (1997). The effect of selected classical music and spontaneous imagery on plasma beta-endorphin. *Journal of Behavioral Medicine, 20,* 85-99.

Stokes, S. J. (1992). Letting the sound depths arise. *Journal of the Association for Music and Imagery, 1,* 69-76.

Summer, L. (1992). Music: The aesthetic elixir. *Journal of the Association for Music and Imagery, 1,* 43-54.

Toomey, L. (1996-1997). Literature review: The Bonny Method of Guided Imagery and Music. *Journal of the Association for Music and Imagery, 5,* 75-103.

Wrangsjö, B. (1995). Psychoanalysis and Guided Imagery and Music: A comparison. *Journal of the Association for Music and Imagery, 4,* 35-48.

f

제 6 장

노도프–로빈스
음악치료

제**6**장

노도프-로빈스 음악치료

Kenneth Aigen, Varvara Pasiali
Cari Kennedy Miller, Eun-Mi Kwak
Youngshin Kim, Daniel B. Tague
Alan Turry & Clive Robbins 감수

서 론

노도프-로빈스(Nordoff-Robbins) 음악치료는 폴 노도프(Paul Nordoff)와 클라이브 로빈스(Clive Robbins)의 협동작업에서 시작되었다. 미국의 작곡가이자 피아니스트였던 폴 노도프와 영국의 특수 교육가였던 클라이브 로빈스는 1959년부터 노도프가 사망했던 1976년까지 총 17년 동안 함께 작업하였다. 또한 로빈스는 그의 아내였던 캐롤 맷슨 로빈스(Carol Matteson Robbins)와 1975년부터 그녀가 사망했던 1996년까지 함께 일하였다. 노도프-로빈스 음악치료는 치료 경험을 성취하기 위하여 즉흥연주의 창조적 과정과 관련한 능동적 접근방식에 기초를 두고 있다(Brusica, 1987). 이 접근법은 모든 인간 안에는 개인적 성숙과 발달을 위하여 활성화될 수 있는 내재된 음악성이 존재한다는 믿음에서 기초한다.

창조적 음악치료로서의 노도프-로빈스 접근법은 모든 인간에게는 개인적 성숙과 발전을 위해 활성화될 수 있는 내재된 음악성이 존재한다는 믿음에 근거를 둔다. 이러한 자기-실현적인 잠재력은 즉흥연주 음악의 사용을 통하여 가장 효과적으로 일으킬 수 있는데, 인간의 내적인 창조성은 이러한 즉흥연주 속에서 정서적, 신체적, 인지적 어려움들을 극복하기 위하여 사용된다. 이러한 상호 창조적인 노력의 형태에서, 클라이언트는 다양한 표준화된, 그리고 특수한 악기들을 이용하여 그들의 치료사들과 함께 음악을 창조하는 데 적극적인 역할을 하게 된다. 표현적으로 만족감을 주면서도 특별한 연주 기술이 필요 없는 악기를 선택할 수 있기 때문에, 음악에 대한 사전 경험이나 훈련은 필요 없다(Nordoff-Robbins Center for Music Therapy, 2001d).

뉴욕, 영국, 스코틀랜드, 덴마크, 독일, 일본, 호주에 있는 노도프-로빈스 음악치료 협회와 센터는 임상, 연구, 간행물, 음악 레퍼토리를 지속적으로 개발하고 있다. 이 장은 노도프-로빈스 치료의 역사적 배경과 철학 그리고 이론적 배경을 논하는 것으로 시작된다. 인증된 치료사가 되기 위해 필요한 훈련에 대해 설명하였고, 마지막으로 노도프-로빈스 음악치료의 구체적인 설명과 임상적 사용에 대한 논의를 실었다.

역 사

폴 노도프는 필라델피아 음악 학교(Philadelphia Conservatory of Music)와 줄리아드 음악 대학원(Julliard Graduate School of Music)의 졸업생이었다. 그는 1949~1958년까지 바드 대학(Bard College)에서 작곡과와 피아노과 교수로 재직했으며 여러 개의 작곡상을 수상하였다. 1958년 유럽에서의 안식년 동안, 노도프는 음악에 반응하는 장애아동의 능력을 발견하고 음악이 치료적 힘을 지니고 있음을 깨닫게 되었다.

1959년 노도프는 음악가로서의 그의 평생의 직업을 버리고 영국에 있는 선필드 어린이집(Sunfield Children's Home)에서 장애아동을 위한 음악의 힘을 연구하기 시작하였다. 선필드 어린이집은 정서적이나 인지적으로 장애를 가진 아동과 청소년을 위한 주거 기관이다. 선필드 어린이집 프로그램의 이론적인 부분은 인지학적 원칙에 기반을 두었고, 이 프로그램의 실제적인 부분은 음악, 유리드미, 그림, 모델링, 음악극, 인형극, 공예 등 다양한 전문가들이 이끄는 예술 치료에 초점을 맞추었다. 1959~1960년까지 노도프는 선필드에서 특수 교육가로 일하고 있었던 클라이브 로빈스의 도움으로 일을 시작하게 되었다. 두 사람 모두 인지학적 배경과 아동에 대해 깊은 애정을 갖고 있었기 때문에 자연스럽게 팀을 이루게 되었다(Hadley, 1998).

이 단계에서 노도프와 로빈스는 임상적 목적을 위해 그들의 작업을 실험적으로 발전시켰다. 그들은 음정, 협화음-불협화음, 리듬, 비브라토, 조성과 같은 음악적 요소가 어떻게 아동의 반응에 영향을 미치는지를 연구하고 분석하여 노도프-로빈스 음악치료의 토대를 마련하기 시작하였다(Nordoff-Robbins, 1992).

1960년 6~11월까지 노도프와 로빈스는 다양한 교육기관과 거주기관에서 제공되는 음악 경험을 비교하고, 이에 대한 지식을 얻기 위하여 영국, 스코틀랜드, 스웨덴, 덴마크, 네덜란드, 독일, 스위스에 있는 장애아동을 위한 24개 기관들을 방문하였다. 그러나 이 여행은 그들이 방문하였던 각 기관에 있는 다양한 아동과 함께 작업함에 따라 강의-시연 여행으로 바뀌게 되었다(Aigen, 1998).

이 여행 후 노도프와 로빈스는 1961년 펜실베이니아 대학교(University of Pennsylvania) 의과대학 소아정신과의 자폐아 낮 병동과 듀브렉스(Devereux) 재단의 프로젝트에 참여함으로써 미국에서 그들의 작업을 시작하였다. 낮 병동에서 그들은 자폐, 발달장애, 다중장애 혹은 정서장애를 가진 아동을 위해 작업하였다. 그들은 위치타(Wichita), 캔자스에 있는 로고피딕스

(Logopedics) 기관에서 신체장애와 의사소통장애를 가진 아동과 함께 일하면서 그들의 접근방식을 좀 더 발전시켰다(Nordoff-Robbins Center for Music Therapy, 2001c).

『Therapy in Music for Handicapped Children』이라는 책은 영국 선필드 어린이집에서의 노도프-로빈스의 작업과 1960년에 있었던 그들의 유럽여행에 대해 설명하고 자폐아 낮 병동과 로고피딕스 기관에서의 음악적 탐구를 묘사하고 있다(Nordoff & Robbins, 1992).

음악치료의 효과는 자폐아 낮 병동 프로그램을 인도하는 다학문적 팀에게 감명을 주었다. 다학문적 팀의 구성원들은 그들의 작업을 위한 기금을 얻기 위하여 전국 정신 건강 기관(National Institute of Mental Health, NIMH)에 응모하였다. 그 결과 NIMH는 치료, 연구, 훈련, 출판을 포함한 3년간의 포괄적인 프로젝트를 승인하였다. 1965년 NIMH는 추후 2년간의 추가 기금을 제공하였다(낮 병동은 이제 필라델피아 자폐아동을 위한 발달 센터로 이름이 바뀌었다). 5년간의 음악치료 프로젝트(1962년 5월~1967년 5월)는 '7세 미만의 정신병 아동을 위한 음악치료 프로젝트'라고 명명되었다. 『Creative Music Therapy』라는 책은 이 프로젝트에 참여하였던 아동의 반응을 설명하고 창조적 음악치료 과정에 대한 포괄적인 견해를 제공하고 있다(Nordoff-Robbins, 1977).

필라델피아 교육청의 두 명의 교육감은 1962년 펜실베이니아 대학교 낮 병동 음악치료 세션들을 참관하였다. 그들은 특수 교육에서의 음악치료의 잠재력을 깨닫게 되었다. 그들의 지원으로, 노도프와 로빈스는 1962~1967년까지 필라델피아 교육청으로부터 음악치료 프로젝트를 수주하게 되었다. 1967년 그들은 미국-스칸디나비아 재단과 정신병 환자를 위한 전 핀란드 복지 연합의 지원으로 스칸디나비아 5개국에서 워크숍과 세미나를 진행하였다. 그 후 7년 동안 노도프와 로빈스는 세계 여러 나라들을 돌아다니며 그들의 주요한 세 책인 『Therapy in Music for Handicapped Children』, 『Music Therapy in Special Education』, 『Creative Music Therapy』를 저술하면서 교육과 강의에 힘쓰게 되었다. 『Music Therapy in Special Education』은 필라델피아 공립학교의 특수 교사를 위해 기획된 편람 시리즈와 스칸디나비아 국가에서 개최된 음악치료 워크숍과 세미나 참가자들을 위해 준비하였던 자료에 기초하였다(Nordoff-Robbins, 1983).

1975년 클라이브 로빈스는 뉴욕 주립 청각 장애 학교에서 그의 아내인 캐롤 로빈스와 작업하기 시작하였다. 캐롤 로빈스는 1966년 노도프와 로빈스에게 사사하였던 유능한 음악가이자 교사였다. 클라이브 로빈스와 그의 아내는 노도프-로빈스 음악치료 접근법을 청각 장애아동에게 적용시키고 잔여 청력 사용을 자극하는 데 음악이 효과적이라는 것을 밝혔다. 그들의 '청각 장애아동을 위한 교과 과정' 프로젝트는 3년간 연방 정부에서 후원을 받았다(Nordoff-Robbins Center for Music Therapy, 2001c).

이 시기의 많은 치료와 임상 연구 프로젝트들을 통하여, 로빈스-로빈스 팀은 청각 장애아동을 위한 개별 치료와 그룹 치료를 위한 음악적 기법과 자료를 개발하였다. 1980년 출판된 그들의 책인 『Music for the Hearing Impaired and Other Special Groups: A Resource Manual and Curriculum Guide』는 이 프로젝트의 결과를 설명한다.

1975년 노도프-로빈스 음악치료만을 교육하는 기관으로 노도프-로빈스 음악치료 센터가 런던에 처음 세워졌다. 런던 센터 치료사들은 성인 정신병 환자와 노인 세팅과 같은 새로운 치료 맥락 속에서 노도프-로빈스 접근법을 적용하기 시작하였다. 독일에서는 1978년 노도프-로빈스 치료사들이 헤르데크(Herdecke)에 있는 커뮤니티 병원에서 일하기 시작하였다. 이러한 발전은 궁극적으로 1985년 당시 비텐/헤어데케 대학교(University of Witten/Herdecke)에 음악치료 연구소를 설립하게 하였다. 이 기관의 직원들은 노도프-로빈스 접근법을 소아과, 척추 손상, 신경학, 응급 간호와 같은 새로운 분야로까지 확장시켰다.

클라이브와 캐롤 로빈스는 1989년 뉴욕 대학에 노도프-로빈스 음악치료 센터를 설립하였다. 이 센터는 클라이언트를 위한 음악치료 서비스 및 음악치료사와 학생을 위한 훈련과 세미나를 제공하며, 교수법적 자료를 준비하고, 질적 연구를 진행하며, 이를 출판한다. 캐롤 로빈스는 1996년 사망할 때까지 그녀의 남편과 함께 센터를 감독하였다. 1998년 클라이브 로빈스는 설립 감독자의 역할을 맡았으며, 케네스 에이건(Kenneth Aigen)과 알렌 터리(Alan Turry)가 센터의 공동 책임자가 되었다(Nordoff-Robbins Center for Music Therapy, 2001d). 현재 노도프-로빈스 음악치료 협회와 훈련 센터는 영국, 스코틀랜드, 독일, 호주, 일본, 뉴욕에 있다(Nordoff-Robbins, 1992; Aigen, 1996). 또한 한국과 그리스를 포함한 여러 나라에서 훈련된 노도프-로빈스 치료사들이 활동하고 있다.

철학적 그리고 이론적 배경

노도프-로빈스 음악치료의 이론적 토대는 심리학과 음악 철학의 다양한 아이디어와 일치한다. 그의 초기 음악치료 가르침에서 노도프는 빅토어 쥬커칸들(Victor Zuckerkandl)이 주창한 음악 철학을 인용하였다(Aigen, 1996). 음악의 본질과 인간 발달에서의 음악의 역할에 대해 지지적인 아이디어는 루돌프 슈타이너(Rudolf Steiner)의 인지학 원칙에 기초하였다. 아브라함 매슬로(Abraham Maslow, 1968)의 자기-실현 개념은 노도프와 로빈스가 창조적 음악치료의 놀라운 임상적 효율성에 대한 그들의 경험에서 독자적으로 착안한 인간 발달에 대한 견해를 요약하기 위한 적절한 개념을 제공하였다 (Bruscia, 1987).

비록 그들의 작업이 슈타이너의 가르침을 직접적으로 따르지는 않았지만, 인지학적 사고와 가치에 대한 특정 분야들은 그들의 접근법의 기원을 지지하였다. 인지학적 세계관은 인간을 경외하는 그들의 태도에 영향을 주었다. 이러한 공유된 신념을 기초로, 노도프와 로빈스는 그들이 작업하였던 모든 아동의 내적 삶을 존경하였고, 장애아동 속에 숨겨진 알려지지 않은 발달적 잠재력에 이르기 위한 음악의 영향력을 탐구하려는 열린 시각을 가지고 있었다 (Robbins, 1993).

또한 슈타이너와 같이, 노도프와 로빈스는 모든 인간 속에는 음악에 반응하고, 감정에 공명하며, 인성의 다른 측면들을 반영하는 음악적 자기가 있다고 믿었고, 그들은 이것을 '음악아' 라고 명명하였다(Nordoff-Robbins, 1977). 노도프와 로빈스는 다음과 같이 언급하였다.

> 음악아는 따라서 각 아동 속에 선천적으로 내재된 개인적인 음악성이다. 이 용어는 음악적 민감성의 보편성—순서와 조성과 리듬적 움직임의 관계에 대한 복잡한 민감성의 유산—을 의미한다. 이것은 또한 각 아동의 음악적 반응성의 개인적인 중요성을 명백히 지적한다(p. 1).

노도프와 로빈스는 적극적인 음악 만들기 과정이 장애라는 조건 때문에 차단된 장애아동 속에 있는 '음악아' 를 깨울 수 있다고 믿었다. '음악아' 를 깨우는 것은 개인의 자기–자각을 증가시키고, 개인으로 하여금 치료 경험 속에서 의미와 즐거움을 발견하게 하며, 이는 결국 그의 음악적 반응 속에서 의사소통적인 의지를 발전시키게 한다(Nordoff-Robbins, 1977).

슈타이너가 인간의 영혼은 검토되어야 하고 그 후 음악적 언어로 설명되어야 한다고 믿었던 것처럼, 노도프와 로빈스는 음악적 경험이 개인의 심리적이고 발달적인 상태를 반영해야 한다고 믿었다(Bruscia, 1987). 그들은 정서적인 자각, 형식과 순서, 템포, 리듬, 노래를 경험하기 위한 개인의 능력은 개인의 인성 속에서 '음악아' 의 수용적, 인지적, 표현적 능력이 점점 더 조직화됨에 따라 향상된다고 믿었다(Nordoff-Robbins, 1977). 그러므로 "이상적으로, 이런 음악적 관계에 참여한 후 클라이언트는 좀 더 풍성하고, 좀 더 완전한 방식에서 그의 환경에 참여할 수 있다."(Turry, 1998)

'음악아' 라는 이론적 개념 이외에, 인지학의 아이디어는 노도프–로빈스 음악치료의 임상적 사용에도 영향을 미쳤다. 노도프와 로빈스는 슈타이너의 음정 개념과 음악적 원형 개념을 존중하였고, 그것들을 임상 즉흥연주에 사용하였다. 슈타이너는 각 음정은 그 자신만의 창조적인 경험을 유발시킨다고 믿었다. 예를 들어, 단2도는 "자기 속에서의 약간의 움직임과 활동을 가진 내적인 경험(Bruscia, 1987: 31)"을 창조한다. 또한 다른 스타일과 스케일도 클라이언트의 내적 삶을 공명할 수 있는 본질적인 특질을 가지며 클라이언트의 내적 자기의 외적인 묘사를 제공한다는 믿음에 기초해, 노도프-로빈스 치료사들은 전 세계 다양한 영역의 음악적 스타일과 스케일을 사용한다(Turry, 1998). 인지학의 음악적 영향력에 대한 내용은 『Healing Heritage』의 4~6장까지—음정; 14장—음악적 이디엄과 스타일의 원형적인 본질(Robbins & Robbins, 1998)과 같은 노도프와 로빈스 교재에서 찾아볼 수 있다. 이러한 영향력은 또한 에이건의 『Paths of Development in Nordoff-Robbins Music Therapy』, "Goodbye Indu(안녕 인두)"—거울 이미지 스케일의 사용; "Audrey is Dancing a Song(오드리가 춤추네)"—치료에서의 동화 사용에서 찾아볼 수 있다(Aigen, 1998).

노도프와 로빈스의 저서들은 '음악아'에 초점을 맞추었고, 로빈스와 로빈스의 저서들은 매슬로의 인본주의적인 개념을 포함시키기 위하여 이러한 개념적인 초점을 확장시켰다. 1973년 클라이브 로빈스는 그의 작업을 매슬로의 인본주의 심리학과 연결시켰으며, 1976년 이를 공표하였다(Robbins, 1993). 이러한 연결은 로빈스가 노도프-로빈스 음악치료의 심리학적 토대에 걸맞은, 심리학적으로 수용할 수 있는 이론을 찾던 중에 나타났다. 매슬로는 인간의 부족함에 초점을 맞추기보다 개인의 강점과 잠재력을 발전시키는 것을 믿었다. 로빈스와 로빈스는 이 아이디어가 자기-실현과 절정 경험을 이끄는 성장을 유발하는 접근법인 노도프-로빈스 음악치료를 가장 잘 설명한다고 생각하였다(Bruscia, 1987).

그들은 또한 인간이 정서적인 모험을 감당하고 쉽게 선택하며, 자기를 표현하고, 그들의 강점과 단점을 발견하기 위한 기회들을 창조하는 내적 학습을 믿었다. 마지막으로, 로빈스와 로빈스는 "용기, 대담함, 자유, 자발성, 통합,

자기-수용"이라는 개인적인 특질에서 기인하는, 매슬로의 인간이 자기를 실현하는 창조성의 개념을 존중하였다(Bruscia, 1987: 33).

노도프-로빈스 음악치료 접근법은 본래 장애아동을 위한 치료에서 발전되었지만, 작업은 곧 의료, 정신질환, 노인 분야에 있는 사람들을 포함한 성인으로 확장되었다. 또한 어떤 노도프-로빈스 치료사들은 정서적 어려움을 극복하거나 개인적인 성숙을 성취하길 원하는 성인과도 작업한다. 중증 장애가 없는 사람과 작업하는 치료사는 심리치료 개념, 이론, 임상을 그들의 접근법 속에 통합시키고자 하였다. 그 결과, 노도프-로빈스 음악치료 사상가와 이론가 사이에 폭넓은 신념을 갖게 되었다.

어떤 임상가들은 해석하기, 통찰력 얻기, 치료사-클라이언트 관계의 역동성 고찰하기와 같은 심리치료적 실행을 사용하는 데 편안함을 느낀다. 다른 임상가들은 노도프-로빈스 접근법의 음악-중심적 특징을 언어가 기초가 되는 치료로 전환하는 것은 불필요하거나 부적절하다고 믿는다. "그들은 심리학적인 구성들을 통하여 창조적인 임상 즉흥연주를 구성하는 과정을 설명하는 것은 음악적 상호작용의 핵심을 반드시 변질시킨다고 믿는다."(Turry, 1998)

이러한 두 극단적인 견해를 통합하기 위하여, 어떤 이론가는 세션에서 일어나는 음악 즉흥연주를 전통적인 심리치료적인 현상의 발현으로서 해석하려 하였다. 노도프-로빈스의 작업과 언어적 심리치료 임상 간의 관계에 관한 몇 가지 이슈는 현재 학문적인 논점이 되고 있다(Nordoff-Robbins Center for Music Therapy, 2001b).

이와 관련한 내용은 에이건(1999), 안스델(Ansdell, 1999), 브라운(Brown, 1999), 팰리세빅(Pavlicevic, 1999), 스트리터(Streeter, 1999)가 저술한 『British Journal of Music Therapy』에 실린 논문 시리즈에서뿐만 아니라 뮤지킹(Musiking)이라고 불리는 세계 노도프-로빈스 협회의 뉴스레터에서도 찾아볼 수 있다.

훈 련

　뉴욕 대학에 있는 노도프–로빈스 센터는 치료사들이 노도프–로빈스 접근법을 공부할 수 있는 미국 내 유일한 기관이다. 이 센터는 음악치료 대학원 과정에 있는 학생들을 위한 인턴 과정을 제공한다. 인턴 프로그램은 38주에 걸쳐 최소한 매주 25시간의 임상과 수업으로 진행되며, 다음과 같은 요소를 포함한다.

　(1) 임상적 음악성, 즉흥연주, 그룹 음악치료의 이론과 실제
　(2) 개별치료와 그룹치료 임상 작업과 기록
　(3) 매주에 걸친 개인 임상 슈퍼비전

　1단계 훈련이라고 불리는 인증 프로그램은 NRMT(Nordoff-Robbins Music Therapist)라는 명칭으로 음악치료 석사 학위 소유자나 현재 석사 과정 중에 있는 공인 음악치료사에게 개방되어 있다. 지원자는 인증 훈련 프로그램에 지원하기 위하여 NR 센터에서 인턴 과정을 이수할 필요는 없다. 1단계 인증을 위한 훈련 기간은 1~2년 정도다. 합격을 위한 조건으로 사전 임상 경험과 임상에서의 즉흥연주 사용이 있다. 훈련 과정에 지원한 모든 사람들은 오디션에 임해야 하고 훈련가와 인터뷰를 해야 한다. 인증 프로그램에 합격한 학생은 인턴 프로그램 학생들과 함께 수업에 참여한다. 또한 그들은 고급 세미나와 워크숍에 참여해야 하고 추가로 뉴욕 대학 석사 과정 프로그램에 개설되어 있는 수업을 수강할 수도 있다(Nordoff-Robbins Center for Music Therapy, 2001a, 2001e).

　2단계 훈련은 계속적인 임상 슈퍼비전, 동료들과 전문가들에게 사례 발표하기, 교수법 세미나, 미국과 외국에 있는 다른 노도프–로빈스 치료사들과의 교류로 구성된다. 3단계 훈련은 2단계 훈련을 마친 치료사에게 개방된다. 3단계 훈련을 마친 치료사는 노도프–로빈스 기관의 훈련 책임자가 될 수 있다(Nordoff-Robbins Center for Music Therapy, 2001e).

노도프–로빈스 음악치료의 이해

임상 세팅

노도프–로빈스 치료적 세팅은 사용할 수 있는 자원들과 클라이언트의 요구에 따라 달라진다. 본래 노도프–로빈스 접근법은 두 명의 치료사들이 한 팀을 이루어 작업하였다. 주 치료사는 아동이 치료적 음악 경험에 참여하도록 피아노나 기타를 사용하여 즉흥연주를 하고, 협동 치료사는 반응을 유발시키기 위하여 클라이언트와 직접적으로 작업한다. 한 팀의 부분으로서 일할 때, 주 치료사는 음악과 전체적인 치료 방향을 지속적으로 책임진다. 협동 치료사는 음악적 상호작용을 촉진시키고 주 치료사의 임상적 초점과 클라이언트의 노력을 지지한다. 그러나 매 세션 두 명의 치료사가 함께 작업하는 것이 항상 실질적이거나 임상적으로 적절한 것은 아니다. 어떤 경우는, 두 명 이상의 치료사들이 대 그룹이나 중증 신체장애 환자와 신체적인 도움이 필요한 클라이언트가 속한 그룹을 위해 함께 작업하기도 한다. 또 다른 경우, 예를 들어 특정한 질병이 없는 성인의 경우에는 한 명의 치료사가 혼자 작업하기도 한다 (Turry, 1998).

클라이언트는 각각의 요구에 따라 개별 치료, 그룹 치료 혹은 그 둘 모두에 참여할 수 있다. 개별 치료는 주의력이 부족하고 의사소통이 결여되며, 또는 그룹 음악 활동에서 또래 상호작용이나 참여를 방해하는 행동을 하는 클라이언트에게 적절할 수 있다. 반면에 어떤 클라이언트는 특별한 음악적 기술과 민감성을 보이고 이러한 개별적인 관심이 제공할 수 있는 풍부한 유익함을 얻기 위하여 개별 치료에 참여하도록 격려받는다. 그러므로 어떤 클라이언트는 개별 치료에서 후속적인 그룹 작업을 위해 필요한 기술을 발전시키기도 하지만, 치료의 발달적 과정이 개별 치료에서 그룹 치료로 반드시 이동하여야 하는 것은 아니다.

만약 클라이언트가 반응을 진전시키기 위하여 또래의 지지와 모델링을 필요로 한다면 그룹 치료가 적절하다. 그룹 치료는 개별 치료 대신 진행될 수 있으며, 클라이언트는 개별 세팅에서 습득한 의사소통과 독립성을 그룹 세팅 안에서 증가시키고 활용할 수 있다. 클라이언트가 그룹 세팅에서 꼭 필요한 의사소통적인 행동을 나타내기 시작할 때, 클라이언트는 의미 있는 치료적 성장을 할 수 있다. 만약 개별 치료를 받는 클라이언트가 안정 수준에 이른 것처럼 보이고 증가된 사회적 자극을 필요로 한다면, 그는 그룹 세팅에서 이득을 얻을 수 있다(Bruscia, 1987). 또한 많은 클라이언트는 그룹 세팅에서 음악을 창조함으로써 그들이 다른 어떤 방식으로는 성취할 수 없는 공동체 경험을 하게 된다. 자기 자신보다 더 큰 어떤 것에 소속하는 경험을 부여하는 것이 모든 음악치료 그룹 배치에 핵심적인 부분이다.

임상적 환경

치료 세션을 위한 환경은 음향적으로 훌륭해야 하고 양질의 악기가 구비되어야 한다. 전형적으로 치료사의 주 악기는 피아노나 기타인데, 그 이유는 이러한 화성 악기는 노도프-로빈스 작업의 효율성에 필수적인 다양한 음악적 스타일과 기분을 창조할 수 있기 때문이다. 전통적으로, 피아노는 주 치료사들에게 가장 폭넓게 사용되어 왔다. 그러나 1990년대 들어 소수의 노도프-로빈스 임상가들은 주 악기로 기타를 사용하기 시작하였다. 또한 치료사의 목소리는 가사를 전달하는 데 그 자체의 악기로서 매우 중요하다. 악기로서의 목소리는 치료사가 기타나 피아노로 연주하는 것을 음악적으로 보완하는 방식으로 자주 사용된다. 피아노나 기타는 고정 음을 가진 다양한 악기와 같이 사용되기 때문에, 정확하게 조율되어야 하고 양질의 소리를 갖추어야 한다.

클라이언트는 연주를 위한 특별한 훈련을 요구하지 않는 다양한 표현적 가능성을 제공하는 양질의 악기라면, 어떤 악기든지 사용한다. 실제적으로, 이것은 모든 종류의 목관과 금관 선율 타악기(모든 종류의 북, 심벌즈, 징, 피아노, 하프, 첼로, 기타와 같은 현악기, 한 줄짜리 첼로나 개방 화성으로 조율된 기타와 같은 특별하게 제작된 악기)의 사용을 포함한다. 또한 어떤 클라이언트는 가사와 비언어적 노래 부르기를 통하여 자신을 일차적으로 표현한다. 동작과 댄스는 표현적인 움직임으로 여겨지고 치료사의 음악과 연합된다. 특별히 클라이언트의 음악적 표현이나 선호도가 록이나 재즈 같은 현대 대중가요일 때, 드럼세트나 전자 기타, 키보드 등을 사용한다.

치료 과정

이 접근법의 음악 중심적 철학 때문에, 여기서의 음악은 일차적인 임상적 매개와 변화의 동인으로 작용한다. 이것은 치료사가 클라이언트와 대화하지 않는다거나 클라이언트가 언어적 중재에 가장 큰 흥미를 보일 때 중요한 치료적 작업을 언어적으로 하지 않는다는 의미가 아니다. 이것은 음악적 상호작용과 표현이 언어적 수단을 통하여서는 성취될 수 없는 독특한 임상적 유익성을 제공한다는 믿음을 의미하기 때문에, 치료사는 클라이언트를 음악 속으로 인도하고 음악을 통하여 임상적 이슈에 대해 작업하도록 그를 돕는 데 항상 주의를 기울여야 한다.

즉흥연주를 하고 미리 작곡된 작품을 연주할 때, 치료사는 임상적 의도를 가지고 의식적으로 음악적 요소를 사용한다. 선율의 방향성과 전체 구조, 불협화음의 정도와 종류, 종지의 사용, 구체적인 스타일과 스케일의 사용, 심지어 치료사의 탄주(彈奏, touch)법과 음색 같은 요소가 음악적으로 클라이언트와 관계 맺기 위한, 클라이언트를 음악에 참여시키기 위한, 그리고 상호 즉흥연주를 통한 클라이언트의 성장을 위해 도전적인 기회를 제공하기 위한 치료사의 능력을 향상시키는 목적으로 선택된다(Turry, 1998). 음악이 대부분의 세션에서 주로 즉흥연주되지만, 미리 작곡된 작품도 자주 사용된다. 치료에서 특별하게 사용되기 위해 기획된 작품들은 『Play Song』 1~5권, 『Themes for Therapy, Greeting and Goodbyes』 그리고 그 비슷한 노래집들 속에서 찾아볼 수 있다.

치료사와 클라이언트가 음악적으로 함께 작업할 때 처방된 형식이나 절차의 시리즈는 없다. 치료사가 클라이언트와 함께 반응하고 음악을 창조해 감에 따라 클라이언트의 요구를 사정할 수 있다. 한 클라이언트에게 간헐적이면서 박이 없는 음악은 그 클라이언트가 들어올 수 있는 초청의 공간을 창조하기 위하여 활용될 수 있다. 또 다른 클라이언트에게는 불협화음을 담고 있는 박 중심의 자극적인 음악이 즉각적으로 사용될 수도 있다. 치료사는 지지하고 도전하는 음악적 요소들을 사용함으로써, 클라이언트로 하여금 발달적인 시발점에 이르도록 도전한다. 클라이언트는 치료사에 반응하고 치료사는 클라이언트의 반응에 반응함으로써, 음악적 형식과 그들 사이의 방향성이 확립된다. 치료사는 클라이언트 편에서 더 폭넓고 더 다양한 표현을 하도록 그를 지원하기를 바라면서, 클라이언트의 음악적 표현을 향상시키는 음악을 창조한다.

클라이언트와 치료사 간의 음악적 의사소통을 확립하는 것은 중요한 목적이 될 수 있다. 치료사는 순간순간 클라이언트의 감정에 맞추고, 동반하며, 향상시키는 음악을 즉흥연주한다. 클라이언트의 기분에 맞춤으로써, 치료사는 수용적이고 신뢰적인 분위기를 창조할 뿐 아니라 음악적 방향성과 상호작용을 위한 잠재력을 향상시킨다. 치료사는 클라이언트의 참여도를 향상시키기 위하여 비예측적이고 익숙하지 않은 음악을 사용하는데, 이러한 음악은 클라이언트의 관심을 자극하고 호기심을 자아내게 한다. 이따금 음악은 꽤 침입적일 수 있다. 이 과정은 매 세션 후 진행되는 클라이언트 반응에 대한 주의 깊은 기록과 균형을 맞추는 시행착오 과정 중 하나다. 의사소통에 어려움을 겪는 클라이언트에게, 성악적이거나 기악적인 음악적 반응을 유발하는 것이 중요한 목적이 될 수 있다. 치료사는 클라이언트가 잠재적인 음악적 의사소통으로서 제시하는 것을 무조건적으로 수용한다. 클라이언트는 음악적 즉흥연주 속에서 다양한 리듬 패턴, 다이내믹 변화, 선율과 화성의 변화, 템포의 변화를 탐색함으로써 음악적 기술을 발전시킨다. 그 결과, 클라이언트는 그의 표현적 기술을 확장시킨다. 표현적 능력을 확장함으로써 클라이언트는 자기-자신감을 확립하고, '상호-반응성'(자신이 연주하는 음악과 치료사 간의 관계를 발견하고 이를 자각하는 것)에 대한 자각을 증가시킨다(Bruscia, 1987).

즉흥연주 기법

음악은 치료에서 일차적인 매개체와 변화의 동인으로 작용하기 때문에, 임상 기법들은 치료사가 어떤 종류의 음악을 연주하고, 클라이언트의 반응에 부합하고, 이것을 동반하며, 향상시키기 위하여 음악이 어떻게 연주되어야 하는지에 관한 이슈에 초점을 맞춘다. 치료사가 임상적인 의도를 가지고 즉흥연주를 하는 것이 가장 중요한데, 이것은 음악 경험의 심미적인 특질을 심사숙고하여 사용하는 것을 의미한다. 선율의 아름다움이나 화성적인 반주의 따뜻함과 같은 심미적 특질은 두 가지 이유로 임상적 과정에서 중요하다.

첫째, 모든 사람들은 장애와 상관없이 이러한 특질을 지각할 수 있고, 고차원적인 심미적 특질은 일반적으로 클라이언트의 참여를 유발시키고 그들에게 더 풍부한 경험을 제공하는 데 더 효과적이다. 그의 내적 창조적 욕구와 관계를 맺음으로써, 클라이언트는 장애와 외상으로 인해 부과된 한계를 극복할 수 있다는 아이디어는 노도프-로빈스 작업에서 핵심적이다. 심미적인 특질을 가진 음악은 클라이언트를 그들 자신의 창조적인 능력과 관계를 맺게 하는 데 더욱 효과적이다.

둘째, 노도프-로빈스 작업에서 창조된 음악은 클라이언트의 내적 삶의 외적 표상으로써 여겨진다. 다른 방식으로는 반응이 없는 클라이언트가 이 접근법에서 잘 반응하는 이유는, 그들이 치료사의 음악에 동일시될 수밖에 없고 그 속에서 자신이 반영되고 있다는 것을 느끼기 때문이다. 치료사는 각 사람의 핵심인 미를 발견하고 이것을 음악 형식 속에 배치시키려 노력한다. 그러므로 치료사의 음악의 심미적인 특질은 클라이언트의 내적 존재와, 이것이 치료사의 개인적 음악적 민감성을 통하여 치료적 관계 속에서 나타나게 된 방식을 직접적으로 반영한다. 이 음악은 클라이언트가 음악적으로 적극적이었는가와는 상관없이, 클라이언트가 제시한 것이나 반응한 것에 대한 치료사의 연주를 기초로 한 상호적인 방식으로 창조된다.

마지막으로, 음악의 심미적 특질들이 임상적 효율성에 필수적이라고 하는 것이 곧 노도프-로빈스 치료사가 전통적으로 '아름다운' 음악만을 사용한다는 의미는 아니다. 높은 심미적 특질을 가진 많은 음악이 상당히 불협화적이고, 거칠며 또는 도전적이다. 치료사는 클라이언트의 인생 경험을 가장 잘 반영할 수 있도록 모든 다양한 조합 속에서 모든 가능한 음악 요소를 사용해야 하는데, 이때 상당히 도전적인 음악이 사용될 수도 있다.

치료사의 음악은 '임상' 즉흥연주로서 작용해야 하는데, 이것은 자신의 음악 선호도, 감정, 습관적 패턴을 표현하는 것을 피하고, 클라이언트의 정서 상태, 기능, 요구에 부합하기 위해서다. 임상적 중재는 다양한 수준의 의미와 경험을 가지기 때문에, 음악을 통한 임상적 중재는 동시에 도전하면서 지원하고, 초대하면서 요청하고, 인도하면서 따를 수 있다. 그것들은 이러한 모든 것들을 동시에 제공할 수 있기 때문에, 성장을 기대하면서 동시에 아동의 현재의 기능적 수준과 접촉하는 것을 지원할 수 있다(Aigen, 1996).

독특한 개인적 음악 경험을 제공하기 위해서, 치료사는 또한 온음계와 I-IV-V의 화성 진행에 기초한 음악 같은 전통적인 틀에 자신의 음악을 제한해서는 안 된다. 따라서 치료사는 세계 여러 나라의 다양한 모드와 이디엄에 익숙하고, 각 음악적 원형의 잠재적인 정서적 영향력을 깨달아야 한다. 또한 치료사는 클라이언트의 음악과 동작 속에서의 변화에 반응하여 템포, 다이내믹, 미터, 조성, 음역, 악센트, 선율과 화성의 방향과 같은 모든 음악적 요소 속에서 자신의 음악을 변화시킬 수 있도록 유연해야 한다. 즉흥연주는 점진적으로 이루어져야 하는데, 치료사는 한 세션에서 다음 세션으로 즉흥연주의 주제를 계속적으로 발전시킨다(Nordoff-Robbins, 1977). 만약 임상적 상황이 변화를 요구한다면, 치료사는 새로운 음악적 요소를 창조하거나 새로운 방식으로 음악적 요소를 연주할 수도 있다. 즉흥연주는 그 순간의 클라이언트의 요구를 충족시키기 위하여 직관적으로 창조될 수도 있고 기존에 이미 존재하는 작품이나 혹은 이미 작곡된 노래에서 기인한 요소를 연합시킬 수도 있다.

노도프와 로빈스는 그들의 저서들에서 음악치료 세션 중 사용되는 구체적인 즉흥연주 기법을 설명하였다. 브루샤(Bruscia, 1987)는 클라이언트의 기분에 부합하기 위해 노도프-로빈스 임상가가 수행하는 기법을 요약하였다. 치료사는 음악 즉흥연주를 사용하여 클라이언트의 개성을 묘사하고, 그 순간의 기분에 맞는 즉흥연주를 창조하며, 클라이언트의 얼굴 표정과 태도를 음악적으로 묘사한다. 또한 치료사는 클라이언트의 동작을 관찰하고 이를 음악에 반영한다. 클라이언트의 활동, 기분 또는 경험을 묘사하는 노래를 찬트로 부른다. 목소리나 악기를 사용하여 클라이언트가 만들어 내는 소리를 모방한다. 노도프-로빈스(1977)는 목소리 표현이나 노래 부르기 반응 등을 유발시키기 위하여 사용되는 몇 가지 기법을 설명하였다. 이러한 기법에는 허밍, 휘파람 불기, 가사 없는 노래 부르기, 찬트로 부르기 등이 있다. 기악 반응을 유발시키기 위해 사용되는 기법에는 클라이언트가 제시하는 리듬 패턴 모방하기, 템포 변화 소개하기, 클라이언트가 즉흥연주 한 것 중 선율과 리듬 주제를 분리시키기, 쉼표나 해결되지 않은 음으로 끝나는 간단한 선율 주제나 프레이즈를 제시하기, 주음으로 해결되지 않은 화성 진행을 연주함으로써 클라이언트의 참여를 유도하기 등이 있다(Nordoff & Robbins, 1977). 반응을 유발하기 위하여, 치료사는 해결되지 않거나 미완성된 선율적이고 화성적인 프레이즈를 창조할 수 있다.

목적과 목표

노도프-로빈스 음악치료의 임상적 목적은 문화적인 기대나 정상화를 위한 보편적 기준을 충족시키기 위하여 구체적인 행동에 순응하기보다는 클라이언트의 개인적인 잠재력을 발전시키는 데 있다(Nordoff & Robbins, 1992). 노도프-로빈스 치료사들은 단기 행동 목표를 확립하기보다는 표현적 자유와 창조성, 의사소통, 자기-자신감, 독립성의 특징이 있는 장기간의 치료적 성장에 초점을 둔다. 임상적 목적으로서 아동의 내면의 삶과 성장에 대한 그들의 관심은 매슬로의 창조성, 내적 학습, 절정 경험, 성숙에 대한 동기부여, 자기-실현 이론과 밀접한 관련이 있다. 치료에서 보이는 변화는 단순히 클라이언트의 외적 행동뿐만이 아니라 지각, 사고, 감정의 내적 삶과 관련이 있다(Nordoff-Robbins Center for Music Therapy, 2001a).

음악은 치료에서 일차적 기능을 담당하기 때문에, 임상적 목적은 음악적 목적 속에서 성취된다. 노도프와 로빈스(1977)는 음악적 성장이 치료적 성장이라고 하였다. "그러므로 개인적 자유는 음악적 자유를 통하여 실현된다. 상호적인 의사소통은 음악적 '상호 반응성'을 통하여 실현된다. 그리고 자기 자신감은 음악 속의 독립적인 창조성을 통하여 실현된다."(Bruscia, 1987: 27)

사정과 데이터 수집

노도프와 로빈스는 노도프-로빈스 음악치료에서 사정과 데이터 수집은 클라이언트의 음악적 지도를 제공하여, 결국 치료의 방향을 지시한다고 믿었다(Nordoff-Robbins, 1992). 비록 심리적 해석이 "이루어지지 않고 클라이언트의 음악적 의사소통을 순수하게 묘사하는 것으로 대체되지만" 클라이언트의 음악적 반응은 진단적, 생태학적, 이론적 중요성을 가진다(Bruscia, 1987: 35). 노도프-로빈스 음악치료사들은 보통 구체적인 표적 행동에 초점을 맞춘 데이터를 수집하지 않는다. 대신 각 세션은 오디오나 비디오로 녹음된 후 팀 구성원들(주 치료사와 협동 치료사)이 세션 후에 이를 검토한다. 그들은 클라이언트의 중요한 음악적/비음악적 반응, 변화, 음악적 관계와 팀의 협동작업을 연구한다. 세션들은 시간에 기초하여 이야기체로 자세하게 기록된다. 그들은 이 과정을 '세션 인덱스하기(indexing)'라고 부른다. 그들은 인덱스를 통하여 클라이언트와 음악 안에서의 시시각각의 변화에 초점을 맞출 수 있다. 후속 세션에서의 반복과 가능한 발전을 위하여, 세션에서 창조된 음악은 이 과정을 통하여 기보된다. 인덱스는 치료사가 무엇이 발생하였는지에 대해 좀 더 객관적인 견해를 갖게 하고, 중재를 진단하게 하며, 멀리서 그 상황에 대한 지각을 분석할 수 있게 한다(Turry, 1998). 치료사들은 인덱스를 통하여 세션의 사건들에 대하여 또 다른 관점을 얻게 된다. 세션 기록을 검토하는 것은 이러한 사건에서 객관적인 거리를 제공하며 장단점을 가진다. 장점으로는 치료사가 클라이언트를 위하여 지속적인 음악적 경험을 제공하는 것에 대해 신경 쓰지 않으면서 동시에 클라이언트의 표현을 재경험할 수 있다는 것을 들 수 있다. 단점으로는 이러한 거리를 두는 과정에서 치료사는 음악 속에서 클라이언트와 함께 있다는 느낌을 잃어버릴 수 있다는 것이며, 음악에 대한 이러한 주관적인 경험은 전체적인 과정에서 중요한 측면이다. 이상적으로, 치료사는 클라이언트의 임상적 과정에 대해 좀 더 완전한 느낌을 형성하기 위하여, 세션에서의 자신의 즉각적이며 주관적인 느낌을 좀 더 객관적인 느낌과 연합시킨다. 또 다른 측면에서, 인덱스는 치료사가 치료 과정에서의 장애물을 깨닫고 클라이언트에 대한 새로운 이해와 그것들에 대한 자신의 반응을 발전시키도록 서로에게 도움을 주도록 하기 때문에 동료 슈퍼비전의 한 형태가 될 수 있다.

각 세션 후의 기록 과정 속에서 반영된 자기-감찰에 대한 의무 이외에, 노도프-로빈스 치료사들은 폴 노도프와 클라이브 로빈스가 개발한 13개의 반응 범주들, 평가 스케일 I과 II, 음악적 반응들 스케일 III, 그리고 템포-다이내믹 척도와 같은 여러 가지의 사정 도구를 사용한다. 각 사정 도구는 클라이언트의 음악적 반응과 관련된 정보를 제공하며, 치료사로 하여금 즉흥연주 경험에 대한 클라이언트의 반응과 치료사의 개인적인 반응을 평가하도록 한다. 노도프-로빈스 임상가는 보통 이 모든 네 가지 스케일을 동일한 클라이언트에게 사용하거나 혹은 매 세션 사용하지는 않는다. 그보다 평가될 필요가 있는 영역에 기초하여 어떤 특정한 스케일이 주의 깊게 선택될 수 있고, 치료의 전 과정 중 간헐적으로 사용될 수 있다. 그 결과는 수정된 장기 목적에 반영될 수 있다.

노도프-로빈스 치료사들은 13개의 반응 범주(Nordoff & Robbins, 1992)를 사용하여 각 클라이언트의 음악적 반응을 기록한다. 평가 스케일 I과

II(Nordoff & Robbins, 1977)는 발생한 '음악적 의사소통'과 음악 활동 내의 클라이언트-치료사 관계를 측정한다. 평가 스케일에 따르면, 만약 클라이언트가 표현적 자유와 창조성, 의사소통, 자기-자신감, 독립성을 나타낸다면, 그는 고차원의 치료적 성장을 경험한다. 세 번째 스케일인 음악적 반응 스케일 III(Bruscia, 1987)은 음악적 복잡성, 표현성, 기악과 성악의 상호 반응성을 측정한다. 마지막으로, 템포-다이내믹 척도(Nordoff-Robbins, 1977)는 치료사의 즉흥연주 속의 이러한 요소에 초점을 맞추고, 그것을 분석하며, 클라이언트-치료사들의 공동 활동 속에서의 그 효과를 범주화한다. 브루샤(1987)는 그의 책인 『음악치료의 즉흥연주 모델들』에서 이 스케일에 대해 상세히 설명하였다.

치료적 사용

노도프-로빈스 치료사는 장애아동, 정신질환자, 스스로 치료받기를 결정한 성인, 의료 세팅에 있는 사람, 양로원의 노인을 포함한 다양한 범위의 사람들과 함께 작업한다(Nordoff-Robbins Center for Music Therapy, 2001d). 연구자들은 노도프-로빈스 음악치료의 효과성을 탐구하기 위하여 일차적으로 질적 연구 방법을 사용하여 왔다. 그들이 출판한 책들에서, 노도프와 로빈스는 장애아동과의 노도프-로빈스 음악치료의 치료적 사용을 설명하는 여러 가지 임상 사례를 소개하여 왔다. 에이건(1995)은 자폐와 중증 발달장애를 가진 두 명의 아동에게 노도프-로빈스 접근법을 사용한 임상 사례 연구를 발표하였다. 그는 발달적 치료와 음악 심리치료 중재를 통합하는 치료적 모델을 제안하였다. 또 다른 연구에서, 에이건(1998)은 본래 노도프-로빈스 팀의 초기 사례를 탐구하여 이것을 음악치료의 현대적 이슈 측면에서 논하였다. 또한 알드리지, 구스토르프, 뉴게바우어(Aldridge, Gustorff, & Neugebauer, 1995)는 통제집단으로 기능하였던 3명의 발달지체 아동과 비교하여, 3달 동안 즉흥연주 음악치료를 받았던 5명의 발달지체 아동이 보여 준 발달적 변화를 기록하였다.

다양한 연구자들이 청소년들에게 노도프-로빈스 음악치료를 사용하였던 사례를 설명하였다. 발달지체와 성 학대 과거를 가졌던 17세 소년의 음악에 대해 강력한 관계를 탐구함으로써, 리홀츠와 터리(Ritholz & Turry, 1994)는 그를 치료적 과정에 참여시키고 타인과의 창조적인 상호작용을 증가시켰다. 에이건(1997)은 발달지체, 자폐 또는 이 둘 모두를 가진 네 명의 청소년 그룹을 일 년에 걸쳐 살펴본 과정을 상세하게 묘사하였다. 그는 활동 사이에서나 세션의 처음과 마지막에서의 과도적 과정을 촉진하고, 클라이언트의 그룹과 개인적 요구를 충족시키며, 습관적인 운동 행동을 의사소통적인 몸짓으로 변형시키고, 정서적인 자기-지각을 증가시키며, 상호적인 관계를 향상시키는 것을 포함한 음악의 다양한 기능을 설명하였다.

최근 연구들은 노도프-로빈스 음악치료가 성인에게도 효과적이라고 지적한다. 치매 노인을 대상으로 한 2개의 임상 연구에서, 이시즈카(Ishizuka, 1998)는 노도프-로빈스 음악치료가 얼마나 언어적이고 비언어적인 상호작용을 촉진시키는지에 대해 탐구하였다. 이런 클라이언트와의 작업에서 발췌곡들을 사보하고 분석함으로써, 저자는 클라이언트의 말이 구체적인 의미를 가지지는 못하지만, 즉흥연주 음악의 사용은 치료사들로 하여금 클라이언트에게 반응하도록 하며 정서와 감정을 공유하도록 하였다고 언급하였다. 또한 로벨(Robel, 1997)은 신경 재활 환자들의 동기 부여를 증가시키는 데 노도프-로빈스 음악치료의 역할을 설명하였다.

결론: 노도프-로빈스 음악치료의 최근 발전 동향

노도프-로빈스 접근법은 특정한 접근법이나 비음악적인 이론적 신념 체계에 충실하기보다는 음악, 창조성, 인간의 잠재력에 대한 태도로 정의된다.

이런 이유로 다양한 문화, 음악 스타일, 이론적 틀에 쉽게 적용될 수 있다. 최근 들어 한국과 일본 등에서 의미 있는 활동이 펼쳐지고 있으며, 이들 나라에서 노도프-로빈스 임상과 훈련 프로그램이 궁극적으로 확립될 것이라 예상된다. 이러한 발전을 촉진시키기 위하여 에이건(1998), 로빈스와 로빈스(1998), 안스델(1995)의 노도프-로빈스 교재가 일본어와 한국어로 번역되었다.

노도프-로빈스 작업이 소개된 각 문화는 참신한 적용을 위한 비옥한 토양을 제공해 왔다. 독일에서는 의료 세팅에서의 작업이 혁신적인 방식으로 발전되어 왔다. 의료 분야에서의 이러한 중요한 발전은 알드리지 연구(1996)에서 찾아볼 수 있고, 치매환자를 위한 진단적 도구로서의 즉흥연주를 사용하는 새로운 방식은 알드리지 연구(2000)에서 발견할 수 있다. 또한 안스델(1995)은 다양한 세팅에서의 성인 클라이언트와의 노도프-로빈스 작업의 개요를 제공하였고 이 접근 방식에 깔려 있는 다양한 개념을 논하였다. 마지막으로, 리(Lee, 1996)는 HIV/AIDS에 감염된 한 음악가와의 치료 과정을 상세하게 고찰하였다. 안스델과 리의 연구 모두 그들의 작업의 본질인 의사소통하는 것을 돕는 데 필수적인 오디오 음반을 수록하여 출판되었다.

또한 이 접근법은 증대되는 다양한 음악적 스타일과 이론적 틀 속에서 시행된다. 이런 측면에서 리(2003)는 무조 음악을 포함한 다양한 전통적이고 현대적인 작품에 기초한 노도프-로빈스 작업의 생성물인 심미적 음악치료라는 개념을 발전시켰다. 에이건(2002)은 전통적인 노도프-로빈스 이론을 민족음악학에서 기인한 개념으로 대체시키면서, 록과 재즈 음악과 같은 대중 이디엄을 사용한 즉흥연주에 기초한 노도프-로빈스 연구를 자세하게 설명하였다. 리의 책이 디지털 오디오 음반을 수록하고 있고 에이건의 작업이 DVD와 함께 출판된 것처럼, 이 두 작업 모두 음악치료의 지식을 유포시키는 데 사용 가능한 과학기술을 충분히 사용하였다.

노도프-로빈스 임상과 치료사는 다른 분야의 사고에 영향을 받기도 하지만, 음악치료 발전의 다른 기류에 지속적으로 영향을 끼치고 있다. 펠리세빅(1997)은 다음과 같은 세 가지에 초점을 맞추어 음악치료의 중요한 이슈를 고

찰하였다. 음악 이론과 음악 심리학, 음악과 정서의 관계에 대한 이론, 정신
역동적 이론이 그것이다. 안스델(2002)의 저서와 안스델과 펠리세빅의 공동
저서(인쇄 중)는 모두 중재, 환경, 클라이언트에 관하여 전통적인 경계선을 초
월하는 음악치료 임상을 위한 틀을 확립시키는 현대적인 운동으로서의 '공동
체 음악치료' 라는 개념을 논하였다. 마지막으로, 이러한 근래의 발전은 음
악-중심적 음악치료 접근법의 가장 중요한 가치 중 하나를 제시한다. 음악적
상호작용의 가치와 표현에 대한 이러한 활동적인 기여는 지속적인 변화로 특
징짓는 세계 속에서 노도프-로빈스 접근법의 지속적인 적절함을 보장한다.

 참고문헌

Aigen, K. (1995). Cognitive and affective processes in music therapy with
individuals with developmental delays: A preliminary model for
contemporary Nordoff-Robbins practice. *Music Therapy, 13,* 13-45.

Aigen, K. (1996). Being in music: Foundations of Nordoff-Robbins Music
Therapy. *The Nordoff-Robbins Music Therapy Monograph Series* (Vol. 1).
St. Louis, MO: MMB Music.

Aigen, K. (1997). Here we are in music: One year with an adolescent creative
music therapy group. *The Nordoff-Robbins Music Therapy Monograph
Series* (Vol. 2). St. Louis, MO: MMB Music.

Aigen, K. (1998). *Paths of development in Nordoff-Robbins music therapy.*
Phoenixville, PA: Barcelona.

Aigen, K. (1999). The true nature of music-centered music therapy theory.
British Journal of Music Therapy. 13 (2), 77-82.

Aigen, K. (2002). *Playin' in the band: A qualitative study of popular music
styles as clinical improvisation.* New York: Nordoff-Robbins Center for
Music Therapy, New York University.

Aldridge, D. (1996). *Music therapy research and practice in medicine: From out of the silence*. London: Jessica Kingsley.

Aldridge, D., Gustorff, D., & Neugebauer, L. (1995). A preliminary study of creative music therapy in the treatment of children with developmental delay. *Arts-in-Psychotherapy, 22*(3), 189-205.

Aldridge, D. (2000). Improvisation as an assessment of potential in early Alzheimer's disease. In D. Aldridge (Ed.), *Music therapy in dementia care* (pp. 139-165). London: Jessica Kingsley.

Ansdell, G. (1995). *Music for life: Aspects of creative music therapy with adult clients*. London: Jessica Kingsley.

Ansdell, G. (1999). Challenging premises. *British Journal of Music Therapy, 13*(2), 72-76.

Ansdell, G. (2002). Community music therapy and the winds of change. *Voices: A World Forum for Music Therapy*. Retrieved from: http://www.voices.no/ mainissues/Voices2(2)ansdell.html

Ansdell, G., & Pavlicevic, M. (in press). *Community music therapy: International initiatives*. London: Jessica Kingsley.

Brown, S. (1999). some thoughts on music, therapy, and music therapy. *British Journal of Music Therapy, 13*(2), 63-71.

Bruscia, K. E. (1987). *Improvisational models of music therapy*. Springfield, MO: Charles C. Thomas.

Hadley, S. (1998). *Exploring the relationship between life and work in music therapy, the story of Mary Priestley and Clive Robbins*. Unpublished doctoral dissertation, Temple University, Philadelphia.

Ishizuka, O. (1998). *Between words and music: Creative music therapy as verbal and non-verbal communication with people with dementia*. Unpublished master's thesis, City University, London, U.K. [Online Abstract]. Retrieved from: http://www.nordoff-robbins.org.uk/html/ research.html

Lee, C. (1996). *Music at the edge: The music therapy experiences of a musician with AIDS*. New York: Routledge.

Lee, C. (2003). *The architecture of aesthetic music therapy*. Gilsum, NH:

Barcelona.

Maslow, A. (1968). *Toward a psychology of being*. New York: Van Nostrand Reinhold.

Nordoff, P., & Robbins, C. (1977). *Creative music therapy*. New York: John Day.

Nordoff, P., & Robbins, C. (1983). *Music therapy in special education* (2nd ed.). St. Louis, MO: MMB Music.

Nordoff, P., & Robbins, C. (1992). *Music therapy for handicapped children*. Bury St. Edmunds, Great Britain: St. Edmundsbury Press.

Nordoff-Robbins Center for Music Therapy. (2001a). *The clinical internship*. Retrieved from: http://www.nyu.edu/education/music/nrobbins/04pr103certificate.htm

Nordoff-Robbins Center for Music Therapy. (2001b). *Contemporary developments, perspectives, and applications in Nordoff-Robbins music therapy*. Retrieved from: http://www.nyu.edu/education/music/nrobbins/03developments1.htm

Nordoff-Robbins Center for Music Therapy. (2001c). *History of Nordoff-Robbins music therapy*. Retrieved from: http://www.nyu.edu/education/music/nrobbins/02history1.htm#history

Nordoff-Robbins Center for Music Therapy. (2001d). *Introduction*. Retrieved from: http://www.nyu.edu/education/music/nrobbins/

Nordoff-Robbins Center for Music Therapy. (2001e). *Training programs overview*. Retrieved from: http://www.nyu.edu/education/music/nrobbins/04pr1021training.htm

Pavlicevic, M. (1997). *Music therapy in context: Music, meaning, and relationship*. London: Jessica Kingsley.

Pavlicevic, M. (1999). Thoughts, words, and deeds. Harmonies and counterpoints in music therapy theory. *British Journal of Music Therapy, 13*(2), 59-62.

Ritholz, M. S., & Turry, A. (1994). The journey by train: Creative music therapy with a 17-year-old boy. *Music Therapy, 12*(2), 58-87.

Robbins, C. (1993). The creative processes are universal. In M. Heal & T. Wigram (Eds.), *Music therapy in health and education* (pp. 7-25). London: Jessica Kingsley.

Robbins, C., & Robbins, C. (1980). *Music for the hearing impaired: A resource manual and curriculum guide*. St. Louis, MO: Magnamusic-Baton. (Note: This work is out of print and available only through the Nordoff-Robbins Center for Music Therapy at New York University.)

Robbins, C., & Robbins, C. (Eds.). (1998). *Healing heritage: Paul Nordoff exploring the tonal language of music*. Gilsum, NH: Barcelona.

Robel, K. (1997). *Moving the spirit: The motivational power of music in neurological rehabilitation: Creative music therapy with stroke patients*. Unpublished master thesis, City University, London, U.K. [Online abstract]. Retrieved from: http://www.nordoff-robbins.org.uk/html/research.html

Streeter, E. (1999). Finding a balance between psychological thinking and musical awareness in music therapy theory: A psychoanalytic perspective. *British Journal of Music Therapy, 13*(1), 5-20.

Turry, A. (1998). Transference and countertransference in Nordoff-Robbins Music Therapy. In K. Bruscia (Ed.), *The dynamics of music psychotherapy* (pp. 161-212). Gilsum, NH: Barcelona.

추천도서

Geuter, H. (1962). Consultants with Paul Nordoff, Clive Robbins, and Bertram Ruttenberg. In *Music Therapy Project for Psychotic Children Under Seven* (NIMH Grant MHPG 982, 1962-1967). Unpublished manuscript.

Maslow, A. H. (1976). *The farther reaches of human nature*. New York: Penguin Books.

Nordoff, P., & Robbins, C. (1965, November). Improvised music for autistic children. *Music Journal, 23*, 39.

Robbins, C., & Forinash, M. (1991). A time paradigm: Time as a multilevel phenomenon in music therapy. *Music Therapy, 10*(1), 46-57.

제 7 장

정신역동적 접근법에 기초한
음악치료

만 그 강조점은 변화되었다. 세 번째 시기에는 음악과 치료 모두가 과정의 필수적 요소임이 강조되었고, 최근에는 음악과 언어 중 어떤 요소가 상대적으로 중요한 역할을 하는지가 관심의 대상이 되고 있다.

두 번째 질문은 음악치료가 그 자신만의 독립적인 이론적 틀을 가지고 있는지, 아니면 이미 존재하는 이론에 종속되는지에 관한 것이다. 루드(Ruud, 1980)와 윌러(Wheeler, 1981, 1983, 1987)는 이 문제에 대해 언급하였다. 루드는 정신분석 이론을 포함한 다양한 이론을 살펴봄으로써 음악치료를 이해하고 실행하는 데 기여한 각각의 이론을 탐구하였다. 그는 정신분석학자들이 강조해 온 음악의 정신역동적 의미와 기능을 설명하였다. 또한 윌러도 행동주의부터 정신역동까지 다양한 심리치료 이론과 음악치료의 관계를 탐구하였다. 루드와 윌러 모두는 음악치료의 독특한 본질에 대해 언급하면서도 현존하는 이론적 모델 안에 남아 있는 것이 중요하다고 주장하였다. 음악치료의 이론과 심리학적 이론에 기초할 필요가 있다고 강조하면서, 그럼에도 불구하고 루드는 음악치료가 인간을 이해하는 데 독특하게 기여하기 때문에, 인간과 음악 간의 관계를 탐구해야 한다고 주장하였다. 윌러는 심리치료적 이론에 의존하는 것의 두 가지 장점을 설명하면서, 이런 이론은 임상을 위한 개념적 지도를 제공하고 정신의료 집단 안에서의 전문가적 위치를 향상시키는 데 도움이 된다고 주장하였다. 최근에 형성된 음악에 기초한 이론(예, Aigen, 1995; Kenny, 1989) 대(對) 차용된 이론적 틀에 관한 질문은 아직 해결되지 않았다. 이 장은 차용된 이론적 틀인 정신역동적 이론을 음악치료 임상에 응용하고 적용시키는 데 그 초점을 둔다.

위에서 언급한 바와 같이, 음악 심리치료에서의 음악의 역할 대(對) 관계의 역할에 관한 논쟁은 시간이 지나면서 변화하여 왔다. 부르샤(Bruscia, 1998c)는 치료적 맥락 안에서 음악적 과정 대(對) 언어적 과정의 상대적 중요성을 검토함으로써 음악의 역할에 대해 논의하였다. 여기서 언어적 과정은 관계에 중점을 둔 초기 문헌들을 대체하는 것이다. 그는 음악 심리치료의 네 단계에 관해 설명하고 있다. 이것들은 오직 음악적인 것부터 오직 언어적인 것까지의 연속선상에 있으며, 다음과 같이 설명될 수 있다.

(1) **심리치료로서의 음악**: 치료적 이슈가 음악의 창조나 감상을 통하여 진단되고, 처리되며, 해결된다. 언어적 상호작용은 필수적이지 않다.

(2) **음악 중심의 심리치료**: 치료적 이슈가 음악의 창조나 감상을 통하여 진단되고, 처리되며, 해결된다. 언어는 음악 경험과 클라이언트와의 치료 과정 간의 관련성을 인도하고, 해석하거나, 향상시키는 데 사용된다.

(3) **심리치료 안에서의 음악**: 치료적 이슈가 음악적 경험과 언어적 경험을 통하여 진단, 처리, 해결되며, 이 두 경험은 동시에 혹은 순차적으로 나타날 수 있다. 음악은 그것의 구체적이고 독특한 특질 때문에 사용되며 치료적 이슈와 치료에 밀접한 관계가 있다. 언어는 치료 과정 중에 깨달은 통찰을 확인하고 통합하여 정리하도록 하기 위해서 사용된다.

(4) **음악을 사용하는 언어 심리치료**: 치료적 이슈는 일차적으로 언어적 상호작용을 통하여 진단, 처리, 해결된다. 음악 경험은 대화를 촉진하고 풍성하게 하기 위하여 언어와 협력하여 사용되지만, 치료적 이슈나 치료와는 밀접한 관계는 없다(Bruscia, 1998c: 2).

처음 두 단계인 심리치료로서의 음악과 음악 중심의 심리치료는 다시 변형적 음악 심리치료로 설명되는데, 이것들은 음악 경험 그 자체가 변화의 동인이 된다고 여겨지는 접근 방식을 대변하고 있기 때문이다. 반대로 다음의 두 단계인 심리치료 안에서의 음악 및 음악을 사용하는 언어 심리치료는 뇌관적 음악 심리치료라고 불린다. 뇌관적 음악치료란 변화의 동인이 음악적 경험이라기보다 언어적 상호작용이라고 보는 접근 방식을 포함한다. 부르샤는 "이것은 변화를 유발시키는 음악 경험의 결과로 얻은 언어적으로 중재된 통찰이다."라고 언급하였다(1998a: 214).

윌러(1983)는 윌버그(Wolberg, 1977)의 음악 심리치료 유형을 적용시켜서 음악치료의 세 단계를 확립하였다. 세 단계는 활동 치료로서의 음악치료, 재교육적 목적을 가진 뇌관적 음악치료, 재조직적 목적을 가진 뇌관적 음악치료다. 윌러가 정의한 이 두 가지 뇌관적 음악치료에서, 부르샤(1998a: 214)가 언급한 "독특한 음악의 비언어적 유익성"과 언어적 의사소통의 통찰을 향상시키는 특질이 충분히 포함되었다. 치료사는 전이 반응과 방어에 대해 주의를 기울여야 한다. 이 두 단계 간의 차이점은 시간적이며 형태적인 요소와 관계가 있다. 다시 말해, 표적화된 시간의 틀과 의식의 단계가 제시된다. 재교육적 목적을 가지고 작업할 때, 치료사는 지금—여기에 초점을 맞추며 환자의 의식과 전의식 자료에 대한 해석을 제한한다. 재조직적 목적을 가질 때, 초점은 과거까지 포함하여 확장되고, 무의식적 자료들은 치료사의 적극적인 중재의 대상이 된다. 그것들의 차이점에도 불구하고 이 두 가지의 뇌관적 수준의 음악치료는 모두 정신역동적이라고 분류될 수 있다.

정신역동적 음악치료의 발전을 직접적으로 살펴보기 전에, 먼저 정신역동 이론의 간략한 역사와 발전을 살펴보도록 하자. 이것이 어떻게 정신역동적 음악치료의 이론과 임상에 관련되는지에 관해 좀 더 잘 이해할 수 있을 것이다.

정신역동 이론의 역사와 발전

이 부분에서 우리는 프로이트(Freud)의 정신분석 이론부터 시작하여 관계대상 이론, 자기 심리학 그리고 더 나아가 상호주관 이론까지 정신역동 이론의 발전사를 간략히 살펴볼 것이다. 이러한 이론으로 설명된 심리치료의 형태를 명명하기 위하여 여러 가지 용어가 사용되었는데, 바로 이런 것들이 정신분석적 심리치료, 정신역동적 심리치료, 뇌관적 심리치료다. 우리는 이러한 용어들을 서로 교환해서 사용할 수 있다고 여기며, 이 모든 것은 지그문트 프로이트(Sigmund Freud)가 개발한 고전적인 정신분석에서 기인한 임상적 실행을 의미한다.

프로이트의 여러 제자들과 지지자들은 그의 이론을 수정하여 넓은 의미에서 '프로이트 계열'로 평가될 수 있는 것에 반해, 또 다른 사람들은 그의 이론에서 뚜렷하게 갈라져 자신들만의 이론과 임상을 발전시키는 반대자로 여겨진다는 사실에 주목할 필요가 있다. 융(Jung)이 바로 그와 같은 반대자였다. 융이 개발한 분석심리는 내용과 형식 면에서 프로이트의 기원에서 갈라져 나와 그 자신만의 독특한 정체성을 확립하였다. 음악치료 안에서 융의 이론은 중요하지만, 우리는 이 장에서 그것에 대해 특별히 언급하지는 않았다. 음악심리치료 과정에서 융의 개념을 사용한 예는 이 장의 임상적 적용 부분에서 찾아볼 수 있다.

프로이트 이론

프로이트 이론은 메타 심리학적 이론으로, 우리에게 인간의 정신적 삶을 이해하도록 하는 포괄적인 틀을 제공한다. 이것은 정신 구조와 발달적인 관점에서 출발한 의식의 시스템에 대해 설명한다. 이것은 해석적 원칙이 기초가 되는 의미의 이론으로 여겨질 수 있다. 프로이트 이론에 내재된 신념은 문제의 증상이 왜 존재하고 어디에서 출발했는지에 대한 이해를 얻음으로써 정신 건강이 성취될 수 있다는 것이다. 다시 말해, 환자가 치료사의 분석에 힘입어 증상의 의미와 발생적인 기원에 관한 통찰을 얻는 것이 치료적일 수 있다는 것이다.

프로이트의 이론은 방대하기 때문에 우리는 몇 가지 중요한 개념만 강조할 것이다. 프로이트 이론에서 욕구(drive) 개념은 필수적이다. 프로이트는 인간은 공격적이고 리비도적인 두 가지 본능적 욕구에 의해 동기화된다고 믿었다. 이 두 가지 욕구는 서로 상반된 경향으로 여겨지며 정신적인 삶의 통제를 위해 서로 충돌한다. 프로이트 이론에 내재된 이러한 상반된 힘의 충돌은 **갈등 이론**이라고 정의된다. 갈등은 또한 프로이트가 정의한 정신 기관의 구조인 이드, 자아, 초자아 사이에서 나타날 수 있다. 예를 들어, 의료적으로 설명될 수 없는 신체적 증상들은 이러한 정신 구조 사이에서 발생하는 내적 갈등에서 기인한 압도당할 만한 갈등의 표현이라고 할 수 있다. 프로이트 이론과 좀 더 넓은 측면에서의 정신역동 이론의 정의적인 특징은 내적 갈등이 **무의식** 수준에서 기능한다는 점이다.

　이제 발달적인 관점에서 이드, 자아, 초자아의 정신 구조들을 살펴보도록 하자. 아이는 산만한 정신 상태인 분별력이 없는 이드 상태로 태어난다. 이 단계에서 정신의 기능은 쾌락 원칙에 따라 지배받고 배고픔이나 갈증 같은 기초적인 욕구의 만족에 초점을 맞춘다. 쾌락 원칙의 목적은 영아의 요구에서 증명되듯이, 욕구의 즉각적인 만족이다. 2세 정도 되면, 아동의 자아는 이드의 충동을 수용하거나 좌절시키는 현실적인 요구에 대한 반응으로 이드와 차별화된다. 자아가 이드 충동들을 억누르려고 노력함에 따라, 쾌락 원칙은 현실 원칙으로 대체된다. 현실 원칙은 외부 세계의 상황을 고려한다. 이 원칙에 내재된 것은 좀 더 많은 만족은 욕구의 즉각적인 충족보다 지연을 통하여 얻는다는 것이다. 약 4세가 되면, 초자아는 부모들의 윤리적인 기준을 내면화함으로써 발전하며 "이상과 가치, 금지와 명령(양심)에 대한 내적 시스템을 정립하고 유지한다. 이것은 자기를 관찰하고 평가하며, 그것을 이상과 비교하고 비판하거나 비난하며 처벌한다. 이것은 다양한 고통스러운 감정 혹은 칭찬이나 보상을 유발시키며 결국 자존감을 향상시킨다."(Moore & Fine, 1990: 189). 자아는 이드의 충동적인 요구, 초자아의 도덕적 압력과 현실의 요구 사이의 균형을 성취하기 위하여 기능한다.

　우리가 여기서 언급할 고전적 정신역동 이론의 또 다른 측면은 아동 발달에 관한 성심리 단계 이론이다. 프로이트 이론에는 성심리 발달의 다섯 단계가 있는데, 각 단계는 신체의 부분과 연관이 있으며 이는 리비도적 욕구의 근원이 된다. 이 단계들은 순서대로 구강기, 항문기, 남근기, 잠복기, 성기기다. 인간이 각 단계들을 거치면서 전 단계의 잔여물은 항상 존재한다. 이러한 것들이 과도하게 존재하면, 이것을 고착이라 한다. 성기기는 사춘기 변화 이후에 발생한다고 여겨진다.

　이 고전적 모델에서의 치료 목적은 의식에 내적 갈등을 가져오는 것이다. 다시 말해, 무의식을 의식화하는 것이다. 무의식적 문제를 의식으로 불러오는 여러 방식으로는 꿈 보고, 스크린 기억(현재의 비슷한 상황에서 야기된 부정확한 기억), 그리고 **자유 연상**(치료 세션 동안 개인에게 생각나는 모든 생각들을 보고하는 것) 등이 있다. 모든 언어적 표현은 탐구되고 분석된다. 정신역동적 음악치료의 맥락 안에서 음악 선호도 그리고/혹은 표현은 무의식적 감정을 의식화하는 방식으로 여겨질 수 있다. 그 예로, 음악 작품을 무의식적으로 허밍하는 것(Díaz de Chumaceiro, 1998), 특정 음악을 듣고 싶어 하는 것, 자유 연상적 노래 부르기(Austin, 1996)를 들 수 있다.

치료 중 자유 연상에 관여하길 무의식적으로 주저하거나 거절하는 것은 저항이나 치료 과정의 방해물로 간주된다. 프로이트에 따르면, 저항의 주요한 이유는 억압의 실패에 대한 위협으로 발생된 불안을 피하기 위해서다. 억압은 불안을 유발하는 관념적이며 지각적인 내용을 무의식적으로 '잊어버리는 것'을 의미하며, 그것이 의식으로 불러일으켜지는 것을 막는다. **방어 기제**는 불안을 피하기 위하여 사용되는 무의식적 대처 기법이며, 이런 의미에서 저항을 위해 기능한다. 따라서 그것은 치료의 맥락 안에서 분석되어야 한다(음악치료에서의 저항의 예로 Austin & Dvorkin, 1998 참조).

치료사는 치료 목적을 달성시키기 위하여 가능한 중립을 유지해야 한다. 이런 의미에서 치료사를 향한 환자의 태도는 치료사 개인 때문에 촉발되는 것이 아니라 환자의 과거에 있던 중요한 사람들을 치료사에게 투사하거나 치환하는 것에서 나타난다. 이 사람들은 부모, 형제, 타인을 포함할 수 있다. 치료사에 대한 환자의 지각은 따라서 현실의 왜곡이다. 이 과정을 전이라고 부르며 치료사의 중립을 통하여 격려된다. 전이는 정신역동 심리치료의 증명으로 여겨진다. 만약 환자에 대한 치료사의 반응이 그 자신의 투사나 치환에 기초한다면, 이것은 역전이나 치료사의 전이를 의미한다. 프로이트는 본래 역전이를 치료의 장애로 여기고 처리되어야만 하는 것으로 생각했지만, 서서히 역전이 개념을 이해하는 이론가들이 생겨나기 시작하였다. 하인만(Heinmann, 1950)은 역전이의 중요성을 인정한 첫 학자로, 환자에 대한 치료사의 정서적 반응인 역전이를 치료의 도구로서 인식하였다. 즉흥연주는 환자가 주어진 시간 속에서 치료사와 어떻게 관계를 맺는지를 보여 주는 방법이다. 이러한 치료의 기초적인 형식은 세 단계, 즉 라포 형성, 처리, 종결로 나누어질 수 있다 (이런 단계의 예로 Dvorkin & Erlund, 2003 참고).

대상관계 이론

대상관계 이론은 프로이트 이론의 확장으로 보일 수 있다. 많은 유사한 기본 개념을 유지하면서, 대상관계 이론은 치료의 초점이 욕구나 내적 정신구조의 갈등에서 대인관계 요소로 전환된다는 점에서 프로이트 이론과는 차별화된다. 다시 말해, 환자의 관계적 문제에 초점을 둔다. 치료적 작업은 치료사를 향해 표현된 환자의 내사된 대상을 이해함으로써 이루어질 수 있다. 내적 대상은 외적 대상의 내사된 거울이다. 우리는 모두 중요한 사람들의 내사된 심상을 우리 자신 안에서 창조한다. 이것이 우리가 그들에게 투사하는 심상이다. 대상관계 이론의 목적은 환자가 그의 내사된 대상관계가 어떻게 현재의 외부 관계에서 반복되는지, 그리고 그의 현재 대인관계 어려움의 근원인지에 관해 지각하도록 돕는 것이다. 치료사는 과거 관계의 재현에 참여하지는 않지만 충족되지 않은 발달적인 욕구에 초점을 맞춤으로써 회복의 경험을 제공하려 노력한다.

멜라니 클라인(Melanie Klein)에서부터 위니콧(D. W. Winnicott)에 이르기까지 대상관계 이론을 연구한 영국 학파의 치료 초점은 만족스러운 관계를 형성하는 데 어려움을 가진 사람을 위해 정신 역동적 작업 방식을 개발하는 데 있다. 이 설명적인 이론은 갈등 이론에서 출발하여 결핍 이론으로 변화되었다. 영아의 심리적 욕구를 채워 주지 못한 최초 양육자의 무능에서 비롯된 발달의 억제에서 증상이 출발한 것으로 여겨진다. 컨버그(Kernberg), 말러(Mahler), 매스터슨(Masterson)을 포함하는 대상관계 이론의 미국 학파는 개선된 분리/개성화 경험을 이끄는 치료적 중재 방식에 초점을 맞춘다(Detrick & Detrick, 1989).

이런 치료 모델에서의 치료사의 역할은 전이의 발전을 격려함으로써 환자의 초기 경험을 이해하는 것이다. 목적은 대체 어머니와의 관계에서 '충분히 좋은' 경험을 하도록 환자에게 도움을 제공함으로써 관계에 대한 환자의 지각을 변화시키는 것이다. 이것의 효과는 환자의 근심, 사고, 감정을 치료사가 '수용(holding or containment)'의 기법을 사용함으로써 성취된다. 정신역동적 음악치료에서, 이는 소실되지 않으면서 강렬한 분노나 위로할 길 없는 슬픔의 형태로 나타난 환자의 강렬한 정서적 음악 경험을 잘 견뎌내는 치료사의 능력을 통하여 표현될 수 있다. 이것은 환자를 위한 새로운 경험이다. 충분히 좋은, 새롭게 내사된 대상은 안정감과 소속감으로 이끌 수 있으며, 이는 결국 기본적인 신뢰감으로 연결될 수 있다. 그러면 환자는 사회심리적인 발달 단계를 통하여 계속적으로 발전할 수 있게 된다(예, Jahn-Langenberg, 2003; Nolan, 2003; Robarts, 2003 참고).

중간 대상 개념은 위니콧(1971)이 언급한 것으로, 무생물 대상이 어머니의 진정시키는 효과의 대체물로 기능하여 양육자로부터의 분리를 촉발하는 과정을 의미한다. 노래는 자기를 진정시키는 도구로서 중간 대상으로 기능할 수 있다.

자기 심리학

자기 심리학은 정신역동 치료의 다음 단계다. 하인즈 코호트(Heinz Kohut)가 주창한 이 이론은 환자가 인생 초기에 중요한 타인들에 대한 자기−대상(self-object) 경험의 제한으로 인해 불충분하게 발전된 자기를 가진다는 의미에서 결핍(deprivation) 모델로 보일 수 있다. 그러므로 인간은 타인에게서 이러한 필수적인 경험을 얻기 위해 그의 인생을 소모한다.

자기대상 경험의 여러 가지 종류는 다음과 같다.

- 아동의 타고난 활력, 탁월함, 완전함을 확인해 주는 반사하는 자기대상
- 아동이 융합될 수 있는 평온함, 무과실성, 전능함의 심상에 기인함으로써 아동에게 유용하게 만들어진 이상화된 자기대상

- 모델이 되고 자기를 지탱하며 학습을 위한 잠재력을 자극시키는 유사의 경험을 제공하는 데 필요한 변형된 자아 자기대상
- 자기대상 관계의 손상에 대한 두려움 없이 양육자와 상대하는 건강한 단호함을 위해 필요한 반대자 자기대상(Wolfe, 1988)

공감의 사용을 통하여 치료사는 요구된 자기-대상관계를 제공할 수 있다. 환자가 타인의 눈을 통하여 자기에 관한 깨달음을 확립하기 때문에, 치료사는 환자가 표현하는 것을 반영함으로써 그가 클라이언트를 이해하고 있음을 의사소통하도록 격려받는다. 또한 반사하기(mirroring)는 음악적 과정의 필수적인 요소다. 치료사는 음악이 미리 선택된 것이든 즉흥적으로 연주된 것이든 간에 그 음악을 해석하는 방법에 대하여 연구할 필요가 있고, 또한 각 세션의 음악을 비교함으로써 음악을 통한 치료 과정을 다루어야 한다(반영과 해석의 예로 Pavlicevic, 1997; 반사하기의 예로 Austin, 1991 참고).

상호주관 이론

가장 최근의 정신역동 이론의 확장은 분석적 관계 속에서의 상호주관성이라는 개념을 포함한다. 스톨로우, 브란드샤프트, 엣우드(Stolorow, Brandschaft, & Atwood, 1987)는 정신역동적 탐구가 "항상 **주관적인 세계**(환자의 혹은 분석가의) 안에서의 관점에서 출발한다."라고 제안하였다. "이것은 항상 공감적이거나 내관적이다."(p. 5) 그들은 정신역동의 이해를 "두 명의 개인의 세계 간의 대화와 관련된 상호주관적 과정으로" 정의한다. 또한 그들은 "치료 과정에서 구체화되는 현실이 **상호주관적 현실**"이라고 하였다."(p. 7)

치료사의 권한으로서의 객관성이나 중립성 개념은 이런 환자-치료사 관계의 개념화 속에서는 설 자리가 없다. 이 이론은 임상적 원칙으로서의 치료적 절제, 다시 말해 환자의 욕구를 만족시켜 줌의 절제가 치료적 변화를 일으키는 데 유해하다고 주장한다. 치료사는 중립적인 입장을 취하기보다 그들의 행

동 속에 있는 무엇이 환자의 주관적인 세계의 변형을 촉진시킬 것인지를 감찰해야 한다. 스톨로우 등(1987)에 따르면, 요구되는 치료적 자세는 "유지되는 **공감적 조사**"(p. 10)로, 이것은 치료사와 환자 사이의 상호주관적 관계에 중심을 둔다. 그러므로 변화 과정은 오로지 환자의 내면에만 속하며 구체적인 상호주관적 시스템 속에서 발생한다고 믿어진다.

이런 틀 안에서, 치료적 교류에 대한 환자의 경험은 두 명의 참여자 활동에 의해 함께 결정되는 것으로 여겨진다. 따라서 치료사는 특별히 환자의 행동과 표현에 대한 자신의 반응 정도와 형태에 대하여 주의를 기울여야 한다. 중재의 어떤 측면이 정신 역동적 음악치료의 맥락 안에서 특별한 조명을 받을 필요가 있을까? 유도된 심상과 음악(BMGIM)에서, 음악 선곡과 음악 경험 안에서의 상호적인 대화 가운데 치료사가 언급하는 언어적 표현은 특별한 관심을 요구한다. 즉흥적으로 치료사는 환자의 경험에 대한 자신의 음악 반응에 좀 더 주의를 기울여야 한다. 환자의 경험이 치료사에 의해 함께 결정된다는 상호주관 이론에 내재된 개념은 그 자체로 정신역동적 음악치료에 적합하다. 터리(Turry, 1998)는 즉흥연주 음악치료에서 치료사와 클라이언트가 상호적으로 창조적일 수 있는 가능성을 정신역동적 틀의 맥락 속에서 논의하였다.

정신역동적 음악치료의 최근 문헌

우리는 지금까지 주요 학파들의 정신역동적 사고를 검토해 왔고, 이제 정신역동적 음악치료의 발전에 대해 살펴보고자 한다. 바로 얼마 전까지만 해도 우리가 정신역동적 음악치료라는 용어를 꺼냈을 때, 우리의 머릿속에 떠오르는 음악치료사 이름은 그리 많지 않았다. 물론 줄리엣 알빈(Juliette Alvin, 1975)이 영국에서의 선구자인 것과 같이 플로렌스 타이슨(Florence Tyson, 1965, 1981)은 음악치료의 정신역동적인 오리엔테이션을 사용한 초기 미국 제안자였다. 그러나 좀 더 많은 음악치료사의 관심을 끈 것은 메리 프리슬리

(Mary Priestley)의 책인 『Music Therapy in Action』(1975)이었다. 분석적 음악치료라 알려진 그녀의 정신역동적 음악치료 모델은 그녀의 모국인 영국과 유럽, 또한 최근 들어 북미에서 많은 임상가와 이론가들이 지지, 발전시켜 왔다. 정신역동적 음악치료가 유럽 각지에서 강력한 발판을 가진 데 반해(프랑스의 Edith Lecourt와 독일의 Johannes Th. Eschen을 들 수 있다), 북미에서의 발전은 더욱 최근의 일이다.

우리는 최근 들어 정신역동적 음악치료에 대한 급격한 관심을 목격하고 있으며, 따라서 요즘은 대부분의 개론적 교재나 편람(Darnley-Smith & Peter, 2003; Schmidt-Peters, 2000)에 정신역동적 음악치료가 소개되어 있다. 정신역동적 음악치료를 다루는 방대한 문헌이 있고, 그중 어떤 책은 오로지 정신역동적 접근방식만을 다루기도 하고, 또 다른 책들은 몇몇 다른 접근법을 포함하기도 한다. 부르샤(Bruscia, 1998b), 에스켄(Eschen, 2002), 하들리(Hardley, 2003)는 우리에게 전자의 예를 제공한다. 부르샤는 전이−역전이 현상을 특별히 강조한 음악 심리치료적 관계의 역동에 대해 책 한 권 전체를 할애하였다. 또한 하들리는 정신역동적 음악치료에 기초를 둔 임상 사례집을 출간하였다. 이 두 책에서 다양한 음악치료 접근법이 제시되었다. 반면에 에스켄은 한 가지 구체적인 접근법인 분석적 음악치료(아래 참조)에 관한 글을 수집하였다. 펠리세빅(Pavlicevic, 1997, 1999)은 정신역동적 음악치료의 맥락 안에서 정신역동적 개념의 의미에 대해 언급하였고, 특히 위니콧의 이론에 특별한 관심을 보였다. 위그램과 드 베커(Wigram & De Backer, 1999)는 정신과에서의 다양한 임상적 접근방식에 관한 글을 편집하면서, 그중에서도 정신역동적 접근방식에 관한 몇 개의 논문을 포함시켰다. 정신역동적 음악치료의 틀에 대한 대폭적인 관심과 충실한 지지는 하들리(2003)의 임상 사례집에 글을 올린 저자들의 국적을 살펴보면 명확하게 알 수 있다. 그의 임상 사례집의 저자들은 유럽의 여러 국가, 미국, 캐나다를 대표한다.

정신역동 이론은 정신역동적 음악치료 임상에 풍부하게 반영되었다. 위그램, 페더슨과 본드(Wigram, Pederson, & Bonde, 2002)는 다음의 이론가들이 유럽의 정신역동적 음악치료에 가장 큰 영향을 미쳤다고 언급하였다. 프로이트, 융, 클라인, 위니콧, 말러, 코호트, 스턴(상호주관 심리학)이 바로 그들이다. 이것은 대양 건너편에서도 다르지 않다. 우리는 이미 이러한 모델의 발전에 대해 검토했기 때문에, 이제 정신역동적 음악치료의 맥락 안에서 이러한 이론의 적용을 설명하기 위하여 다음의 임상 사례를 사용할 것이다. 그에 앞서 우리는 정신역동적 음악치료의 한 형태인 분석적 음악치료를 간략하게 알아볼 것이다.

분석적 음악치료

분석적 음악치료란 무엇인가? 메리 프리슬리는 분석적 음악치료의 즉흥연주가 음악적 표현과 언어적 표현의 사용을 통하여 환자의 무의식을 탐구하는 것이라고 설명하였다(Eschen, 2002; Priestley, 1975, 1974). 치료사와 환자의 관계가 전이와 역전이 반응을 통하여 전개되기 때문에, 그들 사이에서 발전된 관계는 치료 작용의 중심이 된다고 이해된다. 비록 클라인 학파의 정신분석에서 갈라진 것이기는 하지만, 프리슬리는 이것과 자신의 접근방식을 구분하였다. 그녀의 말을 빌리면, "분석적 음악치료는 정신분석에서 태동되었지만 정신분석과는 아주 다르다."(Priestley & Eschen, 2002: 11) 그녀는 환자와 치료사가 함께 연주할 때, 경험이 진정하게 공유되고 가까워지고 싶은 욕망이 진정하게 채워질 수 있다고 강조하였다. 정신분석에서 절제의 규율과는 달리, 이러한 공유된 음악은 좀 더 원초적인 혹은 리비도의 욕구 충족을 상징적으로 반영할 수 있다(Priestley, 1975). 그녀는 언어적 관계와 음악적 관계 간의 차이점을 강조한다. "음악 안에서…… 우리는 좀 더 가까워지며 클라이언트의 감정에 대한 우리의 반응에 대해 좀 더 열린 마음을 갖는다. 우리는 과거에는 존재하지 않았던 그 어떤 것을 함께 창조하고 있고, 우리는 함께 녹음된 곡을 듣는다."(Priestley & Eschen, 2002: 13) 그녀는 효과적인 치료를 위해서는 음악치료사의 즉흥연주 반응이 그의 개성을 반영해야 한다고 믿었다.

분석적 음악치료사 훈련

분석적 음악치료사가 되기 위한 훈련 프로그램에는 개인적인 치료 과정이 포함되며, 이것은 프리슬리 모델에 필수적이다. 프로이트는 "자신을 심층적으로 분석하므로 분석적 자료를 편견 없이 수용할 수 있는" 분석가의 책임감을 강조하였다(1926: 220). 이런 측면에서, 그는 임상 분석에 필수적인 선행조건으로서 훈련 분석을 주장하였다. 프리슬리(1994)와 헬렌 바니(Helen Bonny, 2002)는 그들의 접근방식에 따라 임상을 위한 선행조건으로서 개인적 치료 과정을 요구하였다. 프리슬리 모델에서 훈련은 두 단계로 구성된다. 첫 단계에서, 학생은 훈련된 분석적 음악치료사와 함께 개별 분석적 음악치료 과정에 참여한다. BMGIM에서 훈련 과정 내의 필수적인 개인 치료 요소는 훈련된 BMGIM 치료사와 함께하는 개별 BMGIM 세션 시리즈로 구성된다. 이 두 접근 방식에서, 이것은 학생으로 하여금 그가 학습하고 있는 것과 같은 치료적 형식을 사용하여 자신의 내면의 삶을 탐구하도록 허용한다. 즉, 학생은 이 접근법에 대해 내부로부터 학습을 시작할 수 있다. 분석적 음악치료 훈련의 두 번째 단계는 상호치료(intertherapy)로서 두 명의 학생은 슈퍼바이저 역할을 하는 한 명의 교사와 함께 과정에 참여한다. 학생들은 치료사와 환자의 역할을 교대로 수행한다. 학생이 역할을 수행하지 않는 세션에서는 그들 자신의 삶의 이슈를 다룬다. 프리슬리에 따르면, 그들은 말로 표현되는 언어, 신체 언어, 음악적 언어에 초점을 맞춘다. 이러한 모델은 훈련된 음악치료사를 위한 전문적인 영역으로 여겨질 수 있다.

정신역동적 언어 대(對) 정신역동적 과정

프리슬리와 대조적으로, 알빈(1975)은 정신역동 치료라는 용어를 사용하였지만 치료적 관계와 관련된 용어는 사용하지 않았다. 음악의 심리적인 영향들을 설명하면서 그녀는 자신의 자유즉흥연주 기법 속에서 이것을 표현하고 "음악은 이드, 자아, 초자아의 수준에서 작동한다. 이것은 원초적인 본능을 불러일으키거나 이를 표현하고 심지어 그것들이 해방되도록 돕는다. 이것은 자아를 강화시키고, 동시에 감정을 분출하고 조절하도록 도울 수 있다." (p. 77)라고 언급하였다. 그녀는 계속해서 "음악은 투사의 수단이 될 수 있다. 환자는 이를 통하여 그의 문제, 강박관념, 그에게 금지된 것을 회상하고 그것에 직면할 준비가 되는 감정 상태를 창조한다."(p. 134)라고 언급하였다. "방어를 깨는 것은 심리치료에서 가장 일반적으로 인정받는 음악의 효과 중 하나다. 음악은 현실과 환자가 고립되거나 피난처로 택한 비현실적 세계 사이의 다리가 될 수 있다."(p. 141) 그녀가 정신역동적 측면에서 음악에 대한 환자의 관계를 매우 통일성 있고 정교하게 설명한 데 반해, 정신역동적 측면에서 환자와 치료사 사이의 관계에 대한 그녀의 설명은 상당히 제한적이다.

정신역동적 음악치료에서의 정신역동적 견해

정신역동적 사고의 주요 학파를 검토했으므로 이제 우리는 정신역동적 음악치료 임상가인 우리가 이것을 어떻게 유용하게 사용할 수 있는지에 관해 살펴보고자 한다. 우리는 각 이론적 틀에 대해 다음과 같은 질문을 우리 스스로에게 던져 보아야 한다. 이것이 어떻게 우리로 하여금 환자의 내적 세계를 이해하도록 허용하는가? 이것이 어떻게 우리로 하여금 전개되는 치료 과정 속에서 이런 내적 세계의 표현을 이해하도록 허용하는가? 이것은 어떻게 우리로 하여금 치료 맥락 속에서 음악적 과정을 이해하도록 허용하는가? 이 질문들의 중요성은 특정 음악치료 접근법이나 기법과 특정 개념적 틀 사이에 직접적인 일치가 없다는 것을 일단 깨닫게 될 때 더욱 명확해진다. 이것은 치료사의 임상적 견해로, 다시 말해, 개념적 틀에 따라 결정된 특정한 치료 활동이라기보다는 펼쳐지는 치료 과정에 대한 치료사의 이해다. 그 당연한 결과로, 우리는 음악 심리치료적 오리엔테이션을 치료사의 치료 활동을 통해서가 아닌

치료사의 임상적 견해를 통하여 확인할 수 있다. 정신역동적 음악치료사는 성악 즉흥연주(예, Austin, 1999)와 기악 즉흥연주(예, Nolan, 1994), 노래 만들기, 환자가 선곡한 음악, 음악 심상 그리고 BMGIM(예, Goldberg, 2000)과 같이 다양한 음악치료 접근법을 사용한다. 그들 자신을 정신역동적 음악치료사라고 생각하지 않는 음악치료사도 이와 같은 접근법 중 몇 가지를 사용하기도 한다. 단순한 관찰을 통하여 우리는 초개인적 과정으로 개념화되는 BMGIM과 정신역동적 과정으로 개념화되는 BMGIM 간의 다른 점을 반드시 구분할 수는 없다. 또한 우리는 정신역동적 틀 속에서 사용되는 즉흥연주 기법과 다른 틀 속에서 사용되는 즉흥연주기법 간의 차이점을 언제나 구분할 수 있는 것은 아니다. 임상적 견해는 임상적인 언어를 통하여 표현되기 때문에(Isenberg-Grzeda, 1989, 1998), 우리는 정신역동적 음악치료의 기초가 되는 보편적인 개념을 확인할 수 있다.

보편적으로 무엇이 음악 외적으로 받아들여지는 개념인가?

(1) 무의식이라는 개념은 우리가 깨닫지 못하지만 우리의 행동, 사고, 감정에 굉장한 영향을 끼치는 의식의 한 시스템이다. 이 개념에서 필수적인 것은 과거가 현재에 영향을 미친다는 것이다.

(2) 전이(역전이)라는 개념은 정신역동 이론의 독특한 특징이다. 이것은 과거의 관계나 패턴이 치료 세팅 안에서 반복되는 방식을 뜻하고 이것은 그 관계가 변화 과정에 얼마나 중요한가를 강조한다. 변화는 전이의 처리를 통하여, 즉 치료사와의 무의식적 관계를 처리함으로써 발생한다. 그러므로 치료사와의 관계는 치료 과정에 필수적이다.

(3) 방어와 저항이라는 개념은 우리의 환자들이 변화하길 원하는 만큼 변화 과정은 장애물들로 가득 차 있음을 의미한다. 환자가 저항을 극복하도록 돕는 것은 치료사의 능력에 달렸다.

(4) 언어적으로 개입된 통찰이라는 개념은 정신역동적 음악치료 내에서 보편적으로 받아들여지지는 않지만, 증가된 자각과 이해의 중요성은 은

연중에 강조된다.

(5) 비록 치료사에 의한 욕구의 불충족인 절제라는 개념은 상호주관 심리학의 틀 속에서는 의문시되기도 하지만, 치료사의 어느 정도의 중립성은 여전히 보편적으로 지지된다.

(6) 병의 근원과 증상을 설명하려는 것은 모두에게 보편적이다. 최초의 해석의 개념은 무의식적 갈등에서 출발하며, 프로이트에서 가장 강력하게 확인된다. 또 다른 해석의 개념은 결핍에서 출발하며, 위니콧과 코호트에게서 가장 강력하게 확인된다. 하나의 개념이나 다른 개념 혹은 이 두 개념 모두에 대한 치료사의 신념이 치료 작업에 직접적인 영향을 끼칠 것이라는 것을 유념하는 것은 중요하다.

보편적으로 무엇들이 음악과 관련되어 받아들여지는 개념인가?

(1) 음악은 자유연상의 형식으로서 작용할 수 있다(프로이트에 근거함).

(2) 음악은 분열된 자기나 타인들의 부분들을 수용할 수 있고, 이는 다시 말해 투사를 수용할 수 있다(클라인에 근거함).

(3) 음악은 중간 대상으로서 작용할 수 있다(위니콧에 근거함).

(4) 음악은 용기(容器)로 혹은 지지적 환경으로 작용할 수 있다(비온에 근거함).

(5) 음악은 거울로 작용할 수 있다(코호트에 근거함).

(6) 음악은 전이, 역전이, 상호주관적 반응들을 수용할 수 있다(프로이트와 스턴에 근거함).

정신역동적 음악치료의 임상적 적용

이 부분에서 우리는 다양한 음악치료 접근법과 작업을 이해하기 위하여 사용되는 다양한 틀을 사용한 임상 사례를 제시할 것이다. 그것은 앞에서 언급한 개념, 즉 음악적이고 음악 외적인 것들이 어떻게 임상적 맥락 속에서 전개되는지를 명확하게 하도록 도울 것이다. 네 개의 임상 장면과 한 개의 간략한 임상 사례가 다음의 내용을 제시할 것이다.

(1) 과거가 현재에 영향을 끼치기 때문에 그 과거를 다루는 것
(2) 무의식적 자료를 의식으로 끌어올리는 것
(3) 전이 반응과 전이와 역전이에 대한 상호 주관적 견해
(4) 음악적 역전이(Scheiby, 인쇄 중)를 포함한 음악, 클라이언트, 치료사의 삼각관계(Summer, 1998).

(두 번째와 네 번째 임상 장면의 저자는 각기 다르며, 그 외의 장면은 이 글을 저술한 저자 중 한 명인 음악치료사가 실행하였다)

첫 번째 임상 장면

집   짐(Jim)은 49세의 백인으로, 성공한 기혼 사업가이자 세 아이의 아버지였다. 그는 매력적이고, 지적이며, 논리 정연하였다. 그는 BMGIM으로 대부분 구성된 장기간의 치료 과정에 참여하였고, 이를 통하여 우리는 여러 가지 이슈에 대해 접근하고 처리해 왔다. 이 임상 장면에서의 음악치료 접근법은 음악 심상 세션에서 사용된 클라이언트가 선택한 음악이다.

짐의 현재 관심사는 동료, 그리고 고객과 상호 작용하는 데서 비롯한 어려움과 관련된다. 그는 자신이나 자신의 아이디어에 대한 직접적인 비판을 수용하는 데 어려움을 겪고 있었고, 이에 대한 치료를 받고 있었다. 그는 타인이 자신을 판단하고 있다고 느낄 때 대화 중에 어찌할 바를 모른다고 고백하면서, 이것이 그가 직장생활을 하는 데 심각한 결과를 초래하기 때문에 이를 극복하기를 원하였다. 그는 이런 일이 발생할 때 자신이 타인과의 중요한 의사소통을 놓치게 됨을 깨달았다. 우리는 현재의 어려움이 그 자신의 분노와 타인에게서 기인한 분노와 관계가 있고, 이것이 그가 어렸을 때 그의 아버지가 자신과 어머니에게 소리치는 것에서 말미암은 것임을 BMGIM 세션을 통하

방향을 가지고 있다는 것을 느꼈다. 그녀는 자신을 기다리고 낯익은 여자 마법사가 있는 오아시스로 다가갔다. 그 마법사는 그녀를 씻기고 안아 주었다. 그녀는 만족하였다.

엘리노어는 그녀의 마법사를 만나 기분이 좋아졌고 그녀 자신에 대해 기분 좋은 상태에서 세션을 마쳤다. 그러나 다음 주 그녀는 아주 기분이 나쁜 상태로 세션에 돌아왔다. 그녀는 그 심상이 그녀에게 무엇을 의미하는지를 깨닫게 되었다.

그녀가 처음 태어났을 때, 그녀를 잡고 안아 줄 사람이 아무도 없었다. 나는 그녀에게 느끼고 있는 것을 그림으로 그리도록 요구하였다. 그녀는 검정색 오일 파스텔을 사용하여 종이 전체에 단호하게 날카로운 표시를 하였다. 그녀는 곧 종이 전체를 격렬한 검정색 표시로 가득 채웠으며, 그녀의 온몸은 그녀의 감정을 대변하기 위하여 사용되었다. 나는 아프리칸 드럼을 그녀 앞에 가져다 놓았고, 그녀는 즉각적으로 드럼을 연주하기 시작하였다. 그녀는 또다시 온몸을 사용하여 크고 불규칙한 리듬을 연주하였다. 나는 큰 드럼을 가지고 그녀를 지지하였고, 그녀의 드럼 소리를 반영함으로써 그녀를 격려하였다. 그녀의 드럼 연주는, 궁극적으로 그녀가 억압된 분노와 상처를 표출시키도록 허용함에 따라 점점 더 격앙되었다. 그 다음 그녀는 흐느껴 울기 시작하였다. 나는 그녀의 울음을 매우 부드러운 허밍으로 지지하였다. 나는 작은 아기의 심상을 떠올렸다.

울음을 그쳤을 때, 나는 그녀의 감정을 종이에 다시 옮길 수 있는지 물어보았다. 그녀는 종이 전체에 부드러운 파스텔 색깔들을 사용하여 소용돌이 패턴을 그렸다. 그녀는 굉장한 안도감을 표현하였고 이 색깔들이 큰 위안을 준다고 말하였다. 나는 그녀에게 음악 심상을 위해 눈을 감도록 요청하였다. 엘가의 'Sospiri'에 맞추어, 나는 그녀에게 자신의 그림 속으로 들어가서 그 색깔의 부드러움과 안락함을 느껴 볼 것을 지시하였다. 우리는 둘 다 사랑스럽고 느린 이 음악 작품을 5분 동안 감상하면서 침묵을 지켰고, 나는 이 곡이 나에게 영양을 준다고 느꼈다. 이 곡의 마지막 부분에 그녀는 그 색깔의 부드러움을 그녀의 피부에 느낄 수 있었고 진정으로 수용받는 느낌을 가졌다고 보고하였다. 그녀는 자유롭고 새롭게 태어난 느낌으로 세션을 마쳤다. 엘리노어의 치료는 이 세션이 있은 지 몇 주가 지난 후 종료되었다. 그녀는 어머니와 건강한 관계를 유지하는 동시에 그녀에게서 독립하려는 자신의 목적을 달성하였다.

반 영   이 장면은 다양한 음악치료 접근법과 더불어 치료 과정에서 그림 그리기를 도입한 예를 보여 준다. 비록 우리가 함께한 이 작업 속에서 엘리노어가 어머니의 질병이 자신의 발달 과정에 대해 끼치는 영향을 이해하고 또한 그녀 자신의 삶을 살고 싶어 하는 것에 대한 죄책감을 다룰 수 있게 되었지만, 그녀는 기저에 깊게 깔려 있는 억압된 분노와 상처를 완전히 느끼거나 표현하도록 허용하지는 않았다.

BMGIM 세션은 그녀의 버려짐을 상징화하였고 궁극적으로 그녀의 분노를 이끌었다. 드럼 연주는 그녀로 하여금 언어적 표현 없이 분노를 표현할 수 있도록 하였으며 결국 그녀가 차단시켜 왔던 고통스러운 감정을 분출하도록 하였다. 그러한 분출 후, 그녀는 자신의 그림을 통한 음악 심상 속의 음악으로 지지와 위로를 받게 되었다. 이 두 세션 전에 진행되었던 2년간의 BMGIM 작업을 통하여 그녀가 발전시켜 온 준비와 인지적 이해가 없었다면, 이러한 정화 작용 그 자체는 충분하지 않았을 것이다. 다시 말하면, 그녀가 자신의 인지 학습을 구체화시킨 것은 필수적이었고, 그녀는 드럼 연주의 정화적인 표출을 통해 이를 성취하였다.

네 번째 임상 장면

다음의 임상 장면에서 베네딕트 쉬비(Benedikta Schieby)는 그녀가 야심에 찬 30세의 여성 클라이언트를 이해하기 위하여 자신의 음악적 역전이, 즉 '음악 경험 중에 일어나는 역전이'를 어떻게 사용했는지를 저술하고 있다.

그녀는 그녀가 연주하려는 순간마다 나타나는 불안감과 신경과민을 다루길 원하였다. 불안감은 그녀가 노래를 계속 부르는 것을 불가능하게 하였고 그녀는 연주를 멈추곤 하였다. 그녀는 가족 구성원들에게서 신체적이고 정신적인 학대를 받은 경험이 있었다. 또한 그녀는 알코올과 마약에 중독되었던 경험이 있었다. 치료를 받을 당시 그녀는 이런 것들에 '의존하지 않았고' 때때로 담배와 음식에 의존하였다. 그녀의 일차적 목적은 자신의 불안을 다루고, 스스로 자신의 감정을 차단시키지 않고 그 감정 안에 머물도록 허용하며, 금연하고(담배가 그녀의 목소리를 해치기 때문에), 경제적으로 독립하는 데(그녀의 어머니는 부분적으로 그녀를 경제적으로 지원하였다) 있었다. 즉흥연주의 주제는 '나의 불안을 노래하기/연주하기'로, 클라이언트는 트레몰로로 피아노를 연주하기 시작하였다. 나는 "난 당신이 이것을 필요로 할 때, 내가 당신과 그곳에 함께 머물 수 있을지를 볼 거예요."라고 말하였다. 나는 메탈로폰을 사용하여 그녀를 반주하였고 내가 그 음악에 참여하자마자, 클라이언트의 음악과 목소리는 점차적으로 매우 커졌다. 나는 나의 자일로폰 속에서 매우 고요함을 느꼈다. 클라이언트는 강요받은 것 같은 목소리로 노래하기 시작하였다. 클라이언트는 피아노로 여러 음을 동시에 크게 연주하였다. 나는 어린아이의 울음소리 같은 클라이언트의 성악 표현을 반영하였다. 또 다른 성악적이고 기악적인 폭발이 클라이언트로부터 시작되었다. 클라이언트는 한숨을 쉬고 있었다. 클라이언트는 피아노의 높은 음역에서 빠른 재즈 선율을 연주하기 시작하였다. 이것은 계속 반복되었다. 이 음악은 첫 부분의 피아노 연주같이 스타카토를 담고 있었다. 이 음악은 나에게 갑작스런 변화로 들려졌고 나는 약간 당황스러웠다. 난 들었다. 난 심벌즈로 반주하기 시작하였다. 내가 이것을 연주하였을 때, 나는 독주자인 피아니스트를 보조하는 부록이 된 것 같은 느낌이 들었다. 클라이언트는 "난 말로 표현할 수가 없어요, 난 말로 표현할 수가 없어요."라고 노래하였다. 난 "난 왜 그런지 궁금해요, 난 왜 그런지 궁금해요."라고 말하였다. 클라이언트는 내가 한 말을 반복하고 있었다. 나는 "난 말들 때문에 공허해요,

난 말들 때문에 공허해요, 그러나 이게 나의 느낌이에요."라고 노래하였다. 클라이언트는 스캣창법으로 노래하기 시작하였다. 나는 그녀의 노래 속에서 '닫혀 있음'이라는 말을 들은 것 같았다. 클라이언트는 "죽음이 다가오고 있어요."라고 노래하고 점차적으로 피아노의 낮은 음역으로 이동하였다. 나는 그녀의 피아노 연주의 크기에 따라가며 깊은 목소리로 그 문장을 반복하였다. 어떠한 연결구도 없이, 클라이언트는 큰 징으로 다가가 이것을 배경으로 사용하였으며 다음과 같이 노래하기 시작하였다. "나를 달콤한 음악으로 데려가 주세요. 나는 나의 목소리를 잃고 있어요. 나를 데려가 줘요. 나는 나의 목소리를 잃고 있어요. 나를 데려가 줘요." 목소리는 생기 있었고 그녀는 다음과 같이 노래하기 시작하였다. "난 이제 두려워할 것이 없다고 생각해요." 그리고 즉흥연주를 점차적으로 멈추었다. 짧은 휴식 후, 그녀는 나에게 다가와 "재미있었어요, 난 내가 집에 많은 악기를 가졌다는 것을 깨달았어요. 누군가가 나와 함께 있다는 것이 중요해요. 그렇지 않을 때는 난 집에서 연주할 수 있어요. 그렇죠?"(Schieby의 허가로 사용되었음)

반 영   쉬비는 즉흥연주 중에 나타난 여러 가지 역전이 반응에 대해 설명하였다. 그중 몇 가지는 다음과 같다.

(1) 클라이언트의 큰 연주 소리에 의해 조용히 하라고 강요받은 어린 아이처럼 느꼈던 것
(2) 클라이언트가 피아노로 여러 음들을 큰소리로 한꺼번에 연주하였을 때 그녀의 신체를 통하여 약간의 공포의 떨림을 느꼈던 것

그녀는 이 경험을 통하여 클라이언트가 어린 시절 가까운 관계 속에서 조용히 하라고 강요받았었는지에 대해 의문을 품게 되었다. 또한 그녀는 많은 부분을 차지하고 있는 어떤 사람과 아주 작은 부분을 차지하고 있는 또 다른 사람에 대한 확실한 역동이 존재한다는 것을 깨달았다. 그녀는 이것을 어머니와 아동의 관계 반영이 될 수 있다고 추측하였다. 또한 그녀가 신체적으로 경험

한 공포가 클라이언트가 노래할 때 경험하는 불안과 연결되는 것인지와, 이러한 공포가 클라이언트가 언어적 혹은 신체적인 학대에 노출될 때마다 그녀 속에 존재하고 있었는지에 관해 의문을 품게 되었다. 클라이언트는 이러한 소감을 다음과 같이 확인하였다.

> 즉흥연주 후 토의에서, 클라이언트는 즉흥연주 동안 그녀가 심한 두통을 겪었고, 이는 그녀의 아버지가 '그녀가 비뚤어졌을 때' 그녀를 벌주기 위하여 어린아이였던 그녀의 머리를 가끔 때리곤 하였다는 것을 그녀에게 생각나게 하였다. 그는 그녀를 '조용히 하게 하였다.' 그녀는 또한 그녀가 막 걸음마를 시작하였을 때 벌을 받았던 상황을 기억해 내었는데, 그녀는 이 당시 물건들을 만지고 싶어 하였다. 어머니는 "이것을 만지지 마라. 난 너를 때릴 거야."라고 말했었다. 클라이언트가 그 물건을 만졌을 때, 결국 이 말대로 되었다. 이것은 또한 그녀에게 어머니의 숙모가 가했던 신체적이며 성적인 학대를 생각나게 하였다. 그녀는 자신이 개구쟁이며 잘난 체하는 사람이라는 말을 자주 들었었다. 클라이언트는 또한 "난 자유를 원해요. 그리고 나의 과거로부터 떠나고 싶어요."라고 말하였다. 그리고 얼마 지나지 않아 클라이언트는 울면서 "그들이 왜 나에게 그렇게 했을까요? 난 너무 화가 나요! 어머니가 생각나요. 난 그녀가 싫어요. 난 독립을 원해요."라고 말하였다 (Scheiby, 인쇄중).

쉬비는 만약 그녀가 이 지점에서 언어적으로 표현할 수 없었다면, 자신의 역전이 소감과 관련된 개방적 질문을 던졌을 것이라고 기록하고 있다. 또한 쉬비가 음악 속으로 들어갔고, 이것이 클라이언트의 큰 연주 속에 뚜렷하게 드러났을 때, 클라이언트는 전이를 경험하였다고 그녀는 기록하고 있다. 이러한 전이는 조용히 할 것을 강요당하는 듯한 그녀의 역전이를 유발시켰다. 이것은 클라이언트의 전이가 치료사의 역전이에 어떠한 역할을 할 수 있는지에 관한 아주 좋은 예다. 이 장면은 전이와 역전이 모두가 어떻게 클라이언트의 이슈에 대한 치료사와 클라이언트 모두의 통찰을 얻는 데 사용될 수 있는 지에 대해 명백히 밝히고 있다. 상호주관적인 기반은 클라이언트의 과정을 진보시킬 수 있는 자료의 풍부한 근원이다. 또한 여기서는 현재의 일상적인 기능에 영향을 끼치는 중요한 유아시절의 사건을 의식화시키는 클라이언트의 내적인 과정을 즉흥음악이 어떻게 조명할 수 있는지에 관해 설명하고 있다. 또한 이 임상 장면은 치료사가 클라이언트와 함께 즉흥연주 경험 속에 충분히 참여한 즉흥연주 접근의 예다.

임상 사례

베티   베티(Betty)는 외상 후 스트레스 증상 때문에 나를 찾아온 38세의 독신 여성 내과 의사였다. 그녀는 악몽을 꾸고 자주 울었으며, 집중하는 데 어려움을 겪었다. 그녀는 자신이 직접 외상을 경험한 것이 아닌데도 왜 이런 식으로 반응하는지에 대해 이해할 수가 없었다. 그러나 그녀는 우리의 만남이 있기 2주 전 여동생의 의붓자식들, 그들의 친어머니, 의붓아버지, 또 다른 4인 가족과 그 가족의 친구들이 자동차 사고로 모두 죽는 비극을 겪었다. 그녀는 도움을 주고 지지하기 위하여 그녀의 여자 형제가 사는 곳을 다녀왔다. 베티는 지적이지만, 주장이 강하지 않은 조용히 말하는 여성이었다. 그녀는 금발의 곱슬머리로 조그만 몸집이었는데, 발을 구부린 채 나의 사무실 의자에 앉았다. 그녀는 사고와 그녀 가족의 반응을 기꺼이 상세하게 말하였다. 그러나 정서적으로 폐쇄적이었는데, 약간의 슬픔과 그녀의 어머니에 대한 분노를 표현하는 것 외에는 감정에 접근할 수가 없었으며, 분노를 나타내지도 않았다. 나는 우리 사이에 큰 거리를 느꼈다.

베티는 즉흥연주나 심상 혹은 그림 속에서 그녀 자신을 표현할 수가 없었다. 즉, 그녀는 음악이나 그림을 통하여 심상을 창조할 수 없었다. 그녀의 미술적인 시도는 매우 빈약하였고 색감도 결여되었다. 즉흥연주에서의 그녀의 시도 또한 빈약하였다. 게다가 그녀는 자신의 꿈을 기억할 수 없다고 말하였다. 이것은 마치 그녀의 내면세계로 들어갈 수 있는 모든 가능한 길이 차단된 것 같았다. 반대로 그녀는 이 문제에 대해 작업하기를 학수고대하였고 그녀가 이완을 위해 노래를 하고 기타를 연주하기 때문에 음악치료에 흥미를 느꼈다. 그러나 그녀는 너무나 차단되어 있어서 그녀에게 제공되었던 그 어떤 경험적 활동에 진정으로 참여할 수가 없었다.

베티는 네 명의 남매 중 셋째로, 그중 한 명은 발달장애자고, 쌍둥이 남자 형제 중 한 명은 16세 때 만성 질병으로 사망하였다. 사고로 의붓자녀들을 잃은 두 살 아래 여동생은 동부에 살고 있었고, 이혼한 그녀의 어머니와 아버지도 제각기 재혼해 새 배우자와 동부에 살고 있었다. 베티는 그녀의 어머니가 부주의한 사람이라고 묘사하였고, 사고가 났을 때 너무나 염려하는 것같이 행동했기 때문에 화가 난다고 말하였다. 또한 베티는 이것이 모두 연극이라고 느꼈다.

그녀와 매우 가깝게 지냈던 그녀의 오빠는 병이 악화된 후 짧은 입원 기간 중에 갑자기 사망하였다. 당시 14세였던 베티는 오빠가 병원에 가기 전날 베티가 그와 말다툼을 벌였기 때문에 어머니가 자신을 비난하였다고 말하였다. 가족은 그녀가 어떻게 느꼈었는지에 대해 알거나 관심을 두지 않은 것 같았다고 베티는 보고하였다. 그녀는 어머니가 자신의 아들을 상실한 것을 극복하기 위한 여행을 할 수 있도록, 오빠의 죽음 몇 주 후 캠프에 보내졌다. 베티는 정말 버려진 것같이 느꼈다. 이런 모든 내용들은 사실을 말하는 것일 뿐 그녀의 이야기와 관련된 감정은 전혀 나타나지 않았다. 그녀가 자신의 오빠의 죽음에 충분히 슬퍼하지 못하였고 최근의 죽음들이 그녀 오빠의 죽음과 그녀가 필요로 할 때 그녀를 버렸던 어머니에 대한 분노와 관련한 감정을 유발시켰음이 분명해졌다.

그 어떤 예술 매개체 속에서도 그녀 자신을 적절하게 표현하거나 그녀가 표현한 것 속에서 어떤 의미를 찾을 수 없었던 베티의 무력함은 그녀의 정신 속의 어떤 것이 자각되지 않기 때문에 발생하는 치료의 저항으로 이해될 수 있었다. 그러나 최근의 상호주관적이고 관계적인 이론은 새롭거나 위협적인 어떤 것이 발생하지 않도록 보장하기 위하여 환자와 치료사가 공모하는 것에서 발생한 것이 저항이라고 재해석하였고, 이를 대인관계적인 것으로 보았다. 나는 베티의 표현에 대한 나의 역전이 반응에 주의를 기울여야만 했다. 치료에서의 저항적인 행동은 또한 그녀가 혼자 견딜 수 없었던 것을 치료사에게 불러일으킴으로써, 치료사와 의사소통하기 위한 환자의 무의식적 노력으로 보일 수 있다(Wallin, 1998).

이런 맥락에서, 나는 그녀의 가족 중 유일하게 가까운 오빠를 잃는 것이 베티에게 얼마나 고통스러운 일이었는지, 또한 이것이 얼마나 외롭게 느껴졌는지에 대한 느낌을 받았다. 게다가 나는 이 치료가 어디로도 진보하지 못하는 것 같아서 두려움과 무력감을 느꼈다. 이러한 반영을 통하여 나는 내가 얼마나 이러한 감정에서 베티를(그리고 아마 나 자신을) 방어하기 위하여 그녀와 공모하였을 수도 있다는 사실을 이해하였다. 이러한 자각이 공모를 끝나게 하였다. 나는 그녀에게 인생의 중요한 순간을 표현한 음악을 가져오라고 하였다.

그녀가 가져온 첫 테이프는 그녀가 노래하고 기타로 반주한 것이었다. 이것은 '날아가는 신발들(Flyin' Shoes)'이라는 노래였다. 그녀의 목소리는 어린아이 같았고 애처로웠다. 가사는 '똑같은 오래된 블루스, 똑같은 오래된 블루스' 때문에 지루하다는 내용이었고, '날아가는 신발들'을 신고 멀리 떠나고 싶어 하는 심정을 표현하였다. 그녀는 이 노래를 녹음하였을 때 슬픔과 외로움을 느꼈었지만, 우리가 그녀의 녹음된 곡을 들었을 때는 그렇게 느끼지 않았다고 말하였다. 나는 그러한 감정이 아마도 그녀가 어린아이일 때 느꼈었던 것과, 특히 오빠의 죽음과 관련된 것을 대표하였다고 해석하였다. 그녀는 아마 그럴 것이라고 하였지만 그녀가 이 모든 것을 꾸며낸 것일 수도 있다고 말하였다. 그녀는 어머니의 태도를 자신을 향하여 내사화하였고 그녀 자신의 내적 경험을 신뢰하지 않았다.

다음 세션에서, 그녀는 익사한 아이 때문에 비탄에 빠진 세 명의 콩고 여인이 부른 무반주 노래를 가져왔다. 그녀는 이 곡을 오빠의 죽음에 직접적으로 연관시켰고, 이 음악이 그 당시에 자신이 가졌던 느낌과 비슷하다고 말하였다. 그 여성의 목소리들은 아주 아름답고 애처로운 소리들을 표현하였다. 우리는 침묵을 지키며 이 음악을 두서너 번 감상하였다. 또다시 그녀는 이 세션 도중에는 진정으로 그 감정을 느낄 수가 없다고 말하였다. 그러나 그녀가 집에서 이 테이프를 만들었을 당시 그 감정을 느꼈었다고 고백하였다. 나는 흑인 여성의 노래를 선곡한 이유가 우리 사이의 거리감을 없애기 위한 시도로서, 흑인인 나를 기쁘게 하기 위한 그녀의 무의식적 바람의 표현일 수도 있다고 생각하였다. 아마 이것은 나에 대한 그녀의 긍정적 전이의 시작이었다. 나는 그녀에게 이 노래의 의미, 즉 오빠의 죽음에 대한 의식적인 애도 속에 머무는 것이 중요했기 때문에, 이것을 그녀에게 해석해 주지 않았다.

또한 베티는 오빠의 죽음과 관련해서 '날카로운 철사(Bared Wire)'라는 노래를 가져왔다. 이것은 남자 가수가 기타 반주에 맞추어 부른 곡으로, 빠른 템포의 생기 있는 컨트리 스타일의 노래였다. 그러나 가사는 날카로운 철사가 어떻게 '나를 밖에 가두었고 당신을 안에 가두었는지에' 대해 말하고 있었다. 이 노래에 대해 그녀가 최초로 느꼈던 것은 가족에게서 철회된 느낌과 관련이 있었다. 우리는 둘 다 날카로운 철사를 통해 지나가려 하는 시도, 즉 그녀의 입장에서 그녀와 어머니 사이의 거리를 없애려는 위험한 시도 때문에 그녀가 얼마나 쉽게 상처받을 수 있는지에 대해 잘 알고 있었다. 몇 주 후, 그녀는 날카로운 철사가 오빠가 죽었을 당시 그녀를 밖에 가두었던 어머니에 대해 느꼈던 느낌과 또한 관련이 있다는 것을 깨달았다. 그녀는 "사람들은 어떤 희생을 치르더라도 당신을 안에 들이지 않아요. 이것이 당신에게 얼마나 상처를 주는지를 모르면서"라는 구절에 마음이 움직였다고 고백하였다. 이것은 마치 이 음악의 빠른 템포가 베티로 하여금 고통스러운 가사와 연결되도록 그녀를 도운 것 같았다. 다시 말해, 음악 자체가 그녀로 하여금 가사 속에 담고 있는 고통스러운 감정을 인내하도록 돕는 중간 대상의 역할을 한 것 같았다.

이 치료의 흥미로운 부분은 베티가 치료실에서 그녀 자신을 표현하는 데 아주 많은 어려움을 겪었다는 점에 있었다. 이것은 그녀의 어머니가 심리학자였고 그녀가 어머니를 신뢰하지 않았었기 때문에 부분적으로 나타난 전이였다. 이 전이는 나와 함께 좀 더 민감해질 수 있는 그녀의 능력을 차단시키는 것 같았다. 그러나 그녀는 긍정적 치료 경험을 얻기 위한 나와의 충분한 신뢰를 확립할 수 있었다.

이즈음에 베티의 악몽과 빈번한 눈물은 멈추어졌고 그녀는 다시 집중할 수 있게 되었다. 비록 그녀가 어머니와 관련한 이슈에 대해 좀 더 작업해야 한다는 것을 깨달았지만, 그녀는 이제 치료를 종결할 준비가 되어 있었다. 그녀는 다가오는 그녀의 결혼식을 계획하는 데 자신의 에너지를 사용하길 원했다. 그녀는 애초에 그녀 자신을 치료에 임하게 했던 증상들을 완화시킴으로써 치료의 목적을 성취하였다.

반 영　이 사례는 클라이언트가 선곡한 음악이 어떻게 억압된 감정을 표출시키고, 쇠약하게 하는 증상들로부터 위안을 가져다줄 수 있는지에 대해 설명하고 있다. 비록 베티가 내가 있을 때는 그녀의 감정을 잘 드러낼 수는 없었지만, 음악이 분명히 그녀를 깊이 어루만졌고 그녀로 하여금 오빠의 죽음을 슬퍼하도록 하고 옛 상처를 치유하도록 하였다. 또한 이것은 치료사가 상호주관적 기반을 탐구하고, 억압된 감정을 피하기 위하여 치료사 자신의 역전이가 어떻게 클라이언트의 전이와 공모할 수 있는지를 규명하는 것이 효과적임을 설명하고 있다. 그녀가 느꼈었던 감정의 표상으로서의 나의 감정을 규명하고 그녀의 슬픔 속으로 들어갈 수 있는 길을 찾지 않음으로써 내가 그녀를(그리고 나 자신을) 방어하고 있다는 것을 이해했을 때, 치료 과정은 진보하였고 베티는 외상 후 스트레스 증후군을 유발시켰던 자신의 외상을 처리하였다. 이것은 또한 전이가 어떻게 치료적 동맹을 방해하고, 클라이언트가 그 전이를 이용하여 작업하지 못할 때 치료사가 어떻게 이러한 영향들을 인식하고 완화시킬 수 있는지를 보여 준다.

위에서 제시되었던 임상 사례들은 여러 정신역동적 음악치료 접근법과 그것들의 기저에 깔려 있는 개념적 틀을 반영한다. 전통적으로 정의된 정신역동적 음악치료의 경계를 뛰어넘기 때문에 관심을 받지 못했던 한 분야는 초개인적 접근법이다. 그러나 우리는 이 접근법이 충분히 설명되어야 한다고 믿는다. 초개인적 음악치료사들은(예, McKinney, 1993) 지금까지 살펴본 모든 요소에 근거하여 작업한다. 그러나 거기에 더불어 그들은 존재론적이며 영적인 자료가 인간의 성장과 발전에서 필수적 요소라고 생각한다. 따라서 초개인적 음악치료사는 적절할 때 이러한 이슈를 치료 과정에 도입한다.

결 론

우리는 많은 저자들이 정신역동적 음악치료의 모든 측면에 대해 해설하고 있는 음악치료계의 발전 단계에 도달하였다. 눈에 띄는 차이점에도 불구하고, 대부분의 정신역동적 음악치료사가 공유하는 몇 가지 기본적 개념이 존재한다. 간단히 말해서, 정신역동적 음악치료는 과거의 사건들이 현재에 영향을 끼치며 무의식적 자료가 현재의 행동을 충동질한다는 개념에 근거한다. 치료의 목적은 현재에서 기능하는 것을 방해하는 과거와 무의식적 요소들을 발견하고 처리하는 것이다. 비록 정신역동적 음악치료사 간에도 음악적 경험과 언어적 상호작용의 비율에 따라 변화의 동인을 다르게 보긴 하지만, 대부분의 치료사는 클라이언트, 음악, 치료사의 삼각관계(Summer, 1998)를 치료 과정의 필수적 요소로 간주한다.

정신역동적 음악치료는 의미에 대해 질문하는 것에 초점을 맞춘다. 그 해답에 이르기 위해서 우리가 참여해야 하는 질문의 수준은 우리로 하여금 자신의 한계를 지적으로 또한 임상적으로 확장하도록 요구한다. 스트리터(1999)가 '음악적 전이'(p. 85) 이론을 구성하기 시작한 데 반해, 오델(Odell, 1988)은 해석의 형식으로서 치료사가 환자에게 음악적으로 반응하는 방법을 살펴보았다. 우리는 언어적 수준에서부터 음악적 수준에 이르기까지 넘나들며 살펴볼 수 있어야 하며, 이것은 곧 우리를 복잡한 과정으로 인도한다. 정신역동적 음악치료사로서 우리는 전문가 공동체 속에서 우리의 길을 정립시키고 또한 정신과 전문가들의 공동체 속에서 우리의 위치를 발견해 가야만 하기 때문에, 심층적인 치료에 초점을 맞추는 데 필요한 심화 과정의 훈련과 고도의 기술을 가진 치료사로서 우리 자신을 정의해야만 한다.

정신역동적 음악치료사는 수준 높은 음악적 기술, 특히 즉흥연주 기술을 소유해야 한다. 환자의 음악 연주에 반응하기 위해서는 음악적 자유가 요구된다. 심리치료 기술 또한 이 작업에 필수적이다. 훈련은 심화된 수준에서 이루어져야 한다. 모든 세팅에서 필수적인 것은 아니지만, 심리치료나 정신역동적 음악치료를 개인적으로 경험하는 것은 추천할 만하다. 프로이트가 "한 인간의 무의식은 자신의 의식을 통하지 않고 다른 사람의 무의식에 반응할 수 있다(1915, 2001: 194)."라고 언급했던 것을 고려한다면, 치료사로서 우리는 우리 자신의 무의식을 자각할 책임이 있다.

 참고문헌

Aigen, K. (1995). An aesthetic foundation of clinical theory: An underlying basis of Creative Music Therapy. In C. Kenny (Ed.), *Listening, playing, creating: Essays on the power of sound* (pp. 233-257). Albany: SUNY.

Alvin, J. (1975). *Music Therapy*. London: Hutchinson.

Austin, D. (1991). The musical mirror: Music therapy for the narcissistically injured. In K. Bruscia (Ed.), *Case studies in music therapy* (pp. 291-307). Gilsum, NH: Barcelona.

Austin, D. (1999). Vocal Improvisation in analytically oriented music therapy with adults. In T. Wigram, & J. De Backer (Eds.), *Clinical applications of music therapy in psychiatry* (pp. 141-157). London: Jessica Kingsley.

Austin, D. (1996). The role of improvised music in psychodynamic music therapy with adults. *Music Therapy, 14*(1), pp. 29-43.

Austin, D., & Dvorkin, J. (1998). Resistance in individual music therapy. In K. Bruscia (Ed.), *The dynamics of music psychotherapy* (pp. 121-135). Gilsum, NH: Barcelona.

Bonny, H. L. (2002). Guided Imagery and Music (GIM): Mirror of consciousness. In H. Bonny (L. Summer, Ed.), *Music and consciousness: The evolution of Guided Imagery and Music* (pp. 93-102). Gilsum, NH: Barcelona.

Bruscia, K. (1998a). *Defining music therapy* (2nd ed.). Gilsum, NH: Barcelona.

Bruscia, K. (Ed.). (1998b). *The dynamics of music psychotherapy*. Gilsum, NH: Barcelona.

Bruscia, K. (1998c). An introduction to music psychotherapy. In K. Bruscia (Ed.), *The dynamics of music psychotherapy* (pp. 1-15). Gilsum, NH: Barcelona.

Darnley-Smith, R., & Patey, H. M. (2003). *Music therapy*. London: Sage.

Detrick, D., & Detrick, S. (Eds.). (1989). *Self psychology: Comparisons and contrasts*. Hillsdale, NJ: The Analytic Press.

Diaz de Chumaceiro, C. (1998). Unconsciously induced song recall. In K. Bruscia (Ed.), *The dynamics of music psychotherapy* (pp. 335-363). Gilsum, NH: Barcelona.

Dvorkin, J., & Erlund, M. (2003). The girl who barked: Object relations music psychotherapy with an eleven-year-old autistic female. In S. Hadley (Ed.), *Psychodynamic music therapy: Case studies* (pp. 183-203). Gilsum, NH: Barcelona.

Eschen, J. Th. (Ed.). (2002). *Analytical music therapy*. London: Jessica Kingsley.

Freud, S. (1915/2001). *The unconscious. The standard edition of the complete psychological works of Sigmund Freud* (Vol. 14, pp. 159-215). London: Hogarth Press.

Freud, S. (1926/2001). *The question of lay analysis. The standard edition of the complete psychological works of Sigmund Freud* (Vol. 20, pp. 177-250).

London: Hogarth Press.

Goldberg, F. (2000). I am the creator and the created: A woman's journey from loss to wholeness. *Beiträge zur Musiktherapie, 10,* 47-58.

Hadley, S. (2003). *Psychodynamic music therapy: Case studies.* Gilsum, NH: Barcelona.

Heimann, P. (1950). On counter-transference. *International Journal of Psychoanalysis, 31,* 81-84.

Isenberg-Grzeda, C. (1989). Therapist self-disclosure in music therapy practice. *Proceedings of the Sixteenth Annual Conference of the Canadian Association for Music Therapy,* Ottawa, 49-54.

Isenberg-Grzeda, C. (1998). Transference structures in Guided Imagery and Music. In K. Bruscia (Ed.), *The dynamics of music psychotherapy* (pp. 461-479). Gilsum, NH: Barcelona.

Jahn-Langenberg, M. (2003). Harmony and dissonance in conflict: Psychoanalytically informed music therapy with a psychosomatic patient. In S. Hadley (Ed.), *Psychodynamic music therapy: Case studies* (pp. 357-373). Gilsum, NH: Barcelona.

Kenny, C. (1989). *The field of play: A guide for the theory and practice of music therapy.* Atascadero, CA: Ridgeview.

Lecourt, E. (1993). *Analyse de groupe et musicothérapie.* Paris: ESF.

Lecourt, E. (1994). *L'expérience musicale résonances psychanalytiques.* Paris: Editions L'Harmattan.

McKinney, C. (1993). The case of Therese: Multidimensional growth through Guided Imagery and Music. *Journal of the Association for Music and Imagery, 2,* 99-109.

Moore, B. & Fine, B. (Eds.). (1990). *Psychoanalytic terms and concepts.* New Haven: Yale University Press.

Nolan, P. (1994). The therapeutic response in improvisational music therapy: What goes on inside? *Music Therapy Perspectives, 12,* 84-91.

Nolan, P. (2003). Through music to therapeutic attachment: Psychodynamic music therapy with a musician with dysthymic disorder. In S. Hadley (Ed.), *Psychodynamic music therapy: Case studies* (pp. 319-338). Gilsum, NH: Barcelona.

Odell, H. (1988). A music therapy approach in mental health. *Psychology of Music, 16*(1), 52-62.

Pavlicevic, M. (1997). *Music therapy in context.* London: Jessica Kingsley.

Pavlicevic, M. (1999). *Music therapy : Intimate notes.* London: Jessica Kingsley.

Priestley, M. (1975). *Music therapy in action.* London: Constable.

Priestley, M. (1994). *Essays on Analytical Music Therapy.* Phoenixville, PA: Barcelona.

Priestley, M., & Eschen, J. Th. (2002). Analytical music therapy-Origin and development. In J. Th. Eschen (Ed.), (pp. 11-16). *Analytical music therapy.* London; Jessica Kingsley.

Robarts, J. (2003). the healing function of improvised songs in music therapy with a child survivor of early trauma and sexual abuse. In S. Hadley (Ed.), *Psychodynamic music therapy: Case studies* (pp. 141-182). Gilsum, NH: Barcelona.

Ruud, E. (1980). *Music therapy and its relationship to current treatment theories.* St. Louis, MO: Magnamusic-Baton.

Scheiby, B. (in press). An intersubjective approach to music therapy: Identification and management of musical countertransference. *Music Therapy Perspectives.*

Schmidt Peters, J. (2000). *Music therapy: An introduction* (2nd ed.). Springfield: Charles C. Thomas.

Schneider, E. H., Unkefer, R., & Gaston, E. T. (1968). Introduction. In E. T. Gaston (Ed.), *Music in therapy* (pp. 1-4). New York: Macmillan.

Stolorow, R., Brandshaft, B., & Atwood, G. (1987). *Psychoanalytic treatment: An intersubjective approach.* Hillsdale, NJ: The Analytic Press.

Streeter, E. (1999). Definition and use of the musical transference relationship. In T. Wigram & J. De Backer (Eds.), *Clinical applications of music therapy in psychiatry* (pp. 84-101). London: Jessica Kingsley.

Summer, L. (1998). The pure music transference in Guided Imagery and Music. In K. Bruscia (Ed.), *The dynamics of music psychotherapy* (pp. 431-459). Gilsum, NH: Barcelona.

Turry, A. (1998). Transference and countertransference in Nordoff-Robbins music therapy. In K. Bruscia (Ed.), *The dynamics of music psychotherapy* (pp. 161-212). Gilsum, NH: Barcelona.

Tyson, F. (1965). Therapeutic elements in out-patient music therapy. *The Psychoanalytic Quarterly,* 315-327.

Tyson, F. (1981). *Psychiatric music therapy.* New York: Creative Arts Rehabilitation Center.

Wallin, D. (1998). *Intersubjectivity and relational theory: How the new paradigm transforms the way we work.* Mill Valley, CA: Psychotherapy Tape Works, Marin Psychotherapy Institute.

Wärja, M. (1994). Sounds of music through the spiraling path of individuation: A Jungian approach to music psychotherapy. *Music Therapy Perspectives, 12,* 75-83.

Wheeler, B. (1981). The relationship between music therapy and theories of psychotherapy. *Music Therapy, 1*(1), 9-16.

Wheeler, B. (1983). A psychotherapeutic classification of music therapy practices: A continuum of procedures. *Music Therapy Perspectives, 1*(2), 8-12.

Wheeler, B. (1987). Levels of therapy: The classification of music therapy goals. *Music Therapy, 6*(2), 39-49.

Wigram, T., & De Backer, J. (1999). *Clinical applications of music therapy in psychiatry.* London: Jessica Kingsley.

Wigram, T., Pedersen, I. N., & Bonde, L. O. (2002). *A comprehensive guide to music therapy.* London: Jessica Kingsley.

Winnicott, D. W. (1971). *Playing and reality.* New York: Penguin Books.

Wolberg, L. R. (1977). *The technique of psychotherapy* (3rd ed.). New York:

Grune & Stratton.

Wolf, E. (1988). *Treating the self.* New York: The Guilford Press.

연구자료

Aldridge, D. (1996). *Music therapy info CD-Rom I.* Witten/Herdecke: Universitat Witten/Herdecke.

Aldridge, D. (1996). *Music therapy research and practice in medicine.* London: Jessica Kingsley. Briefly reviews the published research in music therapy in the areas of psychiatry and psychotherapy.

Aldridge, D. (1998). *Music therapy info CD-Rom II.* Witten/Herdecke: Universitat Witten/Herdecke.

Aldridge, D. (2001). *Music therapy info CD-Rom III.* Witten/Herdecke: Universitat Witten/Herdecke.

Aldridge, D., & Fachner, J. (2002). *Music therapy world info CD-Rom IV.* Witten/Herdecke: Universitat Witten/Herdecke.

Wigram, T., Pedersen, I. N., & Bonde, L. O. (2002). Music therapy research and clinical assessment. In T. Wigram & F. M. Hughes (Eds.), *A comprehensive guide to music therapy* (pp. 221-266). London: Jessica Kingsley.

추천도서

Brenner, C. (1973). *An elementary textbook of psychoanalysis* (Rev. ed.). Garden City, NY: Anchor Press.

Bruscia, K., & Grocke, D. (Eds.). (2002). *Guided Imagery and Music: The Bonny Method and beyond.* Gilsum, NH: Barcelona.

Freud, S. (1900/2001). *The interpretation of dreams. The standard edition of the complete psychological works of Sigmund Freud* (Vols. 4 & 5). London: Hogarth Press.

Goldberg, F. (1995). The Bonny Method of Guided Imagery and Music. In T.

Wigram, B. Saperston, & R. West (Eds.), *The art and science of music therapy: A handbook* (pp. 112-128). Switzerland: Hardwood Academic.

Greenberg, J. R., & Mitchell, S. A. (1983). *Object relations in psychoanalytic theory*. Cambridge, MA: Harvard University Press.

Jung, C. J. (Ed.). (1964). *Man and his symbols*. New York: Dell.

Jugn, C. J. (1972). *Two essays on analytical psychology* (2nd ed.; R. F. C. Hull, Trans.). Princeton, NJ: Princeton University Press.

Kast, V. (1992). *The dynamics of symbols*. New York: Fromm International.

Kohut, H. (1984). *How does analysis cure?* Chicago: The University of Chicago Press.

Natterson, J., & Friedman, R. (1995). *A primer of clinical intersubjectivity*. Northvale, NJ: Jason Aronson.

Pine, F. (1990). *Drive, ego, object and self*. New York: Basic Books.

Ruitenbeek, H. M. (Ed.). (1973). *The first Freudians*. New York: Jason Aronson.

Stolorow, R., Atwood, G., & Brandshaft, B. (Eds.). (1994). *The intersubjective experience*. Northvale, NJ: Jason Aronson.

Wollheim, R. (1971). *Freud*. Glasgow: Fontana/Collins.

Winnicott, D. W. (1971). Collected papers: Through pediatrics to psycho-analysis. London: Tavistock.

_f_

제 8 장

행동주의 접근법에 기초한
음악치료

제8장
행동주의 접근법에 기초한 음악치료

Jayne Standley
Christopher M. Johnson
Sheri L. Robb
Mike D. Brownell
Shin-Hee Kim
Clifford K. Madsen 감수

서 론

심리치료와 심리학은 지난 50년 동안 행동주의라고 알려진 과학에 의해 지배되어 왔다. 대략 4세기 이전, 서구적 사고의 새로운 시대 풍조는 행동주의의 부흥을 이끌었고, 이것은 다음과 같은 특징을 가진다.

(1) 가설의 실험과 관찰에 의한 검증을 지향하는 운동
(2) 정신적 사건에서 벗어나 물리주의(physicalism)를 지향하는 운동
(3) 신비주의에서 벗어나 과학에 대한 신념을 지향하는 운동

19세기 말까지 이러한 실증주의 견해가 철학적 사고를 지배하였다. 초기의 행동주의는 실증주의의 연장으로 물리적으로 계측하고 측정할 수 있는 행동으로 이끌지 못하는 그 어떤 가설도 거부하였다(Baars, 1986).

행동주의는 인간의 마음과 행동을 객관적으로 연구하도록 허용하는 심리학을 창조하기 위한 강력한 운동을 태동시켰다. 이러한 새로운 심리학자들은 의식의 분석에 초점을 맞추기보다 확립된 연구 방법, 공식적인 실험 설계, 결과의 통계적 분석과 같은 과학적 방법을 사용하여 인간 행동을 연구함으로써 실험과 관찰에 근거한 이론을 발전시켰다(Baars, 1986; Wilson, 2000).

행동주의는 이런 과학의 철학적이며 이론적인 기반으로 이루어진 반면, 응용 행동 분석(Applied Behavior Analysis)은 기본적 연구 요소다. 스키너(B. F. Skinner, 1904~1990)는 행동의 실험적 분석의 창조자로 알려져 있는데, 그는 이 철학에 대해 심도 있게 저술하였다. 비록 일반적으로 행동주의가 객관적인 사정에 따라 조작적으로 정의 내릴 수 없는 모든 사건을 거부한다고 여겨지지만, 이러한 견해는 미성숙하며 올바르지 못한 것이다. 행동주의 철학은 개인적 사건의 중요성을 확실하게 인식하고 있다. 스키너 자신도 그러한 사건들을 '피부 안에서' 일어나고 있는 것이라고 언급하였다. 행동주의자는 접근하기 힘들며 내적인 사건이 인간 행동에 영향을 끼치며, 이를 무시하는 것은 잘못된 것이라고 생각하였다. 그보다 이 접근법은 인지 과정의 구조화된 모델을 관찰 가능한 방법으로 설명하도록 하는 데 역점을 둔다.

행동치료는 이러한 행동주의에서 태동하였다. 1950년대 후반 행동치료는 심리학적 장애를 위한 사정과 치료에 체계적이며 연구에 입각한 접근방식을 사용함으로써 시작되었다(Eifert & Plaud, 1998; Master, Burish, Hollon, & Rimm, 1987).

처음에는 이러한 새로운 치료 방식이 임상적 문제 치료에 대한 현대의 학습 이론(조작적 조건화와 고전적 조건화 법칙)의 적용으로 정의되었다(Wilson, 2000). 모든 과학은 시간이 흐르면서 진화되듯이 행동치료도 주요한 변화를 겪어 왔으며, 오늘날 다양한 과정과 이론적 견해로 특징지어진 매우 효과적인 심리치료 방식으로 인정받고 있다.

현대 행동치료의 주요한 접근법

현대 행동치료에는 세 가지의 독특한 접근법이 있다. 응용 행동 분석은 스키너가 창시한 조작적 조건화 법칙에 근거한다. 조작적 조건화 법칙은 행동은 그 결과의 기능이라고 주장한다. 따라서 치료적 중재는 밖으로 드러난 행동과 그것의 결과 사이의 관계의 변화를 강조한다(Skinner 1948: 1953). 응용 행동 분석에서 사용하는 기법은 강화, 벌(罰), 소거, 유관(contingencies), 토큰경제, 자극 조절 등을 포함한다. 두 번째 접근법은 위의 기법들을 확장시키며 파블로프, 거스리, 헐 그리고 울프(Ivan Pavolv, E. R. Gurthrie, Clark Hull, & Joseph Wolpe)의 작업에서 기인한, 매개 변수를 인정하는 고전적 조건화 법칙을 적용한 중재된 자극–반응 모델을 포함한다(Wheeler, 1981; Wilson, 2000). 내포된 혹은 인지적 과정들은 드러난 행동을 지배하는 학습의 법칙을 동일하게 따른다고 보기 때문에, 매개 변수는 수정되어야 한다고 가정한다. 매개적 자극–반응 모델과 관련된 기법은 정동 홍수법(flooding), 체계적 둔감법, 상상 등을 포함한다(Wheeler, 1981; Wilson, 2000).

행동치료 이론과 연구의 기초는 1960년대 말에 와서 확장되며, 행동주의 치료사들은 사회심리학, 성격심리학, 발달심리학에서 기인한 치료적 기법들을 탐구하기 시작하였다. 이 시기에 반두라(Bandura)의 사회학습이론이 태동하였다. 사회학습이론이란 인간은 내적으로 강요되거나 환경에 수동적으로 반응하는 대신, 그의 환경과 상호적인 관계를 맺는 것을 선택한다는 이론이다(Bandura, 1969). 사회학습이론의 주요한 특징은 대리 학습(모델링), 상징적 과정, 자기–통제 등이다. 자기–통제적 과정의 인식은 사회–인지적 치료라고 알려진 새로운 형태의 치료를 낳게 된다. 이 치료는 행동이 세 가지 요소인 ① 외적 자극 사건들, ② 외적 강화, ③ 인지적 매개 과정에 각각 종속되어 있으면서도 조절의 과정들과 상호 교류한다고 여긴다. 따라서 인간이 환경 속에서 발생하는 사건들을 인지하고 해석하는 방식이 행동을 결정짓는다. 이와 같은 사회-인지적 치료 방식은 자기-유도된 행동 변화를 강조한다 (Wilson, 2000).

1970년대에 들어와서 인지적 과정과 절차에 대한 관심이 행동주의 치료에서 증가하였고, 1980년대와 1990년대 동안 치료적 변화에서의 정서의 역할에 대한 관심이 늘어났다. 최근 들어 행동주의 치료사들은 행동, 인지, 정서 간에 발생하는 복잡한 상호작용에 관심을 가지기 시작하였다(Thaut, 1989). 라자루스(Arnold Lazarus)는 인간 반응을 순서화하거나 촉발하는 데 초점을 맞춤으로써 이러한 상호작용을 조작하였다. 예를 들어, 생각하기(인지) 전에 즉각적으로 공격하는(행동) 성난 사람 대 오랫동안 인지해 왔던 사소한 것(인지)에 대해 끊임없이 심사숙고한 후 공격하는(행동) 짜증 난 사람을 생각해 보아라. 중재는 추적하기(tracking)에 초점을 맞춘 후, 바람직하지 않은 사건의 연속을 차단하기 위해 사회적, 정서적, 인지적, 행동적 반응에 대한 순서를 변경하는 것을 포함한다(Wilson, 2000).

행동주의 음악치료의 간략한 역사

초기 행동주의와 음악치료(1948~1970)

음악치료라는 직업과 행동주의 치료는 같은 시기에 태동되었다. 행동주의 원칙의 치료적 적용에 대해 처음으로 발표된 논문은 풀러(Fuller, 1949)가 『American Journal of Psychology』에 기고한 것으로, 그는 연구 대상자의 팔 운동을 위한 일차적 강화제의 효과에 대해 보고하였다. 응용 행동 분석의 공식적인 출발은 에일런과 마이클(Ayllon & Michael, 1959)의 「행동적 엔지니어로서의 정신과 간호사」라는 논문에서 시작하였다(Cooper, Heron, & Heward, 1987). 이 밖에 1960년대에 중요한 세 개의 논문이 있다. 울만과 크래스너(Ullman & Krasner)는 이 중 두 권의 책을 묶어서 출간하였는데, 한 권은 행동주의 연구들을 소개하였고 다른 한 권은 이 연구들에서 사용된 기법을 설명하였다. 이 시기의 또 다른 중요 사건은 1968년 『Journal of Applied Behavior Analysis』의 출간이 시작되었다는 것인데, 이 저널은 계속적으로 행동주의 심리학 분야에서 중요한 역할을 하였다.

이러한 행동주의의 태동기 동안, 음악치료는 공식적인 학문의 영역으로 출발하였다. 제2차 세계대전이 끝난 후, 군대에 복무하였던 사람들을 위해 음악치료 서비스의 요구가 증대되었다. 이러한 요구는 1940년대에 대학 학위 프로그램을 창출하게 하였고, 1950년대에는 전국 전문가 연합체인 전국음악치료협회(The National Association for Music Therapy)를 설립하게 하는 원동력이 되었다(Clair, 1996; Davis, Gfeller, & Thaut, 1992).

1960년대와 1970년대에는 음악치료의 철학적 견해와 전문가들의 저서에서 강력한 행동주의적 경향이 나타났다. 음악치료계의 저명한 선구자인 개스턴(Gaston, 1968)은 행동주의적 접근법을 사용한 치료적 음악 중재의 과학적 탐구를 요구하였다. 개스턴은 음악을 인간 행동의 한 형식으로 간주하였고 삶의 '감정적인 부분'에 대한 과학적 탐구가 필수적이라고 생각하였다. 에스더, 괴츠 그리고 길리랜드(Esther, Goetz, & Gilliland, 1962)는 음악 자극에 대한 인간의 반응은 조건화된 반응이며, 고전적 조건화 법칙을 확실하게 반영한다고 주장하였다. 시어즈(Sears, 1968)는 행동의 객관적인 분류를 위한 틀을 제공하였고, 치료에서의 음악의 기능을 이론적으로 좀 더 잘 이해하기 위한 행동의 연속에 대한 밑그림을 그렸다.

1964년 창간된 『Journal of Music Therapy』(이하 JMT)는 음악치료사의 연구를 위한 장(場)이 되었다. JMT의 초기 두 개의 논문에서는 음악치료에서의 행동주의적 접근법과 행동주의적 연구 기법의 적용을 소개하였다(Madsen & Madsen, 1968; Steele, 1977). 그펠러(Gfeller, 1987)의 1964~1984년까지의 JMT 논문의 고찰은 행동주의와 음악치료 간의 강력한 결합을 입증하였다. 그펠러는 초기 JMT 논문들이 대체로 정신역동적 원칙에 근거하였다는 것을 발견하였다. 그러나 정신분석에 근거한 이러한 논문의 빈도수는 1964~1979년까지 감소하였고 이 시기의 행동주의적 접근법이 갑작스럽게 증가하였다. 그 펠러는 행동주의와 정신분석적 접근법이 초창기 음악치료의 이론적 오리엔테이션을 지배하였다고 결론지었다.

행동주의와 음악치료의 현재(1980년~현재)

최근 문헌을 살펴보면, 음악치료 임상에서 행동주의가 계속 존재해 오고 있으며 인지적, 정서적인 요소가 같이 나타나고 있음을 알 수 있다. 1970년대의 많은 음악치료 논문은 조작적 조건화와 고전적 조건화 원칙에 기초한 중재에 대해 설명하였고(Dorow, 1975; Madsen & Madsen, 1968; McCarty, McElfresh, Rice, & Wilson, 1978), 그 후 행동주의적 음악치료를 일차적인 심리치료로 곧 수용하기 시작하였다(Hanser, 1963; Scovel, 1990; Wheeler, 1981).

음악치료에서 인지-행동주의적 접근법을 지향하는 최근의 경향은 행동주의 치료의 변화와 나란히 병행한다. 음악치료 문헌에 최초로 나타난 것은 엘리스(Albert Ellis)가 개발한 논리 정동 치료(Rational Emotive Therapy, RET)다(Bryant, 1987; Maultsby, 1977). 1987년 브라이언트(Bryant)는 RET 원칙에 기초한 인지적 음악 중재에 대해 설명하였다. 브라이언트에 따르면, 음악에 대한 인간의 관계는 합리적이고 불합리한 인간의 가치, 태도, 신념을 표현한다. 따라서 치료사는 클라이언트가 자신의 왜곡되거나 불합리한 신념을 깨닫고, 확인하며, 검토하고, 숙고하며, 논박하도록 음악을 사용하여 도울 수 있다. 엘리스는 인지적 변화를 일깨우기 위하여 유머가 풍부한 음악을 사용할 것을 주창하였고(Ellis, 1987), 정동 연구소(Rational-Emotive Institute)는 자신이 부른 애창곡 테이프를 배부하였다(Ellis, 2003).

타우트(Thaut, 1989)는 행동의 학습과 변화에서 정서 수정의 역할과 정서, 인지, 행동 간의 결합에 대해 설명하였다. 이 접근방식에서, 음악치료사는 기분 수정을 위하여 음악 인지 속에 있는 정서적이고 동기를 부여하는 특질을 이용한다. 감정과 학습 간의 직접적 관계 때문에, 타우트는 감정을 불러일으키고 기분에 영향을 끼치는 방법들이 전통적인 인지주의와 행동주의 치료를 대체할 수 있다고 주장하였다.

셀름(Selm, 1991)은 만성 통증을 위한 인지-행동주의적 치료 모델을 제시하였고, 이는 음악치료 임상에서 자기-통제 기법의 출현을 각인하는 것이었다. 저자는 다중 접근방식을 사용하기를 주장하였는데, 여기서 음악치료사는 새로운 정보의 습득을 강화하고, 옛 신념에 대해 도전을 제기하고 클라이언트로 하여금 새로운 행동을 실행하도록 그를 가르치며, 감정 상태에 대한 비언어적 표현을 촉진시키고, 자기-통제 기술의 습득을 촉진시킨다. 바이오피드백과 같은 점진적 이완이나 자기-통제 기술을 통한 바람직하지 않은 신체적, 감정적 반응에 대한 둔감각이 이 시기의 음악치료 문헌에 또한 많이 나타나 있다(Davis, 1992; Hanser, 1990; Mandel, 1996; McCarthy, 1992; Rider, Floyd, & Kirkpatrick, 1985; Robb, Nichols, Rutan, Bishop, & Parker, 1995; Scartelli, 1984).

지난 50년 동안 행동주의 음악치료는 역동적으로 성장하였고 다양한 기법을 개발하여 왔다. 이것은 이제 전 세계적으로 실행되는 주요한 심리치료로, 독특하면서도 연구에 기반을 둔 방법론으로 특징지어진다. 음악치료 '모델을 확립하는 것'의 선도자인 매드슨(Clifford Madsen)은 제9회 음악치료세계회의(World Congress of Music Therapy) 연설에서, 다음과 같이 언급하였다.

이 접근법의 이론적 토대는 다른 과학적 접근방식과 일치하며 양적으로는 부족하지만 더 멀리 이르고 있다. 음악은 (1) 신호로, (2) 시간과 몸동작의 구조로, (3) 집중의 초점으로, (4) 보상으로 사용될 수 있다. 비록 이론적 법칙은 거의 없지만, 행동주의적 모델의 효과적인 적용은 극도로 복잡하고, 효과적인 중재를 위해서는 다방면에 걸친 훈련이 요구된다. 행동주의 음악치료는 행동의 원칙에 대한 확고한 이해와 대안을 분석하고 비평하며 선택하기 위한 정제된 능력을 요구한다. 이때 절차를 계획하는 데 폭넓은 창조성은 필수적이다. 이 접근법은 각 환자나 클라이언트의 행동을 형태화하는 데 필요한 구체적인 필수품과는 다른 음악의 창조, 선택, 즉흥연주를 포함한다 (Madsen, 1999).

음악치료계는 인간의 기능과 행동의 다양한 측면을 실험적으로 탐구함으로써 기록되는 새로운 이론과 효과적인 치료 중재를 계속 개발하고 있다.

음악치료사가 사용하는 행동주의 기법

이 부분의 목적은 음악치료 임상에서 흔히 사용되는 기본적인 행동주의적 기법을 검토하는 데 있다. 이러한 기법은 네 가지 단계의 중요한 행동주의적 법칙 맥락에서 이해될 수 있다. 첫 번째 단계로, 행동주의의 목표는 행동이나 인지 혹은 정서 과정에서의 행동적 지표를 확인하고 수정하며, 계산하거나 관찰하는 것이다. 비록 행동주의적 임상에 관여하는 대부분의 사람들이 인지와 정서를 지각의 대상으로 인정하고 수용하지만, 행동주의적 접근법은 관찰 가능한 방법을 통하여 이러한 요소가 존재함을 인지한다. 롭(Robb, 2000)의 연구를 예로 들 수 있는데, 그녀는 이 논문에서 병원 환경과 입원 아동의 관계와 참여를 객관화하기 위한 아동의 행동을 조작적으로 정의하였다. 또한 게티 (Ghetti, 2002)는 다양한 음악 상황이 중증장애 학생들의 관찰 가능한/측정할 수 있는 행동 상태에 미치는 영향에 대해 연구하였다.

두 번째 단계에서는 일단 구체화된 행동이 목표로 정해지면 발생하고 있는 사건과 그것의 중대성을 기록하기 위한 관찰이 이루어진다. 이러한 과정은 어떤 프로그램이 필수적인지를 결정하기 위하여 모든 행동주의적 프로그램을 실행하기 전에 완수되며, 그 후 진보를 기록하게 된다.

행동주의 프로그램의 세 번째 단계는 클라이언트가 그의 행동을 긍정적인 방향으로 수정하도록 하는 데 영향을 끼치는 환경에 유관을 제시하는 것이다. 이러한 유관은 개인에 따라 달라질 수 있다. 보상은 외부에서 주어지는 것이 아니라 내부에서 결정되어야 한다고 주장하는 사람들은 때때로 이러한 유관의 사용을 뇌물이라고 비판하기도 한다. 그러나 이들은 만약 그들이 임금 지급이 중단된다면 출근하는 것을 중단하거나, 그들의 자녀가 학교에서 수행한 작업에 대하여 마음속으로 기분 좋게 느끼려고 자녀의 성적표를 열어보지 않는 것은 아님을 간과할 때가 있다. 물론 치료사는 모든 사람들이 독립적이고 내적인 계몽 상태에 이르기를 원한다. 그러나 만약 이것이 자연적으로 이루어진다면 치료사는 필요 없을 것이다. 그러므로 새로운 행동적 패턴들이 확립되기 위해서는 의도적으로 선택된 유관이 일정 시간 동안 사용되어야 한다.

행동주의 치료 프로그램의 네 번째 단계는 목표로 정해졌던 행동의 계속적인 혹은 사후 관찰을 통하여 결과를 평가하는 것이다. 독립과 새로운 행동 패턴의 자기-지속적 유지를 포함한 구체적인 판단의 기준이 만족되면, 치료는 종결될 수 있다. 행동주의 치료사는 클라이언트의 고통, 불편 혹은 성공의 결핍이 가능한 한 빨리 효과적으로 감소되고 또한 이를 바탕으로 한 기법과 절차를 선택하는 데 관심을 둔다. 또한 행동주의 치료사는 기록 보존의 책임 패러다임 안에서 작업한다. 바람직한 방식으로 변화하는 것이 성공적으로 여겨지기 위해서 치료 이전에 선택된 행동은 관찰 가능한 방법을 통하여 기록되어야 한다. 제시된 유관이 특정 클라이언트에게 적절한지에 대해 명확하게 확인할 수 있는 다양한 과학적 디자인이 있다. 이런 것들은 행동주의 기법들이나 응용 행동 분석에 관한 여러 유용한 교재에서 발견할 수 있다(Alberto & Troutman, 1995; Bergin & Garfield, 1994; Cooper et al., 1987; Madsen & Madsen, 1998). 단인 대상 연구로 알려진 응용 행동 분석은 임상가에게 선택된 기법과 목표로 정해진 클라이언트의 행동 간의 기능적 관계를 직접적으로 검증하기 위한 방법을 제공하는 데 탁월하다(Hanser, 1995). 문헌에 나타난 바와 같이 이러한 행동주의적 설계의 사용은 계속적으로 증가되고 있으며, 많은 클라이언트나 부담이 되는 통계 모델들이 필요치 않기 때문에 특별히 임상가가 사용하는 데 실용적이다(Gregory, 2002).

이 장의 후반부에서는 행동주의 치료사가 사용하는 다양한 조작적 기법과 인지-행동주의 기법에 관해 요약할 것이다(좀 더 자세한 정의는 Madsen & Madsen, 1998 참고). 조작적 기법은 새로운 행동을 가르칠 때 사용되는 것, 존재하는 행동을 강화시킬 때 사용되는 것, 존재하는 행동을 약화시킬 때 사용되는 것 등에 따라 세분화된다. 각 기법의 유익을 기록한 고전적이고 중요한 연구는 각각의 연구 개요로 독립적으로 소개되는 대신, 위의 설명을 제공하면서 함께 언급되었다. 현존하는 행동주의 음악치료의 연구 문헌은 너무 방대하여서 이 장에 모두 다 포함시킬 수는 없다.

조작적 기법

새로운 행동을 가르치는 기법은 적절한 행동 반응을 유발시키는 환경적 선례(antecedent)를 소개하거나 구조화한다. 새로운 행동의 발생은 즉각적이고 강화적인 피드백과 함께 나타난다. 이러한 기법에는 과제 분석(task analysis), 신호(prompt), 페이딩(fading), 무오류 학습(errorless learning), 연쇄(chaining), 조성(shaping), 계기적 근사법(successive approximations), 모델링(modeling) 등이 있다.

과제 분석은 선택된 활동을 그것을 구성하고 있는 연속된 부분으로 나누어 제시하는 것이다. 스탠리(Standley, 1998)는 신생아 중환자실에 있는 미숙아에게 점차적으로 복잡한 자극을 제공하는 신경학적 내성의 단계적 과제 분석의 효용을 설명하였다. 음악은 다중 자극이 체계적으로 제시되는 동안 평정을 유지시켰다. 그 결과, 신생아는 증가된 신경학적 성숙에 좀 더 익숙해졌고 조기에 퇴원하게 되었다. 또한 과제 분석 원칙은 대로우(Darrow)와 그의 동료들(2000)이 청각 장애아동을 위해 초안을 마련한 전반적인 음악치료 목적과 같이, 전체 프로그램 계획이나 교과과정 설계에 적용될 수 있다.

신호는 새로운 반응을 나타내도록 클라이언트를 돕는 가장 기초적인 기법으로 바람직한 반응의 확률을 증가시키는 단서(cue)다. 예를 들어, 물건의 이름을 붙이는 것을 학습하고 있는 아동에게 공(ball)을 제시한다. 만약 언어적 반응이 일어나지 않는다면, 치료사는 공(ball)의 첫 음절 소리인 '버(buh)' 소리를 낸다. 또한 음악치료사는 감정적 반응(새로운 기분)을 유발시키거나 혹은 치매 환자의 회상을 촉진하기 위한 신호로 음악을 사용하기도 한다. 치료사는 바람직한 반응을 자극할 필요가 없어지게 되면 더 이상 그 신호(prompts)를 사용하지 않는다. 페이딩은 이러한 신호를 체계적으로 제거하는 과정으로 그 행동은 독립적이고 습관적이 된다.

무오류 학습은 실수 없이 가능한 빠르게 정확한 클라이언트의 반응을 확립하기 위한 절차다. 예를 들어, 발달 장애아동이 숟가락을 가지고 음식을 먹는 것을 학습하고 있다. 이 아동은 숟가락으로 음식을 떠서 그의 입으로 직접 이동시키고, 치료사는 그 과정 동안 그의 손을 인도한다. 이 도움은 클라이언트가 정확한 행동을 반복하게 될 때 점차적으로 소거된다. 이러한 절차를 이용하여 아동은 숟가락을 던지거나 손으로 음식을 집고 접시 외에 유리잔에 숟가락을 넣는 행동과 같은 실수를 저지를 수 있는 수많은 가능성에서 차단된다.

치료사의 도움의 정도가 실수를 줄이는 데 결정적 역할을 하는 것이 아니라, 과제 그 자체가 실수 없이 구조화되는 것이다. 예를 들어, 통합 합창 음악 수업에 참여한 행동 장애아동에게는 교실에 들어와 정해진 자신의 자리에 앉는 것이 목표가 될 수 있다. 무오류 학습을 위한 과제로 구조화되기 위해서 그 교실에는 정해진 장소에 오직 한 개의 의자만 놓여 있어야 한다. 그 아동이 교실에 들어와 올바른 행동과 지정된 의자에 앉는 행동을 반복할 때 다른 의자들을 체계적으로 다시 재빨리 놓을 수 있다. 물론 다른 의자들을 지정된 의자와의 접근 거리에 따라서 다시 놓을 수 있는데, 가장 멀리부터 의자를 놓고 점점 가까이 의자를 놓는다.

연쇄는 두 가지 혹은 그 이상의 반응이 체계적으로 연합되어 한 번에 한 가지씩 일어나는 과정이다. 새로운 행동이 첨가될 때, 이 시점에서 전체적인 순서가 반복적으로 실행된다. 어린 아동은 이러한 절차를 이용하여 알파벳 순서를 학습할 수 있다. 한 글자를 가르친 후 두 번째 글자를 가르친 다음, 이 두 글자를 연속으로 가르친다. 울프와 혼(Wolfe & Horn, 1993)은 유치원생이 전화번호를 기억하는 데 도움을 주기 위하여 연쇄의 변형인 역연쇄를 실행하였다. 연속적인 번호들은 다양한 자극 환경에서 제시되었고, 그 후 그 번호들은 마지막 한 자리의 숫자를 제거한 채 다시 제시되었다. 만약 아동이 이 마지막 한 자리의 번호를 기억할 수 있게 되면, 전화번호를 마지막 두 자리의 번호를 제거한 채 다시 한 번 제시하고, 아동이 전체 전화번호를 기억할 수 있게 될 때까지 이와 같은 과정을 반복한다. 그 결과, 익숙한 음악을 동반한 역연쇄 절차가 전화번호 회상을 학습시키는 데 가장 효과적이었다. 또한 음악 조건에서 연쇄적 절차에서 제시된 연속적 정보를 회상하기 위하여 사용된 신호의 수가 가장 적게 나타났다.

매드슨과 매드슨(Madsen & Madsen, 1983)은 계기적 근사법을 "행동적 요인이나 부분집합이 점점 더 구체화된 최종 행동을 닮아가는 것"(p. 277)이라고 정의하였다. 조성은 각각의 행동이 바람직한 목적에 점점 더 근접해 갈 때 이 행동을 체계적으로 강화하는 것이다. 이 두 가지 기법은 과제 분석과 연합하여 자주 사용된다. 행동주의 치료사들은 클라이언트에게 새로운 행동을 가르칠 때, 클라이언트가 이미 소유한 기술을 사용하여 시작한다. 상세한 과제 분석에서 계속적으로 일어나는 각 단계는 가르치는 최종 행동을 향한 계기적 근사법이 된다. 이러한 과정들을 각각 학습할 때, 클라이언트는 목표 행동에 이를 때까지 강화된다.

계기적 근사법은 음악 용어와 올바른 기호를 연결시키기 위해 아이젠슈타인(Eisenstein, 1976)이 사용하였다. 실험 기간 동안, 기호의 양이 증가됨에 따라 신호는 점차 감소되었다. 목표 행동은 15개의 음악 기호를 그것의 용어와 정확하게 연결 짓는 것이었다. 저자는 언어적 승인 및 피드백과 연합했을 때, 계기적 근사법이 학구적 언어 음악 행동을 향상시키는 데 효과적이었다고 결론지었다.

구체화와 계기적 근사법은 행동주의적 상담에 널리 사용된다. 예를 들어,

성폭행으로 괴로워하는 클라이언트는 애인과의 성적 접촉에 대해 혐오감을 가질 수 있다. 클라이언트가 이런 혐오감을 극복할 준비가 되었을 때, 그 애인은 성적 접촉의 계기적 근사법을 인지하도록 교육받고 그에 따라 반응할 수 있다. 이 클라이언트는 억지로 혐오적인 행동을 강요당하는 것이 아니라 그 목적이 달성될 때까지 바람직한 행동을 향한 계기적 근사법을 완수하는 데 매진하게 된다.

모델링(Modeling)은 클라이언트가 학습해야 할 행동을 치료사가 시범 보이는 것으로, 치료사 혼자서 혹은 클라이언트를 반영하면서 동시에 진행할 수 있다. 무어와 마세니우스(Moore & Mathenius, 1987)는 다양한 모델링 기법들이 춤을 추거나 리듬 악기를 연주하는 8명의 경증 정신지체 청소년의 고정 박에 미치는 영향에 대하여 연구하였다. 연구 결과, 동시적인 모델링을 한 대상자들이 고정 박을 더 유지할 수 있었다. 하지만 그 효과는 춤을 추던 그룹에는 나타나지 않았다.

행동을 증가시키기 위한 조작적 기법에는 긍정적 강화(사회적 승인, 만져서 실체가 있는 물건, 프리맥 원칙이라 불리는 선호된 활동), 계약 맺기, 그룹 유관, 부적 강화, 자연적 강화 등이 있다. 긍정적 강화는 한 반응 뒤에 어떤 자극을 유관하게 제시함으로써 그 반응의 미래 발생 가능성의 확률을 증가시키는 기법이다. 유관으로서의 음악의 사용은 기존 연구에서 많이 볼 수 있다. 스탠리(1996)는 그녀의 획기적인 연구에서, 강화로서의 음악의 효과에 대한 메타 분석을 실시하였다. 이 연구에서 스탠리는 총 98개의 연구를 분석했으며 매우 긍정적인 결과를 발견하였다. 98개 연구 중 오직 12개의 연구만이 음악 외의 강화 수단이 음악보다 효과적이라는 부정적 효과 크기를 도출해 냈다. 또한 연구 결과 음악 강화가 교실에서 흔히 사용되는 사회적 혹은 만져서 실체가 있는 형태의 강화보다 더 큰 효과 크기를 도출하였다.

연구 문헌은 음악이 수학 점수를 향상시키는 것부터(Madsen & Forsythe, 1973; Miller, Dorow, & Greer, 1974; Yarbrough, Charboneau, & Wapnick, 1977), 기능적 언어를 발전시키고(Talkington & Hall, 1970; Walker, 1972),

집중력을 향상시키는 것까지(Madsen & Alley, 1979), 다양한 종류의 행동을 수정하는 데 유관하게 사용되어 왔음을 보여 준다. 연구자는 또한 음악이 일차적 강화제보다 더욱 효과적임을 발견하였고(Saperston, Chan, Morphew, & Carsrud, 1980), 다양한 수준의 음악 강화 간의 차이점을 비교해 왔다(Holloway, 1980). 이외에 이 기법을 사용한 다른 많은 연구가 있다.

(1) 미숙아의 고무젖꼭지 빨기를 증가시키고 엄마 젖 빨기를 학습하는 미숙아의 젖 빠는 속도를 증가시키기 위한 음악(Standley, 2003)

(2) 기는 활동(Holliday, 1987)과 뇌성마비 아동의 머리 자세를 강화하기 위한 음악(Wolf, 1980)

(3) 헤드 스타트(Head Start) 프로그램에 참여한 아동의 읽기를 가르치는 데 사용되는 음악(Steele, 1971)

(4) 틀에 박힌 행동을 감소시키는 데 사용되는 음악(Jorgenson, 1971)

(5) 청각적인 식별력을 가르치는 데 사용되는 음악(Madsen & Geringer, 1976)

(6) 재활 환자를 위한 물리치료에서 사용되는 자전거 페달 밟기를 강화하기 위한 음악(Kendelhardt, 2003)과 발끝으로 걷는 자폐아동의 발꿈치를 이용한 걷기를 강화하는 음악(Roberts, 2002)

(7) 쉼터 작업장에서 작업 결과를 향상시키는 데 사용되는 음악(Bellamy & Sontag, 1973; Clegg, 1982)

(8) 배앓이를 하는 신생아의 울음을 감소시키는 데 사용되는 음악(Etscheidt, 1989)

(9) 만성적 두통 환자를 위한 EMG 긴장을 감소시키는 데 사용되는 음악(Epstein, Hersen, & Hemphill, 1974)

(10) 중증장애아동의 혈관 수축을 향상시키는 데 사용되는 음악(Falb, 1982)

(11) 선다우너스(Sundowners) 신드롬을 가진 치매 환자들의 방황을 감소시키기 위한 착석 행동을 강화하는 음악(Scruggs, 1991)

행동주의 교사들이나 치료사들은 그들의 클라이언트들과 학생들이 학습 상황에서 과제에 좀 더 집중할 수 있도록 높은 수준의 체계적인 강화를 제공한다. 매드슨과 앨리(Madsen & Alley, 1979)는 1,708명의 교사와 치료사를 관찰한 결과, 행동주의적으로 훈련된 대상자들이 언어적 강화(83%)를 가장 많이 사용하였고 그들의 학생들의 과제에 벗어난 행동이 상대적으로 낮았음을 발견하였다(치료사 그룹에서 23%와 교사 그룹에서 24.8%). 행동주의적으로 훈련받지 않은 음악 교사들과 일반 교사들은 언어적 강화를 제시하는 데 시간을 훨씬 적게 할애하였는데(각각 7.6%와 7.5%), 그들의 학생들의 과제에 벗어난 행동은 각각 49.3%와 56.4%였다.

　일단 강화가 확립되면, 치료사는 새롭게 확립된 유관이 더 이상 필요하지 않을 때까지 강화의 빈도와 양을 점차적으로 감소시켜 사용한다. 이러한 유관의 효과와 점차적인 감소의 효험은 오직 계속되는 관찰과 행동의 측정으로 결정될 수 있다. 존슨과 지너(Johnson & Zinner, 1974)는 과제에 집중하는 행동을 증가시키기 위한 연구에서 이 같은 절차를 사용하였다. 페이딩과 토큰경제를 결합하여 저자는 두 명의 정신지체 청년의 반응을 측정하였다. 대상자는 자신이 착석한 시간의 단위 동안 토큰을 받았고, 연구자는 그 시간 단위 동안 말하는 것을 금지하였다. 이 토큰은 음악 감상이나 피아노 연주의 시간과 바꿀 수가 있었다. 더 이상의 토큰을 얻는 것이 불가능해질 때까지 토큰을 받을 수 있는 기준이 점차적으로 높아졌다. 저자는 이 프로그램이 실시되었을 때 학생의 과제 집중 행동이 증가되었고, 보상을 위한 기준이 증가되고 더 이상의 보상이 제공되지 않았을 때도 이런 수준이 유지되었다는 것을 발견하였다. 임상가로서 음악치료사는 치료 상황에서 습득된 새로운 기술과 행동이 일반화되어 치료 밖에서도 이러한 행동이 유지되도록 신경 써야 한다. 존슨과 지너는 인위적인 강화의 형태를 사용하는 것보다 자연적 강화를 사용하는 것이 중요하다고 언급하였고 이것이 치료 과정의 필수적이며 본질적인 측면이라고 강조하였다.

　중증장애를 가진 클라이언트의 성공 확률을 증가시키기 위한 음악과 사회적 승인을 조합한 연구가 있다. 이러한 조합은 정신지체 아동에게 지시 따르기를 가르친 도로(Dorow, 1980)의 연구에서 효과적으로 드러난다. 음악은 사회적 승인과 비교했을 때 더욱 효과적인 것으로 밝혀졌다. 실리먼과 프렌치(Silliman & French, 1993)는 정신지체 청소년의 축구공 차기에서 유관적 음악 대 유관적 언어 승인을 사용하였다. 그 결과 음악이 승인 혼자, 혹은 음악/승인 결합의 조건보다 효과적이었다는 것을 발견하였다.

프리맥 원칙은 적게 발생하는 행동을 강화하기 위해 자주 발생하는 자극을 사용하는 것이다. 이 기법의 중요성은 강화로 사용되는 행동이 이미 자주 일어난다는 데 있다. 토킹턴과 홀(Talkington & Hall, 1970)은 언어 능력이 낮은 21명의 정신지체자를 가르치는 데 이 원칙을 사용하였다. 세 그룹으로 나누어진 대상자들은 200개의 아이템을 포함한 단어 리스트에서 발췌된 단어들을 반복하도록 요구받았고 정확하게 반복된 단어들의 총 합계가 계산되었다. 첫 번째 그룹은 그들이 맞춘 단어의 수가 그 전 세션에서 맞춘 수보다 많을 경우 그들이 가장 좋아하는 음악 활동에 5분간 참여할 수 있었다. 두 번째 그룹은 그들이 제일 낮게 선호하는 음악 활동에 5분간 참여할 수 있었다. 세 번째 그룹은 통제 그룹으로 음악 활동에 참가하지 않았다. 자신이 가장 선호하는 음악 활동에 참여한 그룹이 다른 두 그룹보다 더 많은 올바른 답을 유의미하게 말할 수 있었다. 음악 참여는 아주 바람직하며 효과적인 프리맥 활동이다. 카로시오, 래텀, 카로시오(Carroccio, Lathom, & Carroccio, 1976)는 기관에 수용된 정신병 환자들의 편집증적 의식 절차(rituals)에 관여하지 않는 시간을 증가시키는 데 유관적 기타 연주가 도움이 된다는 것을 발견하였다.

일반적 강화는 일차적이거나 이차적 종류 외의 강화를 제공하는 것이다. 그 예로 점수/토큰 시스템을 들 수 있는데, 이것은 그 자체로는 가치가 없지만 클라이언트가 활동과 같은 다른 것을 경험할 수 있도록 한다. 딜레오(Dileo, 1975)는 음악적 그리고 비음악적 보상을 전제로 한 토큰경제의 활용이 기관에 수용된 클라이언트의 행동에 미치는 영향을 연구하였다. 딜레오는 또한 반응-비(response-cost)라는 기법을 사용하였는데, 이것은 바람직하지 않은 행동을 했을 경우 토큰을 제거하는 방법이다. 카이 자승 분석 결과, 문제 행동이 토큰경제와 반응-비로 인해 심각하게 감소되었다. 그러나 클라이언트가 어떤 보상을 가장 자주 선택했는지에 대한 데이터는 보고되지 않았다.

잘츠버그와 그린왈드(Salzberg & Greenwald, 1977)는 정상적인 발달을 하고 있는 일련의 7학년 학생들에게 반응-비 없는 토큰경제를 사용하였다. 이 연구에서, 각 학생은 수업에 잘 참여하고 시간을 엄수하였을 때 토큰을 받았다. 학교 파티에 초대받는 것이 유일한 보상이었다. 데이터는 과제 행동과 시간 엄수에서 놀라운 향상이 있었음을 보여 주었다. 저자들은 토큰경제가 음악치료사가 다양한 수준의 기능을 가진 여러 클라이언트들과 좀 더 쉽게 작업할 수 있도록 돕는 훌륭한 도구라고 언급하였다.

아이젠슈타인(1974)은 일련의 3학년 학생들의 읽기 능력을 향상시키기 위하여 유관으로서의 음악을 토큰경제 시스템과 연합하였다. 대상자는 플래시 카드나 책에서 제시된 것을 올바르게 읽었을 때 개인 기타 교습과 바꿀 수 있는 점수를 얻게 되었다. 그 결과 유관을 받은 학생들이 유의미하게 더 올바른 읽기 반응을 보였다.

계약 맺기는 강화를 위한 유관을 기록된 형식으로 남기는 것이다. 계약 그 자체는 클라이언트와 치료사가 질문에 대답할 때 혹은 불확실성을 배제하기 원할 때 참고할 수 있는 영원한 기록이 된다. 이것은 특히 상세한 내용에 대해 질문함으로 치료적 상황을 조정하는 클라이언트에게 효과적이다. 만져서 실체를 알 수 있는 것, 활동 그리고 일반화된 강화제가 계약서에 보편적으로 사용되며 사회적 강화제는 거의 사용되지 않는다. 만약 목적이 환경에서 자연적으로 발생하는 강화를 통해 행동을 관리하는 것이었다면, 치료사는 사회적 강화를 계약한 보상으로 연결시킬 수 있다. 궁극적으로 계약뿐 아니라 계약된 유관은 불필요하게 된다.

그룹 유관은 클라이언트의 행동을 관리하는 데 강력한 수단이 될 수 있다. 동료 압력은 인간의 삶, 특히 청소년에게 중요한 역할을 하며 따라서 치료는 보편적 이익을 추구하는 압력을 강조해야 한다. 이 기법의 고전적 예시로 핸서(Hanser, 1974)는 정서장애가 있는 세 명의 소년 그룹에서 그들의 파괴적인 교실 행동을 감소시키기 위해 유관적 그룹 음악 감상을 성공적으로 사용하였다. 실험에서 이 소년들은 만약 그중 한 명이라도 문제행동을 할 경우, 적절한 행동이 15초간 유지될 때까지 음악이 중지될 것이라는 지시를 받았다. 여러 단계를 거쳐 부적절한 신체적 행동들이 90%에서 13%로 감소되었고 부적절한 언어적 행동들은 82%에서 7%로 감소되었다. 비슷한 연구에서 맥카티 등 (McCarty et al., 1978)은 행동장애 학생들의 버스 승차 시의 부적절한 행동을 감소시키기 위해 유관적 음악을 사용하였다.

부적 강화는 특정 반응의 재발생 확률을 증가시키는 행동이 뒤따를 때 혐오 자극을 유관적으로 제거하는 것이다. 이것의 예는 섭식장애를 가진 한 청소년에게, '질(Jill), 당신은 음식을 모두 먹기 전까지는 병실에 머물러 있어야만 해요.'라고 지시하는 것이다. 혐오 자극(텔레비전, 음악, 책 같은 오락 자극이 전혀 없는 방에서 머무는 것)은 그녀가 처방된 양의 음식을 먹었을 때 제거될 것이다. 섭식 행동은 증가될 것이고 그녀는 병실을 떠날 수 있게 될 것이며, 이러한 행동은 다음날 더욱 향상될 것이다. 그러므로 만약 다른 사람들이 매우 선호하는 음악 활동에 참여한다면, 그녀 또한 그들과 함께 있을 수 있게 될 것이다.

세상에는 일관적이고 유관적인 강화 스케줄이 부족하기 때문에, 클라이언트의 행동의 결과로 자연적으로 발생하는 강화제에 반응하도록 그들을 체계적으로 가르치는 것이 중요하다. 비록 클라이언트는 완수된 과제에 대해 칭찬과 더불어 문제 해결을 위한 보상으로 토큰을 사용할 수 있지만, 결국 그는 문제를 해결하는 것 자체가 강화가 되거나 문제가 해결되어야 치료가 종결되기 때문에, 그 문제를 해결해야만 한다. 클라이언트 행동에서 기인한 자연적인 부산물로 구성된 강화제는 인위적 강화제보다 더 효과적이고 오래 지속된다.

행동을 완화시키는 조작적 기법에는 변별 강화, 소거, 바람직한 자극의 제거, 혐오 자극의 제시, 과잉 수정(overcorrection) 등이 있다. 사회적 기준에 따라 행동이 부적절하다고 판단될 때, 이런 문제에 대한 고전적인 해결 방식은 벌하는 것이다. 벌은 재빠르고 쉽게 실행할 수 있는 것으로 그 효과가 즉각적으로 나타난다. 그러나 좀 더 바람직한 다른 기법이 행동을 완화시키는 데

인지-행동 기법은 훌륭한 치료 해결책이고, 클라이언트의 고통을 격감시키는 데 매우 효과적이며, 문제가 단시간에 해결되어 치료비용을 절약할 수 있기 때문에 매우 효율적이다. 매우 성공적인 결과를 기록한 연구를 살펴보면, 인지-행동주의적 접근방식이 공포증과 강박적인 행동, 섭식장애, 성장애, 외상후 스트레스 장애와 같은 불안장애를 위한 치료로 선택되었음을 알수 있다(Cottraux et al., 2000; Nathan & Gorman, 2002; Turk, Fresco, & Heimberg, 1999). 또한 우울증과 자살 충동 치료를 위하여 널리 사용된다(Hendricks, 2001). 음악이 점진적 이완 기법(Scheufele, 2000)과 인지 행동적 그룹 중재(Hendricks, 2001)에 첨가되었을 때 치료적 이익이 증가하였다고 보고되었다.

음악치료 문헌에서의 인지-행동주의 연구는 위에서 언급된 기법을 적용하였다. 노인을 위한 음악치료에서, 아시다(Ashida, 2000)는 익숙한 음악을 노인성 치매 환자들의 과거 회상의 신호인 **행동 활성제**(behavior activator)로서 사용하였고, 그 결과 우울 요인이 감소되었다. 이런 환자들은 치료사와 기꺼이 상호작용을 할 수 없기 때문에 노인성 치매 환자의 우울증은 치료하기 어려운 만성적 문제다. 유사하게 헨드릭스(Hendricks, 2001)는 청소년의 우울 증상을 감소시키기 위하여 인지 행동주의 음악치료를 사용하였고, 그 결과 인지 행동주의 음악치료 그룹이 인지 행동주의 치료만을 시행한 그룹보다 더 효율적이었다고 결론을 내렸다. 그는 음악이 청소년의 인생의 필수적인 부분이기 때문에 그들이 음악치료 접근에 반응하였다고 추측하였다.

의료 분야에서, 프레스너 등(Presner et al., 2001)은 좌멸(挫搣, debridement) 조직제거를 받는 화상 환자를 위한 연속적인 음악치료 중재가 그들의 지각된 통증을 유의미하게 감소시켰음을 증명하였다. 치료는 **점진적 이완** 후 선호하는 음악을 감상하고 **심상**을 떠올리게 함으로써 관심의 초점을 혐오적인 의료 절차로부터 옮기는 것으로 진행되었다. 레일리(Reily, 2000)는 백내장 수술 환자들을 위해 음악을 사용하여 혈압과 혈청 코르티솔(cortisol) 레벨을 낮추었다. 라스웰(Lasswell, 2001)은 폭행 피해자 쉼터에서 거주하는 피학

대 여성의 수면의 질을 향상시키기 위하여 음악이 첨가된 이완 기법을 사용하였다. 쉼터에 머무는 사람들에게 스트레스로 인한 불면은 일반적인 문제로, 이것은 그들의 위기를 해결할 수 있게 하는 데 큰 어려움을 초래한다.

음악이 첨가된 이완은 치료를 까다롭게 하여 장기간의 건강 문제를 유발시키는 스트레스를 격감시키기 위하여 의료적 세팅이나 위기 세팅에서 일반적으로 사용된다. 힐리아드(Hilliard, 2001)는 섭식장애를 가진 청소년들과의 상담에서 인지-행동주의적 절차를 사용하였다. 여기서 사용된 기법은 토해 내고 싶은 강박 충동을 유발하는 스트레스를 감소시키기 위한 점진적 이완과 클라이언트가 스스로 뚱뚱하다고 지각하게 하는 인지적 왜곡을 수정하기 위한 인지 재구조다. 커르, 월쉬 그리고 마셜(Kerr, Walsh, & Marshall, 2001)은 음악을 인지 재구성 중재와 연합하여 사용하였는데, 연구 결과 이 치료가 인지 재구성만 시행한 치료보다 더 효과적이었다. 연구에 참여한 대상자들은 불안증을 보인 성인으로, 그들의 불안이 유의미하게 감소되고 정서 수정이 증가되었으며, 심상의 선명성이 증가되었다.

약물중독 치료 분야에서, 존스(Jones, 1998)는 노래 작곡과 가사 분석을 사용한 음악치료 중재가 약물 의존 클라이언트에게 정서적 변화를 유의미하게 불러일으켰다고 보고하였다. 그들의 퇴원 설문지에서, 클라이언트는 음악치료가 그들의 치료 과정의 중요한 부분이었다고 언급하였다. 드베다우트(DeBedout, 1994)는 음악 활동 및 주제가 있는 토론이 법적으로 구류된 가치 정화 이슈를 가진 비행 청소년에게 도움이 되었다고 설명하였다. 이런 음악 활동은 긍정적 가치 진술을 유의미하게 향상시켰다. 제임스(James, 1988)는 노래 가사 분석이 가치 정화에 도움이 되었고, 약물 의존 때문에 재활 치료를 받고 있는 청소년들의 지각된 조절 능력을 향상시켰다고 보고하였다.

인지 행동주의 음악치료에 기초한 임상 프로그램은 교사의 심신소진 증상을 완화시키고(Cheek, Bradley, Parr, & Lan, 2003), 외상에서 생존한 자들을 돕기 위하여 사용되어 왔다. 슬라토로프(Slatoroff, 1994)는 단호함과 분노 조절을 가르치기 위한 드럼 즉흥연주 기법을 사용하였다. 이 같은 인지 행동주의적 접근방식은 성폭행, 자연재해, 폭력, 어린 시절의 학대, 가정폭력의 피해자인 성인과 청소년을 위한 외상을 상쇄시키기 위하여 설계되었다.

행동주의 음악치료 연구 동향

음악치료사가 참고할 수 있는 수많은 연구와 더불어 위에서 언급한 기법과 각 장에서 소개된 연구는 행동주의적 접근법의 효율성에 대한 강력한 기반을 제공한다. 행동주의 모델의 임상적 사용이 응용 연구의 필요성을 계속적으로 자극하기 때문에, 음악치료사는 특정한 방법뿐 아니라 음악치료 전체의 가능성을 보여 주기 위한 자료를 개발해야 할 것이다.

결 론

행동주의는 우리의 문화에 걸쳐 폭넓게 수용되어 온 심리학의 한 분야다. 행동주의적 실행의 출현은 모든 수준에서의 교육과 건강 시스템에 주목할 만한 영향을 끼쳤다. 과학적으로 응용 행동 분석은 치료 연구의 양적이며 질적인 측면에서 눈부신 성장을 자극하였다. 이러한 급격히 성장한 연구 결과로 인해 실제 환자의 처치를 위해 명확하게 설명되고 재현이 가능한 방법이 임상 전문가들에게 제시되어 왔다(Wilson, 2000).

음악치료는 행동주의의 초기 출현에는 관여하지 않았다. 그러나 전문가들은 일찍부터 행동주의적 기법을 적용하였다. 한 가지 중요한 이유는 그 기법이 음악치료 패러다임에 아주 쉽고 효과적으로 어울렸기 때문이었다. 이 장에서 토의된 기법은 적절하게 사용될 때 음악치료 중재를 훨씬 향상시킬 수 있다. 클라이언트 행동은 표적화되고 관찰되며 모든 종류의 문제가 이 심리치료 형태 안에서 긍정적인 방향으로 이동될 수 있다. 또한 행동주의는 많은 음악치료 세팅에 필수적인, 인지적이고 정서적인 측면이 치료적으로 다루어지는 것을 허용한다.

소비자뿐 아니라 치료비를 지불하는 제3자 지불인의 책임과 치료적 효과에 대한 요구가 계속적으로 증가되고 있기 때문에, 치료 효과의 객관적인 증거가 더욱더 중요해진다. 많은 사람들이 늘어나는 의료비 때문에 심리치료가 제3자 지불인에 의한 증가된 면밀한 조사에 좌지우지될 것이며 아마도 의료 보험비 지불을 거부당할 심각한 시기를 맞게 될지도 모른다고 추측한다. 또한 클라이언트의 진보를 증명된 실험 및 관찰에 따라 기록하는 책임감 있는 방법을 사용하는 치료사가 활약할 것으로 예측된다.

 참고문헌

Alberto, P. A., & Troutman, A. C. (1995). *Applied behavior analysis for teachers* (4th ed.). Englewood Cliffs, NJ: Merrill.

Ashida, S. (2000). The effect of reminiscence music therapy sessions on changes in depressive symptoms in elderly persons with dementia. *Journal of Music Therapy, 37,* 170-195.

Ayllon, T., & Michael, J. (1959). The psychiatric nurse as a behavioral engineer. *Journal of the Experimental Analysis of Behavior, 2,* 323-334.

Baars, B. J. (1986). *The cognitive revolution in psychology.* New York: Guilford Press.

Bandura, A. (1969). *Principles of behavior modification.* San Francisco: Holt, Rinehart, and Winston.

Bellamy, T., & Sontag, E. (1973). Use of group contingent music to increase assembly line production rates of retarded students in simulated sheltered workshop. *Journal of Music Therapy, 10,* 125-136.

Bergin, A. E., & Garfield, S. L. (1994). *Handbook of psychotherapy and behavior change.* New York: J. Wiley.

Brownell, M. D. (2002). Musically adapted social stories to modify behaviors in students with autism: Four case studies. *Journal of Music Therapy, 39,* 117-144.

Bryant, D. R. (1987). A cognitive approach to therapy through music. *Journal of Music Therapy, 24,* 27-34.

Carroccio, D. F., Latham, S., & Carroccio, B. B. (1976). Rate-contingent guitar rental to decelerate stereotyped head/face-touching of an adult male psychiatric patient. *Behavior Therapy, 7,* 104-109.

Cheek, J. R., Bradley, L. J., Parr, G., Lan, W. (2003). Using music therapy techniques to treat teacher burnout. *Journal of Mental Health Counseling, 25,* 204-217.

Clair, A. A. (1996). *Therapeutic uses of music with older adults.* Baltimore: Health Professions Press.

Clegg, J. C. (1982). *The effect of non-contingent and contingent music on work production rate of mentally retarded adults in a work activity center.* Unpublished master's thesis, Florida State University.

Cooper, J. O., Heron, T. E., & Heward, W. L. (1987). *Applied behavior analysis.* New York: Macmillan.

Cottraux, J., Note, I,. Albuisson, E., Yao, S. N., Note, B., Mollard, E., Bonasse, F. Jalenques, I., Guerin, J., & Coudert, A. J. (2000). Cognitive behavior therapy versus supportive therapy in social phobia: A randomized controlled trial. *Psychotherapy & Psychosomatics, 69,* 137-146.

Darrow, A., Gfeller, K., Gorsuch, A., Thomas, K. (2000). Music therapy with children who are deaf and hard of hearing. In American Music Therapy Association (Ed.), *Effectiveness of music therapy procedures: Documentation of research and clinical practice.* Silver Spring, MD: American Music Therapy Association.

Davis, C. A. (1992). The effects of music and basic relaxation instruction on pain and anxiety in women undergoing in-office gynecological procedures. *Journal of Music Therapy, 29,* 202-216.

Davis, W. B., Gfeller, K. E., & Thaut, M. H. (1992). *An introduction to music therapy: Theory and practice.* Dubuque, IA: McGraw Hill.

DeBedout, J. K. (1994). *The effect of music activity versus a non-music activity on verbalization and values clarification during group counseling with juvenile offenders.* Unpublished master's thesis, Florida State University.

Dileo, C. L. (1975). The use of a token economy program with mentally retarded persons in a music therapy setting. *Journal of Music Therapy, 12,* 155-160.

Dorow, L. G. (1975). Conditioning music and approval as new reinforcers for imitative behavior with the severely retarded. *Journal of Music Therapy, 12,* 30-39.

Dorow, L. G. (1980). Generalization effects of newly conditioned reinforcers. *Journal of Music Therapy, 15,* 8-14.

Eifert, G. H., & Plaud, J. J. (1998). From behavior theory to behavior therapy: An overview. In J. J. Plaud & G. H. Eifert (Eds.), *From behavior theory to behavior therapy* (pp. 1-14). Boston: Allyn and Bacon.

Eisenstein, S. R. (1974). Effect of contingent guitar lessons on reading behavior. *Journal of Music Therapy, 11,* 138-146.

Eisenstein, S. R. (1976). A successive approximation procedure for learning music symbol names. *Journal of Music Therapy, 13,* 173-179.

Ellis, A. (1987). The use of rational humorous songs in psychotherapy. In W. F. Fry, Jr., & W. A. Salameh (Eds.), *Handbook of humor and psychotherapy* (pp. 265-285). Sarasota, FL: Professional Resource Exchange.

Ellis, A. (2003). *A garland of rational songs.* Audiotape distributed by Albert Ellis Institute. www.rebt.org

Epstein, L., Hersen, M., & Hemphill, D. (1974). Music feedback in the treatment of tension headache: An experimental case study. *Journal of Behavioral Therapy and Experimental Psychiatry, 5,* 59-63.

Etscheidt, M. A. (1989). *Parent training to reduce excessive crying associated with infant colic.* Unpublished doctoral dissertation, Georgia State University.

Falb, M. E. (1982). *The use of operant procedures to condition vasoconstriction in profoundly mentally retarded (PMR) infants.* Unpublished master's thesis, Florida State University.

Fuller, P. R. (1949). Operant conditioning of a vegetative organism. *American Journal of Psychology, 62, 587-590.*

Gaston, E. T. (1968). *Music in therapy.* New York: Macmillan.

Gfeller, K. E. (1987). Music therapy theory and practice as reflected in research literature. *Journal of Music Therapy, 24,* 178-194.

Ghetti, C. M. (2002). Comparison of the effectiveness of three music therapy conditions to modulate behavior states in students with profound disabilities: A pilot study. *Music Therapy Perspectives, 20,* 20-30.

Gilliland, E. G. (1962). Progress in music therapy. *Rehabilitation Literature, 23,* 298-306.

Gregory, D. (2002). Four decades of music therapy behavioral research designs: A content analysis of *Journal of Music Therapy* articles. *Journal Music Therapy, 39,* 56-71.

Hanser, S. B. (1974). Group-contingent music listening with emotionally disturbed boys. *Journal of Music Therapy, 11,* 220-225.

Hanser, S. B. (1983). Music therapy: A behavioral perspective. *The Behavior Therapist, 6,* 5-8.

Hanser, S. B. (1987). Stage 5: Determining music therapy strategies. In *Music therapist's handbook* (pp. 103-125). St. Louis, MO: Warren H. Green.

Hanser, S. B. (1990). A music therapy strategy for depressed older adults in the community. *Journal of Applied Gerontology, 9,* 283-298.

Hanser, S. B. (1995). Applied behavior analysis. In B. L. Wheeler (Ed.), *Music therapy research: Quantitative and qualitative perspectives* (pp. 149-164). Phoenixville, PA: Barcelona.

Hendricks, C. B. (2001). A study of the use of music therapy techniques in a group for the treatment of adolescent depression. *Dissertation Abstracts International, 62*(2-A), 472.

Hilliard, R. E. (2001). The use of cognitive-behavioral music therapy in the treatment of women with eating disorders. *Music Therapy Perspectives, 19,* 109-113.

Holliday, A. M. (1987). *Music therapy and physical therapy to habilitate physical disabilities of young children.* Unpublished master's thesis, Florida State University.

Holloway, M. S. (1980). A comparison of passive and active music reinforcement to increase preacademic and motor skills in severely retarded children and adolescents. *Journal of Music Therapy, 17,* 58-69.

James, M. (1988). Music therapy values clarification: A positive influence on perceived locus of control. *Journal of Music Therapy, 25*(4), 206-215.

Jellison, J. A., Brooks, B., & Huck, A. (1984). Structuring small groups and music reinforcement to facilitate positive interactions and acceptance of severely handicapped students in the regular music classroom. *Journal of Research in Music Education, 32,* 243-264.

Johnson, J. M., & Zinner, C. C. (1974). Stimulus fading and schedule learning in generalizing and maintaining behaviors. *Journal of Music Therapy, 11,* 84-86.

Jones, J. D. (1998). *A comparison of songwriting and lyric analysis techniques to evoke emotional change in a single session with chemically dependent clients.* Unpublished master's thesis, Florida State University.

Jorgenson, H. (1971). Effects of contingent preferred music in reducing two stereotyped behaviors of a profoundly retarded child. *Journal of Music Therapy, 8,* 139-145.

Kendelhardt, A. R. (2003). *The effect of live music on exercise duration, negative verbalizations, and self-perception of pain, anxiety, and rehabilitation levels of physical therapy patients.* Unpublished master's thesis, Florida State University.

Kerr, T., Walsh, J., & Marshall, A. (2001). Emotional change processes in music-assisted reframing. *Journal of Music Therapy, 38,* 193-211.

Krasner, L., & Ullman, L. P. (1965). *Research in behavior modification: New developments and implications.* New York: Holt, Rinehart, and Winston.

Lasswell, A. R. (2001). *The effects of music assisted relaxation on the relaxation, sleep quality, and daytime sleepiness of sheltered, abused women.* Unpublished master's thesis, Florida State University.

Levenson, R. L., Jr., & Acosta, J. K. (2001). Observations from Ground Zero at the World Trade Center in New York City, Part I. *International Journal of Emergency Mental Health, 3,* 241-244.

Madsen, C. K. (1999, November). *A behavioral approach to music therapy.* Founding Model Address to the General Assembly, 9th World Congress of Music Therapy, Washington, DC.

Madsen, C. K., & Alley, J. M. (1979). The effect of reinforcement on attentiveness: A comparison of behaviorally trained music therapists and other professionals with implications for competency-based academic preparation. *Journal of Music Therapy, 16,* 70-82.

Madsen, C. K., & Forsythe, J. L. (1973). Effect of contingent music listening on increases in mathematical response. *Journal of Research in Music Education, 21,* 176-181.

Madsen, C. K., & Geringer, J. (1976). Choice of televised music lessons versus free play in relationship to academic improvement. *Journal of Music Therapy, 13,* 154-162.

Madsen, C. K., & Madsen, C. H. (1968). Music as a behavior modification technique with a juvenile delinquent. *Journal of Music Therapy, 3,* 72-76.

Madsen, C. H., & Madsen, C. K. (1983). *Teaching/Discipline: A positive approach for educational development* (3rd ed.). Raleigh, NC: Contemporary.

Madsen, C. K., & Madsen, C. H. (1998). *Teaching/Discipline: A positive approach for educational development* (4th ed.). Raleigh, NC: Contemporary.

Mandel, S. E. (1996). Music for wellness: Music therapy for stress management in a rehabilitation program. *Music Therapy Perspectives, 14,* 38-43.

Masters, J. C., Burish, T. G., Hollon, S. D., & Rimm, D. C. (1987). *Behavior therapy: Techniques and empirical findings* (3rd ed.). San Diego, CA: Harcourt Brace Jovanovich.

Maultsby, M. C. (1977). Combining music therapy and rational behavior therapy. *Journal of Music Therapy, 14,* 89-97.

McCarthy, K. M. (1992). Stress management in the health care field: A pilot program for staff in a nursing home unit for patients with Alzheimer's disease. *Music Therapy Perspectives, 10,* 110-113.

McCarty, B. C., McElfresh, C. T,. Rice, S. V., & Wilson, S. J. (1978). The effect of contingent background music on inappropriate bus behavior. *Journal of Music Therapy, 15,* 150-156.

Miller, D. M., Dorow, L., & Greer, R. D. (1974). The contingent use of music and art for improving arithmetic scores. *Journal of Music Therapy, 11,* 57-64.

Moore, R., & Mathenius, L. (1987). The effects of modeling, reinforcement, and tempo on imitative rhythmic response of moderately retarded adolescents. *Journal of Music Therapy, 24,* 160-169.

Nathan, P. E. (Ed.), & Gorman, J. M. (2002). *A guide to treatments that work* (2nd ed.). New York: Oxford University Press.

peterson, A. L., Nicolas, M. G., McGraw, K., Englert, D., & Blackman, L. R. (2002). Psychological intervention with mortuary workers after the September 11 attack: The Dover Behavioral Health Consultant Model. *Military Medicine, 167,* 83-86.

Presner, J., Fratianne, R., Yowler, C., Standley, J., Steele, L., & Smith, L. (2001). The effect of music based imagery and musical alternate engagement on the burn debridement process. *Journal of Burn Care and Rehabilitation, 22,* 47-53.

Presti, G. M. (1984). A levels system approach to music therapy with severely behaviorally handicapped children in the public school system. *Journal of Music Therapy, 21,* 117-125.

Reilly, M. P. (2000). Music, a cognitive behavioral intervention for anxiety and acute pain control in the elderly cataract patient. *Dissertation Abstracts International, 60*(7-B), 3195.

Rider, M. S., Floyd, J. W., & Kirkpatrick, J. (1985). The effect of music, imagery, relaxation on adrenal corticosteroids and the re-entrainment of circadian rhythms. *Journal of Music Therapy, 22,* 46-58.

Robb, S. L. (2000). The effect of therapeutic music interventions on the behavior of hospitalized children in isolation: Developing a contextual support model of music therapy. *Journal of Music Therapy, 37,* 118-146.

Robb, S. L., Nichols, R. J., Rutan, R. L., Bishop, B. L., & Parker, J. C. (1995). The effects of music assisted relaxation on preoperative anxiety. *Journal of Music Therapy, 17,* 2-15.

Roberts, P. (2002). *The effect of contingent music with physical therapy in children who toe-walk.* Unpublished master's thesis, Florida State University.

Rowan, A. B. (2002). Air Force Critical Incident Stress Management Outreach with Pentagon staff after the terrorist attack. *Military Medicine, 197,* 33-35.

Salzberg, R. S., & Greenwald, M. A. (1977). Effects of a token system of attentiveness and punctuality in two string instrument classes. *Journal of Music Therapy, 14,* 27-38.

Saperston, B. M., Chan, R., Morphew, C., & Carsrud, K. B. (1980). Music listening versus juice as a reinforcement for learning in profoundly mentally retarded individuals. *Journal of Music Therapy, 17,* 174-183.

Scartelli, J. P. (1984). The effect of EMG biofeedback and sedative music, EMG biofeedback only, and sedative music only on frontalis muscle relaxation ability. *Journal of Music Therapy, 21,* 67-78.

Scheufele, P. M. (2000). Effects of progressive relaxation and classical music on measurements of attention, relaxation, and stress responses. *Journal of Behavioral Medicine, 23,* 207-228.

Scovel, M. A. (1990). Music therapy within the context of psychotherapeutic models. In R. F. Unkefer (Ed.), *Music therapy in the treatment of adults with mental disorders* (pp. 96-108). New York: Schirmer Books.

Scruggs, S. D. (1991). *The effects of structured music activities versus contingent music listening with verbal prompt on wandering behavior and cognition in geriatric patients with Alzheimer's disease.* Unpublished master's thesis, Florida State University.

Sears, W. W. (1968). Processes in music therapy. In E. T. Gaston (Ed.), *Music in therapy* (pp. 30-44). New York: Macmillan.

Selm, M. E. (1991). Chronic pain: Three issues in treatment and implications for music therapy. *Music Therapy Perspectives, 9,* 91-97.

Silliman, L. M., & French, R. (1993). Use of selected reinforcers to improve the ball kicking of youths with profound mental retardation. *Adapted Physical Activity Quarterly, 10,* 52-69.

Skinner, B. F. (1948). *Walden two.* London: Macmillan.

Skinner, B. F. (1953). *Science and human behavior.* New York: Macmillan.

Slateroff, C. (1994). Drumming technique for assertiveness and anger management in the short-term psychiatric setting for adult and adolescent survivors of trauma. *Music Therapy Perspectives, 12*(1), 111-116.

Standley, J. M. (1996). A meta-analysis on the effects of music as reinforcement for education/therapy objectives. *Journal of Research in Music Education, 44,* 105-133.

Standley, J. M. (1998). The effect of music and multimodal stimulation on physiologic and developmental responses of premature infants in neonatal intensive care. *Pediatric Nursing, 21,* 532-539.

Standley, J. M. (2003). The effect of music-reinforced non-nutritive sucking on feeding rate of premature infants. *Journal of Pediatric Nursing, 18,* 169-173.

Steele, A. L. (1971). Contingent socio-music listening periods in a preschool setting. *Journal of Music Therapy, 8,* 131-139.

Steele, A. L. (1977). The application of behavioral research techniques to community music therapy. *Journal of Music Therapy, 14,* 102-115.

Talkington, L. W., & Hall, S. M. (1970). A musical application of Premack's hypothesis to low verbal retardates. *Journal of Music Therapy, 7,* 95-99.

Thaut, M. H. (1989). Music therapy, affect modification, and therapeutic change: Towards an integrative model. *Music Therapy Perspectives, 7,* 55-62.

Turk, C. L., Fresco, D. M., & Heimberg, R. G. (1999). Cognitive behavior therapy. In M. Hersen & A. S. Bellack (Eds.), *Handbook of comparative interventions for adult disorders* (2nd ed., pp. 287-316). New York: John Wiley & Sons.

Ullman, L. P., & Krasner, L. (1965). Case studies in behavior modification. New York: Holt, Rinehart, and Winston.

Walker, J. B. (1972). The use of music as an aid in developing functional speech in the institutionalized mentally retarded. *Journal of Music Therapy, 9,* 1-12.

Wheeler, B. (1981). The relationship between music therapy and theories of psychotherapy. *Music Therapy, 1,* 9-16.

Wilson, G. T. (2000). Behavior therapy. In R. J. Corsini & D. Wedding (Eds.), *Current psychotherapies* (6th ed., pp. 205-240). Itasca, IL: F. E. Peacock.

Wolfe, D. E. (1980). The effect of automated interrupted music on head posturing of cerebral palsied individuals. *Journal of Music Therapy, 17,* 184-206.

Wolfe, D. E., & Horn, C. (1993). Use of melodies as structural prompts for learning and retention of sequential verbal information by preschool clients. *Journal of Music Therapy, 30,* 100-118.

Yarbrough, C., Charboneau, M., & Wapnick, J. (1977). Music as reinforcement for correct math and attending in ability assigned math classes. *Journal of Music Therapy, 14,* 77-88.

추천도서

Ayllon, T., & Azrin, N. H. (1968). *The token economy: A motivational system for therapy and rehabilitation.* New York: Appleton.

Eidson, C. E. (1989). The effect of behavioral music therapy on the generalization of interpersonal skills from sessions to the classroom by emotionally handicapped middle school clients. *Journal of Music Therapy, 26,* 206-221.

Harding, C., & Ballard, K. D. (1982). The effectiveness of music as a stimulus and as a contingent reward in promoting the spontaneous speech of three physically handicapped preschoolers. *Journal of Music Therapy, 19,* 86-101.

Hauck, L. P., & Martin, P. L. (1970). Music as a reinforcer in patient-controlled duration of timeout. *Journal of Music Therapy, 7,* 43-53.

James, M. R. (1986). Verbal reinforcement and self-monitoring inclinations. *Journal of Music Therapy, 23,* 182-193.

Jorgenson, H. (1974). The use of a contingent music activity to modify behaviors, which interfere with learning. *Journal of Music Therapy, 11,* 41-46.

Madsen, C. K. (2003). *A behavioral approach to music therapy.* Retrieved September 16, 2003, from http://www.ejournal.unam.ms/clinvedmus/vol01_02/CEM02102.pdf

Madsen, C. K., Cotter, V., & Madsen, C. H., Jr. (1968). A behavioral approach to music therapy. *Journal of Music Therapy, 5,* 70-75.

McClure, J. T. (1986). Reduction of hand mouthing by a boy with profound mental retardation. *Mental Retardation, 24,* 219-222.

Reid, D. H., Hill, B. K., Rawers, R. J., & Montegar, C. A. (1975). The use of contingent music in teaching social skills to a nonverbal, hyperactive boy. *Journal of Music Therapy, 12,* 2-18.

Silverman, S. H., & Miller, F. D. (1971). The use of the Premack Principle and a buddy system in a normal eighth grade class. *SALT, 4,* 14-19.

Wilson, C. V. (1976). The use of rock music as a reward in behavior therapy with children. *Journal of Music Therapy, 13,* 39-48.

제 9 장

음악치료 웰니스

음악치료 웰니스

Claire Mathern Ghetti
Mika Hama
Jennifer Woolrich
Alicia Ann Clair 감수

서 론

웰니스(wellness) 치료는 가능한 한 다방면의 개인 생활양식을 다룸으로써 개인의 건강 상태를 성취하고 유지시키는 데 초점을 둔다. 몇 가지 정의는 웰니스 모델의 광범위함을 명료화시킨다. 에버솔과 헤스(Ebersole & Hess, 1981)는 정서적, 사회적, 문화적, 신체적 환경 자극 사이에서 내적이고 외적인 균형을 찾음으로써 항상성을 창조하는 것으로 웰니스를 정의한다. 이러한 전체의 균형은 다음과 같은 웰니스 분야 간의 상호작용으로 형성된다.

(1) 자기-책임감
(2) 영양에 대한 지각
(3) 신체적 건강

(4) 스트레스 조절

(5) 환경적 민감성(Travis, 1977)

이러한 웰니스 분야는 다양한 웰니스 프로그램을 위한 중심적인 골격을 형성하여 왔다. 정신, 신체, 영혼의 건강의 중요성을 강조한 웰니스 선구자들 중의 한 사람인 던(Dunn, 1959)은 사람이 기능하고 있는 환경 속에서 자신의 잠재력을 극대화하기 위해 세워진 방법론적 접근법으로서 웰니스를 설명하였다. 또한 웰니스는 건강 유지와 질병 예방, 그리고 개인적 웰빙과 관련한 가치 판단을 향한 태도로 보일 수 있다. 이런 후자의 정의에서, 만성 질병을 가진 사람은 병의 증상을 조절함으로써 웰니스를 성취할 수 있다. 그러므로 웰니스 행동은 건강을 위한 개인의 끊임없는 추구에 영향을 끼치며 질병에 긍정적인 영향을 미칠 수 있다(Benson & McDevit, 1989).

웰니스 모델은 모든 연령의 집단에게 중요한 의미를 가진다. 노인의 전체적 건강에 초점을 두면, 이것은 삶의 질을 향상시키고 만성적 스트레스와 관련된 질병의 영향력을 예방하거나 감소시키며, 개인의 삶에 침입하는 의료절차들을 동반하는 입원 치료의 횟수를 감소시킨다. 마찬가지로 중년의 성인들을 위해 높은 스트레스 생활양식을 웰니스에 기반을 둔 생활양식으로 변화시키는 것은 스트레스와 관련되거나 스트레스를 유발시키는 상황을 예방하거나 지연시키는 데 도움이 된다. 상식적으로 건강한 생활양식을 빨리 시작한 사람일수록 그 유익함은 더할 것이다. 영양, 운동, 이완, 스트레스 조절에 대해 교육받은 아동은 건강 문제를 예방할 수 있을 것이다. 웰니스 모델은 통합하여 전체의 건강을 가져다주는 몇 가지 생활양식 요소로 구성되어 있다. 음악치료는 전체의 건강을 촉진시키기 위해 다양한 대상 집단에게 사용되는 하나의 효과적이면서 동기를 유발시키는 접근방식이 될 수 있다.

이 장은 웰니스 역사를 탐구하고, 사회의 다양한 분야에서의 웰니스 상태를 제시하며, 음악치료가 웰니스 운동에 중요한 역할을 하는 방식을 제시하고자 한다. 또한 미래의 웰니스에 사용될 수 있는 음악치료 방법을 소개한다.

웰니스 프로그램의 역사

1970년대 이전, 서구 의학의 역할은 오직 질병의 치료법을 찾는 데 제한되었다. 이러한 태도는 1970년대 말 사람들이 질병을 회피하거나 감소시키려면 예방하는 노력이 중요하다는 것을 깨달으면서 변화되었다. 1979년 미국 병원연합이 제창한 정책 성명서의 결과로, 병원들은 웰니스 프로그램을 개발하기 시작하였다. 웰니스 프로그램에 참여할 기회를 갖게 되면서, 사람들은 점차적으로 많은 질병들이 단순히 생활양식을 변화함으로써 예방될 수 있다는 것을 깨닫게 되었다(Gutt, 1996).

거트(Gutt, 1996)는 웰니스 운동의 급격한 성장에 기여하였던 몇 가지 요소를 살펴보았다. 기술이 발전함에 따라 건강 유지를 위한 비용도 증가되었으며, 이는 많은 사람들이 비용이 많이 드는 질병 치료를 피하기 위하여 건강을 유지하도록 하는 좀 더 저렴한 방식을 찾도록 하였다. 이러한 경제학에 기반을 둔 제한은 특별히 소수민족들에게 적용되었다. 신체적 건강은 대중적인 여가 활동이 되었고, 많은 사람들이 그들의 생활양식을 다시 평가하도록 하였다. 또한 생태학자는 인간의 건강에 영향을 끼치는 환경적 요소에 대한 염려를 제기하였고 변화를 위한 필요를 깨달았다. 이렇게 전개됨에 따라 의학 연구는 웰니스의 영향력과 건강에서의 생활양식의 변화를 연구하는 데 그 초점을 맞추게 된다.

웰니스 운동 이전, 건강은 질병의 결핍으로 측정되었고 오직 신체적 상태만이 주요한 초점이 되었다. 만약 한 개인이 신체적으로 병이 없다면 그는 건강한 것으로 여겨졌다. 건강은 단순히 병의 부재였다. 에들린과 골란티(Edlin & Golanty, 1992)는 건강을 '5D'라는 용어를 사용하여 설명하였다. 그들에 따르면, 질병은 죽음(death), 병(disease), 불편(discomfort), 장애(disability), 불만족(dissatisfaction)에 초점을 맞춘다. 사람들은 어떤 병에 걸리면 의료적 설명을 제공하며 그들의 증상을 치료하는 의사에게 의존한다. 웰니스 운동 이

전에, 인간은 자신의 건강을 책임질 수 있다는 것을 알지 못하였다. 환자는 건강을 회복시키기 위하여 모든 책임을 그들의 의사에게 떠넘기는 데 만족하였고 의문 없이 의사의 지시에 따르고자 하였다. 건강은 오직 유식한 의사만이 접근할 수 있는 것이었고, 따라서 건강은 의료 세계에서나 가져오는 그 어떤 것이었다(Edlin & Golanty, 1992).

많은 사람들은 아직도 건강을 신체적 질병의 부재로 여기고 있지만, 과거 20년 전 이래로 건강의 신체적, 정신적, 사회적, 영적인 부분을 고려하는 전체론적인 관점이 부각되기 시작하였다. 이러한 전체론적인 관점은 모든 다양한 요소는 서로 연결되며 한 개인의 웰빙에 영향을 끼친다고 가정한다. 이러한 전체론적인 건강의 견해가 대중성을 얻음에 따라, 웰니스라는 용어가 인간의 생활양식의 모든 부분에서 출발한 개인의 신체-정신-영혼의 포괄적인 건강을 설명하기 위하여 대두되었다. 건강은 더 이상 신체적 웰빙만으로 정의되지 않는다.

노인 웰니스 프로그램 역사

노인을 위한 웰니스 프로그램을 마련하는 것은 확실히 필요한 부분이다. 노인이 웰니스를 성취할 수 있도록 하는 것이, 단순히 진단받은 병을 치료하기 위해 고안된 불완전한 건강관리 시스템으로 야기된 손해를 계속적으로 바로잡는 것보다 훨씬 비용을 절감시킨다(Benson & McDevitt, 1989). 병에 기초한 관리만으로는 대다수 노인의 생명을 연장하거나 삶의 질을 향상시키는 데 유의미한 역할을 하지 못한다. 그러므로 웰니스 프로그램들은 그들의 삶을 향상시키는 데 독특하고 중요한 역할을 한다.

의료적 처치의 다른 분야와 같이, 미국에서의 노인의 건강관리는 전통적으로 질병관리를 강조하여 왔다. 즉, 노인은 건강 증진 노력의 적절한 대상으로 여겨지지 않았다(Walker, 1991). 과거의 연구는 노화에 대한 질병 진행 과정의 영향력에 대해 탐구하였고, 점차적으로 노인의 건강 검진을 회피하였다.

(1) 운동에 대한 동기와 순응을 증가시킨다.

(2) 동료와의 의미 있는 상호작용을 위한 기회들을 제공하고 고립을 감소시킨다.

(3) 감정의 표현을 위한 출구를 제공하고 그에 따른 불안과 스트레스를 감소시킨다.

(4) 능동적인 인지 기능을 자극할 수 있다.

음악치료 웰니스 프로그램이 일반적인 웰니스 토론 그룹보다 더욱 매력적일 수 있기 때문에, 음악치료는 장기적인 웰니스 생활양식 변화를 고착시키고 이를 증가시킬 수 있는 잠재력을 가진다.

기업체 웰니스 프로그램 철학

직무에 관련된 웰니스 프로그램은 고용인에게 건강의 중요성을 깨닫도록 하는 기회를 제공하기 위하여 기업체들이 설립하거나 승인하였다(Benzold, Carlson, & Peck, 1986; Glasgow & Terborg, 1988). 건강에 대한 자기-자각과 자기-책임감은 총체적인 건강을 향상시키기 위하여 인간이 자신들의 행동과 생활양식에서 긍정적으로 변화하도록 인도한다(Anspaugh et al., 1995; Benzold et al., 1986). 총체적인 건강한 생활양식 내에서 건강한 행동을 연습하는 것은 질병, 장애, 상해의 효과를 예방하거나 감소시킬 것이다(Pender, Walker, Sechrist, & Frank-Stromborg, 1990). 이러한 웰니스 노력에 따라 고용인은 그들의 건강을 향상시키고, 의료비를 적게 청구하게 되며, 생산성 수준을 유지하고 장기결근을 감소시키게 된다. 궁극적으로 웰니스 노력은 건강보험 비용을 감소시키기 때문에, 이러한 프로그램을 실행하는 회사의 전체적인 이윤이 증가되는 결과를 낳는다. 고용인이 웰니스 프로그램을 위해 모이고 그 노력을 유지하며 지속적으로 생활양식을 변화시키도록 유도한 고용자는 결국 더 많은 경제적 보상을 받게 될 것이다. 근무 시간 동안 짧은 시간을 위해 계획된 음악치료 웰니스 프로그램은 귀중한 여가 시간을 희생하지 않으면서도 웰니스 운동을 완수하고 스트레스를 조절하기 위한 신선하고 즐거운 방법을 제공한다. 또한 이런 적절한 프로그램은 고용인의 충실한 근무를 증가시킴으로써 궁극적으로 고용자를 위한 좀 더 지속적인 이윤과 높은 비용-효율성을 가능하게 한다. 기업 세팅에서의 음악치료 웰니스 노력은 스트레스 조절과 이완, 건강에 대한 자기-책임감, 운동과 같은 기업체 고용인의 요구에 가장 잘 부합되는 분야를 다룬다.

학교 웰니스 프로그램의 철학

학교에서 웰니스 프로그램을 발전시키는 이유는 아동이 웰니스에 기반을 둔 생활양식을 위한 기술을 학습할 수 있는 이상적인 연령에 있다는 가정과 관련된다. 만약 웰니스 프로그램이 가능한 한 일찍 시작될 수 있다면, 아동에게 좀 더 효과적인 영향을 미치게 될 것이다. 어린 아동은 자신이 누구인지, 그리고 신체가 어떻게 성숙하는지에 대해 자주 궁금해하고, 또한 그것들에 대하여 세계와 관계된 방법을 찾으려 한다(Koss & Ketcham, 1980). 이러한 호기심 많은 단계는 아동에게 건강한 생활양식의 요소를 교육시킬 완벽한 시간이다. 좋은 습관을 교육하는 것이 나쁜 습관을 고치게 하는 것보다 훨씬 수월하다. 가능한 한 어린 나이에 웰니스가 무엇이고 어떻게 자신들의 인생에 걸쳐 이것을 유지할 수 있는지에 관해 학습해야 한다. 이러한 교육은 많은 건강하지 않은 습관이 형성되는 것을 차단할 것이다. 학교에서 웰니스를 가르침으로써, 교사들은 개인적 건강 습관과 인생에 걸쳐 유지될 수 있는 습관을 발전시키는 데 아동을 도울 기회를 갖게 된다(Koss & Ketcham, 1980).

코스와 케첨(Koss & Ketcham, 1980)에 따르면, 학교 웰니스 프로그램은 오늘날의 '질병 문화'의 사회적 기준에 대응할 필요가 있다. 평균적으로 미국 아동은 일주일에 25시간 동안 텔레비전을 시청하고 통학 버스를 타며, 고지방 음식을 섭취하고 정기적인 운동에 대한 동기가 부족하다(Sweetgall &

Neeves, 1987). 건강하지 못한 생활양식이 자리 잡기 전에, 웰니스 프로그램은 아동에게 건강한 습관을 그들의 생활양식에 연합시키기 위하여 필요한 기술과 지식을 교육할 필요가 있다. 그들이 나이 들어서 건강 문제로 고통받지 않기 위해서 아동은 건강과 관련된 결심이 자신의 인생에 영향을 미친다는 사실과 건강한 생활양식을 유지하는 것이 중요하다는 것을 깨달아야 한다.

아동을 위한 음악치료 프로그램의 철학은 학교 웰니스 프로그램의 철학에 잘 통합될 수 있다. 음악은 실제로 참여해야 하는 경험이며, 이것은 아동을 가르치는 데 필수적이다. 이러한 경험을 통하여 음악은 아동의 학습을 유발하고 자극하며 촉진시킬 수 있다. 지지적인 환경은 능동적인 음악 만들기를 통해 익숙한 음악을 첨가하거나 혹은 특정 활동을 위한 배경음악으로 사용되는 미리 녹음된 기존의 곡으로 확립될 수 있다. 음악은 활동을 구조화하기 위하여 사용되거나 신호로 사용될 수 있다.

몇몇 연구에서는 아동이 개념을 말로 구술하기보다 노래로 부름으로써 좀 더 빨리 영속적으로 개념을 학습한다고 주장한다. 노래 가사를 정보의 운반자로 사용함으로써, 아동은 학습된 웰니스 정보를 더 오랫동안 기억할 수 있다. 그러므로 이러한 건강과 관련된 개념을 그들의 생활양식에 좀 더 잘 적용할 수 있게 될 것이다. 또한 교실 세팅에서의 음악치료는 아동에게 긍정적인 사회적 상호작용, 의사소통, 협동의 가치를 교육할 수 있다. 또한 음악을 교실 웰니스 활동에 적용하는 것은 학생이 그들의 웰니스 프로그램의 과정을 계획하는 데 참여할 기회를 제공해 준다. 웰니스 기법을 촉진시키기 위해 적절한 음악을 선곡하는 방법을 학습함으로써, 아동들은 자신의 웰니스 프로그램을 구조화하고 지지할 수 있다.

웰니스 프로그램

웰니스 프로그램은 참가자가 자신들의 현재 생활양식을 사정하고, 목적과 목표를 세우며, 이러한 목적을 향해 작업해 나가기 위한 전략을 계획하고, 생활양식의 변화를 이행하는 단계를 거침에 따라 그들을 지지하고 그들에게 지침을 제공한다. 이러한 생활양식의 변화에 대한 결과의 평가는 웰니스를 위한 지속적인 조정 노력을 위해 중요하다. 웰니스 프로그램은 전 생애에 걸친 건강 유지 과정을 강조하기 때문에 참가자가 최상의 전체적인 건강을 추구함에 따라, 이러한 단계는 계속 반복되고 조정될 것이다. 웰니스의 대부분 요소는 모든 대상자에게 유익하지만, 참가자의 특징에 따라 각기 다른 요소가 각기 다른 수준으로 강조될 것이다.

노인 웰니스 프로그램

노인을 위한 웰니스 프로그램은 대부분의 일반적인 웰니스 프로그램에 있는 공통적인 요소를 포함한다. 프로그램 요소는 전형적으로 건강을 위한 자기-책임감, 영양, 운동, 스트레스 조절, 상호적 지지, 자기-실현, 영적 성장을 포함한다(Campbell & Kreidler, 1994; Fitch & Slivinske, 1988; Walker, 1991; Walker, 1992). 또한 안전을 위해 낙상, 화재 등의 예방 차원에서 집안 환경을 바꾸는 것과 마찬가지로 참가자가 건강-예방 차원의 행동에 참여하게 함으로써 개인적 안전을 수행할 수 있도록 한다. 예방 접종을 받는 것이나 안전벨트를 착용하는 행동들이 일생에 걸쳐 이미 익숙해진 것이라 할지라도 이러한 행동들을 중요시하게 한다. 또한 노인을 위한 웰니스 프로그램은 인지적 자극을 제공할 수 있다(Crowley, 1992). 상호적 지지는 사회화나 공동체 참여의식 고양을 위한 기회를 포함한다. 건강관리 요원의 규칙적인 방문은 건강 상태를 파악하기 위하여 중요하고, 정신 건강 문제의 초기 진단의 기회를 증가시킨다(Wilson et al., 1989).

노인을 위한 최근의 웰니스 프로그램은 몇 가지 유망한 결과를 제시하여 왔다. 연구에서는 노인이 건강 증진에 대한 관심이 크다는 것을 보여 주고 있다(Viverais-Dresler, Bakker, & Vance, 1995; Walker, 1991; White & Nezey,

동 프로그램, 여가 활동을 포함하는 기업체 웰니스 프로그램의 다양한 측면 속에서, 이러한 활동의 효능을 증대시키기 위하여 수행될 수 있다. 다른 대상 자를 위한 웰니스 프로그램과 마찬가지로, 기업체 웰니스 활동에서의 음악의 올바른 활용은 이 프로그램 속에서의 음악의 사용을 연장시킬 것이고, 결국 장기적으로 지속되는 결과를 가져올 것이다.

학교 웰니스 프로그램

학교에서 실시하는 웰니스 프로그램의 교과과정 내용은 광범위하고 많은 분야를 다룬다. 1984년 전국 전문가 학교 건강 교육 조직은 건강 지침의 열 가지 분야를 천명하였다. 이러한 분야의 절반은 공동체 건강, 소비자 건강, 환경적 건강, 영양적 건강, 개인적 건강과 같은 다양한 종류의 건강을 포함하였다. 가정생활, 성장 및 발전, 질병 및 장애의 예방과 조절, 안전 및 사고 예방, 약물 남용 및 학대가 나머지 다섯 분야였다(Petray & Cortese, 1988). 이러한 목록이 공표된 후 또 다른 분야들이 포괄적 웰니스 교육 프로그램의 중요한 측면으로 여겨지게 되었다. 또한 피트니스, 생활양식 선택, 개인적 책임감, 정서적 건강, 스트레스 조절이 일반적으로 웰니스 프로그램 속에 포함되었다. 전형적으로 다루어지는 다른 분야는 다음과 같다.

(1) 위험한 행동을 피하는 것
(2) 인생을 즐기는 것
(3) 유전적 특질
(4) 건강한 의사소통
(5) 또래, 가정, 공동체가 우리의 선택에 미치는 영향력
(6) 영적인 자각

음악이 웰니스 프로그램에 체계적으로 융합되어 있지는 않지만, 이것은 웰니스 프로그램의 전체적인 효율성을 증대시키는 데 훌륭한 가능성을 제시한

다. 이제까지 웰니스 프로그램 속의 음악은 어린 아동에게 건강 정보를 기억하도록 도와주기 위해 사용된 지침적 노래의 형태로 나타났다. 예를 들어, 한 프로그램은 '우리 모두 다함께 손뼉 쳐'라는 노래를 포함시켰다. 그 가사는 아동이 재채기를 할 때 휴지를 사용하고 기침을 할 때는 손으로 입을 가리도록 하는 내용의 지시구로 대체되었다. 다른 웰니스 프로그램은 아동이 적절하게 양치하는 방법을 기억나게 하는 노래나 그가 섭취해야만 하는 음식을 가르치는 노래를 포함시켰다(Bromberg et al., 1995).

또한 학교 프로그램은 스트레스 조절 지침 속에 음악을 포함시켰다. 자일스, 코간 그리고 폭스(Giles, Cogan, & Fox, 1991)는 아동의 부정적 기분을 변화시키고 학습 준비를 시키기 위해 음악 사용을 연구하였다. 이 연구는 두드러진 정서적 스트레스에서 기인한 행동 장애의 증가에서 출발하였다. 연구자들은 스트레스를 다루기 위한 도구로 음악과 미술을 사용하였고, 이는 결국 정서적 건강과 학습 환경의 향상을 이끌었다. 또한 음악과 관련된 다른 스트레스 조절 기법을 아동에게 교육할 수 있다. 음악은 호흡훈련과 점진적 근육 이완과 같은 기법을 구조화하기 위하여 사용될 수 있다.

또 음악은 웰니스 프로그램의 신체적 피트니스 측면을 향상시키는 데 사용될 수 있다. 음악치료사는 아동이 자신의 피트니스 프로그램을 개발하는 방법을 학습함에 따라 신체적 피트니스 활동을 구조화하기 위하여 음악을 어떻게 사용해야 하는지를 그들에게 가르칠 수 있다. 아동이 음악을 선택하도록 격려하는 것은 자신의 일일 운동 프로그램을 개발하고 이러한 프로그램을 스스로 수행할 수 있도록 그들에게 동기를 부여한다.

수업 세팅에서 음악치료 웰니스 프로그램은 대부분의 경우 그룹에서 행해질 수 있다. 음악 합주에서 개인의 책임감, 건강한 의사소통, 또래의 영향력, 긍정적 상호작용 같은 이슈가 다루어진다. 또한 음악치료 세션은 아동에게 긍정적인 여가 기술을 발전시키기 위한 기회를 제공한다. 이러한 생산적인 취미에 몰두하는 것은 아동이 점점 성장함에 따라 부정적 취미를 선택하도록 하는 것을 예방하고, 혹은 텔레비전 앞에서 여가 시간 모두를 써 버리는 불건전한 생활양식 속으로 빠져드는 것을 예방한다. 또한 음악적인 취미들은 감정적 출구와 규칙적인 학교수업 일과를 벗어나 신선한 휴식을 제공할 수 있다. 음악적 기술들을 발전시키는 것은 아동이 공동체에 적극적으로 관여할 수 있도록 한다.

고찰과 결론

웰니스 운동은, 폭넓은 수용으로 인한 장애물이 여전히 남아 있긴 하지만 우리 사회의 다양한 분야에서 인기를 얻어 가고 있다. 건강관리 분야에서 웰니스 운동의 발전을 저해하는 것은 웰니스 유익성의 즉시성에 대한 고민, 웰니스 서비스를 제공하는 의사에 대한 치료비 상환의 결핍(Goldman, Adamson, Raymond, & Schore, 1989), 서비스 구조에 대한 현재 요금의 제한, 웰니스 프로그램을 수행할 수 있도록 돕는 훈련받은 건강관리 전문가의 부족, 건강관리의 전통적인 패러다임을 변화시키는 것에 대한 주저함에 있다. 기업 세계에서 소기업은 포괄적인 웰니스 프로그램을 지지하는 데 어려움을 겪는다. 그래서 많은 고용인이 웰니스 프로그램의 혜택을 받지 못할 수 있다. 또한 기업의 건강 증진 프로그램은 창조성과 집단 응집력 같은 고차원의 웰빙을 간과하고, 신체적 문제와 정신적 문제의 감소에 초점을 맞추기도 한다 (Stokols et al., 1996). 학교 세팅에서의 문제점은 잘 뿌리내린 교육적 전통을 변화시키는 것에 대한 주저함, 포괄적 웰니스 프로그램을 만들기 위해 필요한 자료, 시간, 노력의 부족에서 기인한다. 비록 이러한 모든 장애물이 제거된다 할지라도 건강을 위한 개인의 자기-의지와 자기-책임감을 발전시키는 것은 힘든 일일 것이다.

건강관리 전문가, 사업체, 대상자는 건강관리에서 전체론적인 웰니스 접근 방식의 이점을 인정하기 시작하고 있다. 또한 그들은 신체, 정신, 영혼 사이의 관계와 서로에게 미치는 영향력을 이해하였다. 점점 더 많은 사람들이 자신의 건강에 대해 책임지기 시작함에 따라 좀 더 건강한 생활양식을 개발하고 건강을 유지시키는 즐거운 접근법에 관한 필요가 증대될 것이다. 음악치료는 수명을 초월하여 사람들을 위한 웰니스 생활양식을 촉진시키고 유지시키기에 적합한 다목적 웰니스 중재다.

 참고문헌

Anspaugh, D. J., Hunter, S., & Mosley, J. (1995). The economic impact of corporate wellness programs: Past and future considerations. *AAOHN Journal, 43*(4), 203-210.

Benson, E. R., & McDevitt, J. Q. (1989). Home care and the older adult: Illness care versus wellness care. *Holistic Nursing Practice, 3*(2), 30-38.

Benzold, C., Carlson, R. J., & Peck, J. C. (1986). *The future of work and health.* Dover, MA: Auburn House.

Bromberg, B., Chiu, C., Dollman, K., Hansen, L., Kim, C. Y., Lessen, B., Murty, S., Neidel, B., Speaker, J., & Wahlen, R. (1995). *Health wellness and Hospital Learning Center.* Buffalo, NY: Early Childhood Research Center.

Bulaclac, M. C. (1996). A work site wellness program. *Nursing Management, 27*(12), 19-22.

Campbell, J., & Kreidler, M. (1994). Older adults' perceptions about wellness. *Journal of Holistic Nursing, 12,* 437-447.

Canosa, J. F., & Lewandowski, L. M. (1993). Linking individual and organizational wellness. *Health Progress, 74*(7), 44-47.

Chenoweth, D. (1991). *Planning health promotion at the worksite.* Dubuque, IA: Brown & Benchmark.

Clair, A. A. (1998). *Active music making and wellness applications.* Unpublished manuscript, University of Kansas.

Crowley, M., Sr. (1992). Living longer and better than expected. *Health*

Progress, 73(10), 38-41.

Dunn, G. H. (1959). What high-level wellness means. *Canadian Journal of Public Health, 50,* 447-457.

Ebersole, P., & Hess, P. (1981). *Toward healthy aging: Human needs and nursing response.* St. Louis, MO: C. V. Mosby.

Edlin, G., & Golanty, E. (1992). *Health and wellness: A holistic approach.* Boston: Jones & Bartlett.

Fitch, V. L., & Slivinske, L. R. (1988). Maximizing effects of wellness programs for the elderly. *Health & Social Work, 13*(1), 61-67.

Giles, M. M., Cogan, D., & Cox, C. (1991). A music and art program to promote emotional health in elementary school children. *Journal of Music Therapy, 28,* 135-148.

Glasgow, R. E., & Terborg, J. R. (1988). Occupational health promotion programs to reduce cardiovascular risk. *Journal of Consulting and Clinical Psychology, 56*(3), 365-373.

Goldman, R. L., Adamson, T. E., Raymond, G. L., & Schore, J. E. (1989). It is time to move from health maintenance to health promotion. *Journal of Hospital Marketing, 3,* 105-119.

Goldsmith, M. F. (1986). Worksite wellness programs: Latest wrinkle to smooth health care costs. *Journal of the American Medical Association, 256*(9), 1089-1095.

Gutt, C. A. (1996). Health and wellness in the community. In J. M. Cookfair (Ed.), *Nursing care in the community* (2nd ed., pp. 143-174). St. Louis, MO: Mosby.

Ivancevich, J. M., Matteson, M. T., Freedman, S. M., & Phillips, J. S. (1990). Worksite stress management interventions. *American Psychologist, 45*(2), 252-261.

Jacobson, B. H., Aldana, S. G., Goetzel, R. Z., Vardell, K. D., Adams, T. B., & Pietras, R. J. (1996). The relationship between perceived stress and self-reported illness-related absenteeism: *American Journal of Health*

Promotion, 11(1), 54-61.

Koss, L., & Ketcham, M. (1980). *Building wellness lifestyles: Counselor's manual.* Morristown, NJ: Human Resources Institute.

Levy, S. R. (1986). Work site health promotion. *Family and Community Health, 9*(3), 51-62.

Miller, M. P. (1991). Factors promoting wellness in the aged person: An ethnographic study. *Advances in Nursing Science, 13*(4), 38-51.

Pender, N. J., Walker, S. N., Sechrist, K. R., & Frank-Stromborg, M. (1990). Predicting health-promoting lifestyle in the workplace. *Nursing Research, 39*(6), 326-332.

Petray, C. K., & Cortese, P. A. (1988). Physical fitness: A vital component of the school health education curriculum. *Health Education, 19*(5), 4-7.

Public Health Service. (1990). *Healthy People 2000: National health promotion and disease prevention objectives.* Washington, DC: U.S. Government Printing Office.

Ragheb, M. G. (1993). Leisure and perceived wellness: A field investigation. *Leisure Sciences, 15,* 13-24.

Risner, P. B., & Fowler, B. A. (1995). Health promotion services and evaluation in the workplace: Pragmatic issues. *AAOHN Journal, 43*(1), 12-16.

Ruffing-Rahal, M. A. (1993). An ecological model of group well-being: Implications for health promotion with older women. *Health Care for Women International, 14,* 447-456.

Saunders, R. P. (1988). What is health promotion? *Health Education, 19*(5), 14-18.

Shephard, R. J. (1996). Financial aspects of employee fitness programs. In J. Kerr, A. Griffiths, & T. Cox (Eds.), *Workplace health: Employee fitness and exercise* (pp. 29-57). London: Taylor & Francis.

Standley, J. M. (1996). Music research in medical/dental treatment: An update of a prior meta-analysis. In C. E. Furman (Ed.), *Effectiveness of music therapy procedures: Documentation of research and clinical practice* (pp.

1-60). Silver Spring, MD: National Association for Music Therapy.

Stokols, D. S., Pelletier, K. R., & Fielding, J. E. (1996). The ecology of work and health: Research and policy directions for the promotion of employee health. *Health Education Quarterly, 23*(2), 137-158.

Sweetgall, R., & Neeves, R. (1987). *The Walking Wellness teacher's guide: A resource book for elementary and middle school teachers*. Newark, DE: Creative Walking.

Travis, J. (1977). *Wellness workbook: A guide to higher level wellness*. Mill Valley, CA: Wellness Resource Center.

Viverais-Dresler, G. A., Bakker, D. A., & Vance, R. J. (1995). Elderly clients' perceptions: Individual health counseling and group sessions. *Canadian Journal of Public Health, 86*, 234-237.

Walker, S. N. (1991). Wellness and aging. In E. M. Baines (Ed.), *Perspectives on gerontological nursing* (pp. 41-58). Newbury Park, CA: Sage.

Walker, S. N. (1992). Wellness for elders. *Holistic Nursing Practice, 7*(1), 38-45.

Waters, M., & Hocker, A. (1991). *Into adolescence: Actions for Wellpower. A curriculum for grades 5-8*. Santa Cruz, CA: Network.

Weber, D. O. (1993). On wellness. *Healthcare Forum Journal, 36*(6), 41-56.

White, J., & Nezey, I. O. (1996). Project wellness: A collaborative health promotion program for older adults. *Nursing Connection, 9*, 21-27.

Williams, S. (1994). Ways of creating healthy work organizations. In C. L. Cooper & S. Williams (Eds.), *Creating healthy work organizations* (pp. 7-24). Chichester, England: John Wiley & Sons.

Wilson, R. W., Patterson, M. A., & Alford, D. M. (1989). Services for maintaining independence. *Journal of Gerontological Nursing, 15*(6), 31-37.

추천도서

Binstock, J. (1991). Health objectives series: Stress management consulting for workplace mental health and wellness. *AAOHN Journal, 39*(2), 62-63.

Dietrich, C. (1988). *Home delivery of pain therapy to elderly patients*. Paper presented at the annual meeting of the American Society on Aging, San Diego, CA. (ERIC Document Reproduction Service No. ED 298 372)

Donaldson, S., & Blanchard, A. L. (1995). The seven health practices, well-being, and performance at work: Evidence for the value of reaching small and underserved worksites. *Preventive Medicine, 24,* 270-277.

Eubanks, P. (1991). Hospitals offer wellness programs in effort to trim health costs. *Hospitals, 71,* 42-43.

Kaufmann, M. A. (1997). Wellness for people 65 years and better. *Journal of Gerontological Nursing, 23*(6), 7-9.

Leetun, M. C. (1996). Wellness spirituality in the older adult. *Nurse Practitioner, 21*(8), 60-70.

Mullen, K. D. (1990). *Connections for Health* (2nd ed.). Dubuque, IA: William C. Brown.

Murdaugh, C. L., & Vanderboom, C. (1997). Individual and community models for promoting wellness. *Journal of Cardiovascular Nursing, 11*(3), 1-14.

Ohsuga, M., Tatsuno, Y., Shimono, F., Hirasawa, K., Oyama, H., & Okamura, H. (1998). Bedside wellness: Development of a virtual forest rehabilitation system. *Studies in Health Technology and Informatics, 50,* 168-174.

O'Quinn, J. L. (1995). Worksite wellness programs and lifestyle behaviors. *Journal of Holistic Nursing, 13*(4), 346-360.

Weisberg, J., & Haberman, M. R. (1992). Drama, humor, and music to reduce family anxiety in a nursing home. *Geriatric Nursing, 13,* 22-24.

f

제10장

신경학적 음악치료

이 장에서 저자들은 신경학적 음악치료의 개요와 이것의 표준화된 임상적 접근법을 제공할 것이다.

역 사

과학적인 증거만이 의학계의 음악치료 수용을 확립할 수 있을 것이라는 신념을 바탕으로, 콜로라도 주립대학교의 연구원들은 지난 15년 동안 비음악적인 뇌와 행동의 기능에 대한 음악 지각과 생산의 효과를 탐구하여 왔다. 따라서 신경학적 음악치료는 음악치료의 생리학적, 신경학적, 심리학적 기반을 설명하는 과학적 지식을 기초로 이론적 틀과 구조를 제공하는 표준화된 임상 기술들에 대한 연구를 바탕으로 하는 시스템이라고 할 수 있다(Thaut, 2000). 연구는 다음과 같다.

(1) (뇌졸중, 뇌 손상 [TBI], 파킨슨병, 다발성 경화증, 헌팅턴 병 환자를 위한) 신경 재활
(2) (근위축증 혹은 사고, 수술이나 암과 같은 질병으로 인한 TBI 환자를 위한) 신경소아 치료
(3) (알츠하이머 치매, 다른 치매들, 헌팅턴 병 환자를 위한) 신경노인 치료
(4) (뇌성마비, 자폐, 심각한 시각장애나 발달장애 환자를 위한) 신경발달 치료

신경학적 음악치료사들은 신경해부학, 신경생리학, 뇌 병리학, 의학 용어, 인지와 운동 기능의 재활에 관해 훈련을 받는다(Thaut, 2001). 현재 포트 콜린스(Fort Collins)에 있는 콜로라도 주립대학교에서 훈련을 제공하고 있으며, 이곳의 생의학적 음악 연구소를 통하여 학사학위, 석사학위, 평생 교육을 위한 훈련 프로그램이 운영되고 있다.

신경학적 음악치료의 과학적이면서 증거에 기초한 임상에 대한 교육과 이해를 향상시키기 위하여 2002년에는 전문 단체인 운커퍼(Robert F.

Unkerfer) 신경학적 음악치료 아카데미를 설립하였다. 이곳에서는 미국은 물론 전 세계에 추가적인 훈련 센터를 확립하기 위한 노력이 진행되고 있다. 이 아카데미는 매년 기초적이고 전문적인 훈련 프로그램을 제공하고 있으며, NMT(Neurological Music Therapist, 신경학적 음악 치료사)와 아카데미 특별회원과 같은 자격을 부여한다. 신경학적 음악치료는 현재 미국 내 5개 대학교의 교과 과정에 반영되어 있고(Western Michigan University, University of Kansas, University of Miami, University of Louisville, Sam Houston State University), 유럽의 한 대학에서도 교육되고 있다(University of Applied Sciences, Heidelberg, 독일).

철 학

신경학적 음악치료의 필수적인 세 가지 패러다임은 다음과 같다.

(1) 신경학적 촉진 모델
(2) 학습과 훈련 모델
(3) 피질 가소성(Plasticiy) 모델(CBRM, 1999)

신경학적 촉진 모델은 청각적 규칙성과 음악적 패턴으로 구성된 패턴이 있는 감각 정보가 어떻게 운동 기능과 인지 기능을 향상시키는지에 관해 설명한다. 학습과 훈련 모델은 규칙적인 운동 학습과 훈련이 인지 기능을 향상시키기 위하여 시간적 구조 및 조직화와 관련하여 어떻게 기능하는지를 설명한다. 피질 가소성 모델은 감각적 정보의 시간적 변화에 따라 영향을 받는 뉴런의 패턴을 작동시키는, 복잡하고 리듬적으로 조직된 다양한 소리 구조로서의 음악을 설명한다. 이 세 가지 모델들에서, 시간에 기반을 둔 음악 구조는 시냅스의 연결을 다시 구성하는 기능을 한다(Thau, 2001).
신경학적 음악치료 모델은 음악적 반응이 어떻게 인지적, 정서적, 감각운동적인 치료 반응으로 의미 있게 전환될 수 있는지에 관한 이해를 제공하는데 그 목적이 있다. 음악의 치료적 반응의 변환을 명료하게 밝히기 위하여 CBRM은 음악치료의 합리적-과학적 중재 모델(R-SMM)을 개발하였다. 타우트(2000)는 이를 다음과 같이 설명한다.

> R-SMM의 구조는 음악치료의 임상적 연구 모델이 의미 있고 과학적으로 타당한 방식에서, 음악과 행동 기능을 연결시키는 모델들에 확고한 기반을 둘 필요가 있음을 강조한다. 이러한 과학적으로 타당한 연구 모델에 기반을 둔 음악치료 적용은 효과적이며 치료 공동체에서 보편적으로 수용될 것이다……. 음악 중재에 기반 둔 이론은 음악의 치료적 효과를 음악 지각과 생산, 그리고 음악심리학과 음악생리학의 과학적 틀 안에서 찾기 때문에, 만약 R-SMM을 통하여 제시된 모델에 따라 치료 안에서의 음악의 과학적 이론이 정립된다면, 이것은 다른 임상의 대상자와 다른 치료 철학과 같은 폭넓은 분야에 걸친 모든 음악치료사에게 수용될 수 있어야 한다(pp. 21-22).

R-SMM은 인간행동과 지각의 심리학적인 기반과 생리학적인 기반을 명료화하기 위하여 음악적인, 그리고 비음악적인 이론적 모델을 면밀히 검토함으로써 시작된다. 음악적 반응과 비음악적 반응의 표본 모두는 유사성을 발견하기 위하여 비교되고 분석된다. 음악적 모델과 비음악적 모델 사이의 확인된 유사성에 기초하여, 중재 모델이 형성된다. 중재 모델은 건강한 뇌와 기능장애가 있는 뇌에게 미치는 음악의 정서, 인지, 감각 운동적 영향력을 면밀히 정의하는 데 그 목적을 둔다. 계속해서 중재 모델에 기반을 둔 이론과 근거는 형성되고 있는 미래의 연구 가설을 위한 훌륭한 자료를 제공한다. 중재 모델은 임상적 연구를 위한 주제를 고안하기 위한 지식의 보고(寶庫)로 기능한다. 임상적 연구 모델은 치료 후의 이월 효과와 계속적으로 유지되는 행동 변화를 확인하는 데 초점을 맞춘다. 이것은 임상에서의 임상적 연구 모델들의 적용에서 정점에 달한다.

타우트(2000)는 임상가가 과학적 모델인 R-SMM을 기능적 치료 적용으로 변형시킬 수 있도록 변형적 설계 모델(Transformational Design Model, TDM)이라 불리는 다섯 단계의 모델을 개발하였다. 다섯 단계는 다음과 같다.

(1) 클라이언트에게 진단적, 원인적, 기능적 사정을 행한다.
(2) 적절한 치료 목표와 측정할 수 있는 목적을 발전시킨다.
(3) 치료 학문 영역에 걸쳐 협력하고 환자가 중심이 된 접근방식을 창조함으로써 기능적, 비음악적 치료 중재와 자극을 계획한다. 같은 치료 목표를 달성하기 위하여 다영역 팀의 구성원과 함께 작업한다.
(4) 치료 팀이 확립한 치료적 목표, 자극, 훈련을 기능적, 치료적 음악치료 중재로 변형시키되, 이 음악치료 중재의 목적을 타 치료사가 수행하는 비음악적 치료 중재의 목적에 일치시킨다.
(5) 치료적 학습과 훈련 결과를 현실에서의 적용으로 전환시킨다.

TDM 모델의 네 번째 단계에 관하여, 비음악적 중재를 음악적 중재로 전환시키는 데는 세 가지 원칙이 있다. 첫째, 전환은 R-SMM에서 개발된 과학적 정보에 근거하여 이루어져야 한다. 둘째, TDM은 치료적 중재가 심미적이고 예술적으로 유쾌함을 주는 음악적 경험으로 구성될 것을 요구한다. 마지막으로 "치료적 음악 경험은 치료 구조와 기능에서 보편적 치료 경험과 동일해야 한다." (Thaut, 2000: 38)

이러한 측면에서 음악치료사는 각 클라이언트의 치료 계획에서 필수적인 치료 중재를 실시해야 한다(Thaut, 2000). 개별적 치료 계획과 연합하는 신경학적 음악치료 처치 기법은 연구에 기초를 두었으며 기능적인 치료 목표를 충족시키는 데 초점을 맞춘다. 처치 기법은 표준화되었으며 환자의 요구를 반영할 수 있는 치료적 음악 중재(Therapeutic Music Intervention, TMI)로서 치료에 적용된다. 저자들은 다음 부분에서 신경학적 음악치료 기법을 논의할 것이다.

신경학적 치료 모델

표준화된 신경학적 음악치료 중재는 세 가지 종류의 훈련, 즉 (1) 감각운동 훈련, (2) 말과 언어 훈련, (3) 인지 훈련을 위해 사용된다. 이 부분에서 본 저자들은 초급 수준에서의 치료의 구성 장치와 각 훈련 종류에 따른 목적, 그리고 적용 가능한 신경학적 기술을 나열하고 설명하고자 한다. 구성 장치에 대한 정의와 설명은 신경학적 음악치료의 훈련 편람에서 처음 언급되었고 (Thaut, 1999b), 이것은 2003년에 개정되었다. 더 많은 정보를 살펴보려는 독자는 생의학 연구소와 운커퍼 신경학적 음악치료 아카데미 연구원이 개발한 프로토콜을 참조하기 바란다.

감각운동 훈련

감각운동 훈련은 보행장애를 재조정하고 자세를 향상시키며, 팔 운동을 촉진하는 데 그 목적을 둔다. 활용되는 치료의 구성장치는 청각-척추 촉진, 감각운동 통합, 리듬 동조화, 청각적 피드백, 특히 소니피케이션(sonification)을 다루는 패턴화된 정보 처리를 포함한다(Thaut, 1999b). 보행, 자세, 팔과 몸통 훈련을 위해 사용되는 표준화된 기법으로 리듬 청각 자극(Rhythmic Auditory Stimulation, RAS), 패턴화된 감각 향상(Patterned Sensory Enhancement, PSE), 치료적 기악 음악 연주(Therapeutic Instrumental Music Playing, TIMP)가 있다(Thaut, 2001).

리듬 청각 자극(Rhythmic Auditory Stimulus, RAS)　NMT 훈련 편람에 따르면(Thaut, 1999b), RAS는 걷기처럼 반복되는 패턴 속에 내재된 리듬적인 동작을 촉진시키는 기법이다. 이 기법은 신체 동작을 시간에 맞추어 조절하기 위하여 음악을 외부적 시간 신호로 사용한다. 치료사는 RAS를 이용하여 클라이언트의 보행 파라미터를 진단하고 메트로놈이나 다른 장치를 사용하여 리

집중의 초점을 유지시키고 점차적으로 늘어난 시간 동안 집중의 시간을 지속하기 위하여 고안되었다. 분리된 집중 활동은 클라이언트가 두 가지 다른 감각 근원지에 동시에 초점을 맞추도록 하며, 교차적 집중 활동은 클라이언트가 자극의 한 근원에서 다른 근원으로 관심을 바꿀 수 있도록 교육하는 것이다 (Thaut, 2001).

세부 단계 2. 기억력 훈련

기억력 훈련은 게슈탈트 원칙, 정서 수정, 기분과 기억의 연상 네트워크 이론을 이용하여 패턴화된 정보 처리를 위한 치료의 구성 장치를 포함한다 (CBRM, 1999). 표준화된 치료 기법으로 음악적 기억술 훈련(Musical Mnemonics Training, MNT)과 연상적 기분과 기억 훈련(Associative Mood and Memory Training, AMMT)이 있다(Thaut, 2001).

음악적 기억술 훈련(Musical Mnemonics Training, MNT)   이 기법은 기억력 훈련을 위하여 사용되는데, 여기서 음악은 암호화하고 이를 해독/회상하는 능력을 자극하기 위하여 활용된다(Thaut, 1999b). 기억술 훈련에는 (1) 모방적 기억술, (2) 절차적 기억술, (3) 서술적 기억술이 있다. 모방적 기억술 활동은 감각 정보의 즉각적인 회상을 강조한다. 절차적 기억술 활동은 규칙과 이전에 학습하였던 기술을 기억하도록 하는 데 초점을 맞춘다. 반면에 서술적 기억술 활동은 상징적 정보를 해독하는 데 필수적인 어의(語義)에 관한 기억력과 에피소드적인 기억력을 가르친다(Thaut, 2001). 이 세 가지 기억술 종류에서 노래, 라임, 찬트는 구조를 제공하기 위하여 사용되며, 여기서 비음악적 정보는 연속적으로 제시되고 이는 학습 경험을 향상시키기 위한 '큰 덩어리'로 조직화될 수 있다.

연상적 기분과 기억 훈련(Associative Mood and Memory Training, AMMT)   AMMT는 다음의 세 가지 목적을 성취할 수 있는 기분이나 정서적 상태를 촉진시키는 데 그 기반을 둔다. (1) 회상을 촉진시키는 기분을 정립하는 것, (2) 기억과 연합된 기분을 유발시켜 기억에 직접적으로 접근하는 것, (3) 학습과 회상에 공헌하는 긍정적 기분이나 정서적 상태를 유발시키는 것 (Thaut, 1999b). 처음의 두 가지 목적에서, AMMT는 클라이언트의 과거 경험과 학습이 일어날 때의 기분 상태에 기초를 둔다. 최초로 학습하였을 때 느꼈던 기분이 AMMT를 통해 다시 느껴지게 될 때, 과거에 학습하였던 자료는 더욱더 잘 회상될 수 있다(Thaut, 2001). 또한 학습을 시도하기 이전에 긍정적인 기분이 확립될 때, 새로운 학습과 회상은 좀 더 잘 발생할 수 있다.

세부 단계 3. 훈련수행 기능 훈련

훈련수행 기능 훈련은 게슈탈트 원칙과 사회 학습을 사용한 패턴화된 정보 처리를 포함하는 치료적 구성 장치에 기반을 둔다(Thaut, 1999b). 표준화된 기법으로 음악 수행 기능 훈련(Musical Executive Function Training, MEFT)이 있다(Thaut, 2001).

음악적 수행 기능 훈련(Musical Executive Function Training, MEFT) MEFT는 조직화, 문제 해결하기, 결단하기, 논리적으로 생각하기, 이해와 같은 수행 기능 능력을 연습할 수 있는 기회를 제공하기 위하여 집단이나 개별 세션에서 음악 즉흥연주와 작품을 사용한다. 음악 연주는 시간적 반응을 조직화하고 창조적 표현을 도모하며, 적절한 감정 표현을 허용하고 사회적 상호작용을 지지하는 감각적 구조 안에서 그러한 능력을 사용하기 위한 맥락을 제공한다(Thaut, 1999b).

세부 단계 4. 심리사회적 행동 훈련

심리사회적 행동 훈련은 기분과 기억의 연상 네트워크 이론의 적용과 더불어 정서 수정, 고전적 조건화, 조작적 조건화, 사회 학습의 치료 구성 장치들에 기반을 둔다(Thaut, 1999b). 표준화된 치료 기법으로 음악 심리치료와 상담(Music Psychotherapy and Counseling, MPC)이 있다(Thaut, 2001).

음악 심리치료와 상담(Music Psychotherapy and Counseling, MPC) MPC는 (1) 기분을 유도하고 변화시키며, (2) 인지 재교육을 제공하고, (3) 정서적 행동 반응을 훈련시키며, (4) 사회 기술을 훈련시키고, (5) 행동 수정을 위한 음악적 유인(誘因, incentive) 훈련을 제공하기 위하여 다양한 영역의 음악을 사용한다. 대표적 음악 활동으로 유도된 감상, 그리고 작곡된 곡 및 즉흥 연주곡을 사용한 능동적 음악 연주를 생각해 볼 수 있다. 음악 활동에 참여함으로써 클라이언트는 향상된 심리사회적 능력을 촉진시키는 충동 조절과 기분 조절 능력을 개발시키는 기회를 갖게 될 뿐 아니라, 적절한 감정 표현과 사회적 상호 작용을 할 수 있게 되고, 인간과 시간과 장소를 올바로 인식하게 된다(Thaut, 1999b).

신경학적 음악치료 연구

인간에 의한 시간 지각과 구별에 관한 많은 이론이 있다(Tecchio, Salustri, Thaut, Pasqualetti, & Rossini, 2000). 뇌자도(Magnetoencephalographic, MEG) 측정 도구들은 인간이 청각 자극의 리듬적인 변화를 의식적으로 확인할 수 없을 때도 이것에 대한 정보를 처리할 능력을 가지고 있다는 것을 알려준다. 이러한 측정 도구는 인간의 뇌 속의 청각 피질과 운동 피질이 연결되어 있다는 것을 암시하고 있으며(Tecchio et al., 2000), 신체적 동작의 동조화와 통합에 대한 리듬의 효과는 오래전부터 알려져 왔다. 음악은 리듬적인 조직화 없이 존재할 수 없으며 리듬적인 음악은 인간이 춤을 추거나 박수를 치고 발끝으로 걷게 함으로써 그들의 동작들을 일치시킨다. 최근의 기술 발달로 말미암아 연구가는 움직이는 동작을 위한 내재화된 시계로서의 리듬의 역할을 탐구하게 되었다(Thaut, 1999a).

몇 개의 연구는 리듬적 청각 자극(RAS)이 건강한 성인의 보폭 파라미터와 EMG 패턴에 영향을 끼친다고 보고하였다. 한 연구에서, RAS는 보폭 율동성을 향상시켰고 또한 움직이는 패턴의 효율성을 증가시킴으로써 근육 활동에 영향을 끼쳤다(Thaut, McIntosh, Prassas, & Rice, 1992). 또 다른 연구는 리듬적 신호주기가 운동 활동 중 팔 근육들의 EMG 패턴에 영향을 주었고(Thaut, Schleiffers, & Davis, 1991), 손가락으로 두드리기와 리듬의 일치를 향상시켰다(Thaut, Rathbun, & Miller, 1997; Thaut, Tian, & Azimi-Sadjadi, 1998)는 것을 지적하였다. 또한 왼손의 빠른 움직임과 관련한 구체적인 연주 기술을 매일 연습하였던 첼리스트에게 리듬적 신호주기가 사용되었다. EMG 패턴의 변화는 리듬적 신호주기가 향상된 연주로 이끄는 연주 기술과 연합한 움직이는 동작의 수행을 촉진시켰다는 것을 알려 주었다(Thiem, Green, Prassas, & Thaut, 1994). 다른 과학적 연구들은 치료적 중재에서의 RAS의 역할을 탐구하였다.

　　실험실에서의 연구는 RAS 훈련이 뇌졸중, 파킨슨병, TBI, 헌팅턴병, 알츠하이머 치매, 뇌성마비의 결과로 나타난 신경학적 운동 문제 때문에 고통받고 있는 클라이언트의 동작 협응을 증가시킨다는 것을 보여 주었다. 이 같은 연구는 RAS 보폭 훈련을 3~5주간 받은 후, 1분당 걸음 수(cadence), 속도, 보폭 길이, 보행의 좌우 균형 측면에서 환자의 보행이 향상되었음을 지적하였다. EMG 활성화 패턴의 변화성은 감소되었다(Hurt, Rice, McIntosh, & Thaut, 1998). RAS 자극을 사용한 걷기로 구성된 3주간의 치료 프로그램에 참여한 후, 파킨슨병을 앓고 있는 환자들은 정상적인 EMG 보행 패턴에 근접한 EMG 보행-주기 단면도를 나타내었다(Miller, Thaut, McIntosh, & Rice, 1996). 또한 RAS 훈련을 사용한 보행 동조화의 결과로, 파킨슨병 때문에 약물을 복용하는 환자는 보행 속도에서 36% 증가를 보였다. 어떠한 약물도 복용하지 않았던 환자는 25% 속도의 증가를 나타내었다. 이 두 집단 모두는 1분당 걸음 수에서 10% 증가를 보였다(McIntosh, Brown, Rice, & Thaut, 1997). 한 연구는 파킨슨병 환자와는 달리 헌팅턴병 환자는 운동 타이밍과 동작 동기화를 위한 음악적 신호에 잘 반응하지 않았지만, 메트로놈을 이용한 신호주기 후 보행 속도가 증가되었음을 보여 주었다(Thaut, Miltner, Lang, Hurt, &

Hoemberg, 1999). 또 다른 연구에서, 반신불수 뇌졸중 환자들은 실험집단이나 통제집단에 배치되어 6주 동안 하루에 두 번씩 보행 훈련 프로그램을 받았다. 통제집단은 전통적인 물리 치료 보행 프로그램을 활용하여 훈련받았으며, 실험집단은 같은 전통적 프로그램에 RAS를 첨가한 훈련을 받았다. 외부적인 시계로서, RAS는 걸음 패턴을 동조화하고 점차적으로 일치시키기 위하여 사용되었다. 사전과 사후 검사들은 통제집단의 환자와 비교하여 RAS 집단에 속한 환자가 속도(164% 대 107%), 보폭(88% 대 34%), 비복근(castrocnemius muscle)의 EMG 진폭 변화도를 감소(69% 대 33%)시키는 데 있어 통계적으로 유의미한 증가를 보였다. 이 두 집단은 모두 보폭의 좌우 균형을 증가시켰는데, RAS 집단은 32%, 통제집단은 16%를 향상시켰다. 이 두 집단의 차이는 유의미하지 않았다(Thaut, McIntosh, & Rice, 1997).

말기 알츠하이머병을 앓고 있는 15명의 환자를 위한 예비 임상 연구는 RAS를 받지 않는 것보다 이것을 받는 사람들이 더 빠른 속도와 더 긴 보폭을 가진다는 것을 보여 주었다(Clair & O'Konski, 2001). 또한 말기 알츠하이머병 환자는 RAS가 없는 운동보다 RAS를 포함하는 같은 운동에 유의미하게 더 열심히 참여하였다(Mathews, Clair, & Kosloski, 2001). 다른 연구는 RAS가 TBI로 인한 보행 마비를 가진 다섯 명의 환자 집단에서 무릎 떨림을 유의미하게 감소시켰고(Kenyon & Thaut, 2000), 또한 뇌성마비 아동의 보행 인자들을 향상시켰음을 보여 주었다(Kwak, 2000). 결론적으로 RAS는 전통적 치료를 좀 더 향상시키는 데 효과적일 수 있다.

연구들은 또한 말하기와 언어 재활에서의 신경학적 음악치료 기법의 유익을 입증한다. 예비 연구에서 파일론, 매킨토시와 타우트(Pilon, McIntosh, & Thaut, 1998)는 TBI로 인한 구음장애를 가진 세 명의 남성의 말의 속도를 감소시키고 말의 명료함을 증가시키기 위하여 청각적인 말 타이밍 신호와 시각적인 말 타이밍 신호의 사용을 비교하였다. 연구 결과는 가장 심각한 말하기 장애를 가졌던 두 명의 대상자가 그들의 말을 리듬적인 신호와 일치시키고 말 속도를 감소시킬 수 있게 되었고, 그 결과 말 명료도를 향상시켰음을 지적하였다. 20명의 파킨슨병 환자의 말 명료도에 대한 리듬적인 말 신호주기의 효과를 탐구하기 위한 또 다른 연구에서, 말 신호주기는 심각한 말하기 장애를 가진 환자에게 가장 실질적인 결과를 도출시켰다. 경중장애를 가진 환자를 위한 유익성은 발견되지 않았다(Thaut, McIntosh, McIntosh, & Hoemberg, 2001). 네 명의 파킨슨병 환자와의 임상 연구는 환자가 12 세션에서 14 세션 동안 치료적 노래 부르기 프로토콜에 참여한 후 말 명료도와 목소리 강도에서 유의미하게 향상되었음을 지적하였다. 또한 이 연구 대상자들은 그들의 말 명료도와 목소리 강도의 향상으로 말미암아 기분이 좋아졌음을 보고하였다(Haneishi, 2002).

신경학적 음악치료와 인지 훈련에 관한 과학적 증거는 매우 많다. 학습과 회상 전에 기분을 유도하기 위해 사용된 음악은 정보를 회상하는 능력을 유의미하게 향상시켰다(Thaut & De L'Etoile, 1993). 선호하는 이완 음악을 감상하는 것은 대학생들의 상황 불안을 감소시켰고 이완 반응을 증가시켰다(Davis & Thaut, 1989; Thaut & Davis, 1993). 또한 음악치료 중재에 참여한 50명의 남성 정신과−감호 환자들은 이완, 정서, 사고 처리에서의 자가 평가에 긍정적 변화를 보였다(Thaut, 1989). 또한 연구들은 기억술 장치로서의 음악의 효과를 입증하였다. 21명의 학습 장애아동을 위한 곱셈표 기억 능력을 탐구하였던 연구는 친숙한 음악을 사용한 연습이 언어만 사용한 연습보다 좀 더 높은 평균의 기억 정확도를 초래하였다는 것을 지적하였다(Claussen & Thaut, 1997). 다음 부분에서는 신경학적 음악치료 활동이 간략하게 설명될 것이다.

음악치료의 임상적 적용

신경학적 음악치료의 모든 활동들은 생의학적 음악 연구소와 신경학적 음악치료사를 위한 운커퍼 아카데미를 통하여 교육된다. 여기서 선택된 활동은 기본적인 정보를 제공하지만, 임상적인 활용을 위해 필요한 세부적인 훈련을 대신하지는 못한다.

감각운동 훈련 활동

RAS는 신경학적 음악치료 활동들 중에 가장 많이 연구된 기법이다. RAS의 목적은 리듬을 사용하여 보행 속도와 좌우균형을 향상시키고 보폭을 수정하며, 1분당 걸음 수를 증가시키는 데 있다. 이것은 세 단계, 즉 (1) 보행 전 운동, (2) 보행 훈련, (3) 상급 보행 훈련과정에서 일어난다. RAS는 또한 보행뿐 아니라 팔꿈치 굴곡작용과 연장 혹은 팔 흔들기와 같은 팔 동작의 반복적인 훈련을 포함하는 리듬적으로 조직화된 동작들에 적용될 수 있다(Thaut, 1999b).

보행 전 운동은 나란히 놓여 있는 막대기 사이에 서서 전후로의 체중 이동, 측면으로의 체중 이동을 하는 것을 포함한다. 또한 무릎 연장, 행군처럼 걷기, 앉는 위치에서 서는 위치로 일어나기와 같은 동작으로도 구성된다(Thaut, 1999b). 초기의 보행 훈련은 다음의 다섯 단계, 즉 (1) 사정, (2) 공명하는 주파수 동조화, (3) 주파수 변화, (4) 페이딩, (5) 재사정을 거친다. 상급 보행 훈련은 올라가고 내려가는 계단, 방향의 변화를 수반하는 장애물, 멈췄다가 걸어야 하는 상황과 같은 다양한 면 위에서의 걷기를 포함한다(Thaut, 1999b).

뇌혈관 장애 때문에 발생한 파킨슨병이나 뇌손상 장애를 가진 사람을 위한 활동은 향상된 안정성을 가진 채 보행 속도를 증가시키는 데 초점을 맞춘다. 이 접근법은 보행 특질과 1분당 걸음 수에 대한 사정, 속도(1분당 미터 수), 보폭(속도를 1분당 걸음 수로 나눈 뒤 2를 곱한 값)에 대한 면밀한 연구를 포함한다. 말기 치매나 헌팅턴 병과 같은 다른 질병 환자를 위한 활동은 안정성을 가지고 걷기를 유지하는 데 그 목적을 둔다. 보행 특질에 대한 면밀한 사정은 치료의 기본이 되지만, 보행 속도를 증가시키는 훈련은 제공되지 않는다. 이것의 목적은 쇠퇴해 가는 질병 과정 중에서 가능한 한 보행을 유지하도록 하는 것이다. RAS를 경험한 사람은 이 치료를 받지 않은 사람보다 질병의 과정 속에서도 그들의 걷기를 유지할 수 있는 경향이 있다. 그러나 이 같은 가설을 지지하는 연구는 현재 이루어지지 않았다.

치료적 악기 연주(TIMP)는 기능적인 동작을 자극시키는 방식으로 악기를 연주하는 것과 관련된다. 개별적인 프로그램은 기능적 동작 기술을 다시 학습하고, 건강에 좋지 않은 보상 전략을 극복하며, 힘과 인내, 동작의 폭을 증가시키는 데 초점을 맞춘다(Thaut, 1999b). 이것은 한 측면에서 다른 측면으로 북을 연주할 수 있도록 뻗기 혹은 탬버린을 치기 위해서 신체의 중간선을 가로지르기와 관련될 수 있다. 또한 이것은 신발의 발끝 부분이 징글 스틱에 접촉할 때까지 앉은 자세에서 무릎을 뻗기 혹은 손가락 심벌즈를 연주하기 위해서 손잡이를 잡도록 손가락을 움직이기와 같이 훈련 속에서 동작의 폭의 범위를 정하기 위한 표적으로서 악기 연주를 사용하는 것과 관련이 있을 수 있다. 어떤 동작이든지 간에 악기는 동작의 폭, 인내, 기능적 손동작, 손가락 기민성, 사지 협조를 향상시키는 목적을 성취하기 위한 소리 자극으로 사용된다. 그러므로 악기는 전통적인 방식에서 사용되는 위치에서 연주될 수도 있고 혹은 바람직한 반응을 촉진시키기 위하여 위치나 연주 스타일이 변형될 수도 있다(Thaut, 1999b).

패턴화된 감각 향상(PSE)은 동작 구조를 반영하기 위해 음악을 사용함으로써 음악을 그것과 함께 실행된 동작 패턴에 '맞춘다'(Thaut, 1999b). 치료사는 동작 패턴을 개념화하고, 그 다음 음악을 통하여 그 패턴을 설명하며, 음악치료 훈련에 그 바람직한 동작 패턴을 포함시킨다.

말과 언어 훈련 활동

선율적 억양 치료(MIT)의 신경학적 음악치료(NMT) 임상 활동은 스팍스와 홀랜드(Sparks & Holland, 1976)가 개발한 모델에 기초한다. NMT 활동은 훈련되는 프레이즈의 길이에서 차이가 있다. NMT 방식은 동조화를 위한 더 나은 기회를 제공하기 위하여 프레이즈를 연장한다. MIT를 사용한 말하기 훈련의 성공은 선율 윤곽으로 촉진될 뿐 아니라 프레이즈의 리듬으로도 촉진될 수 있다.

최근 하네시(Haneishi, 2002)는 치료적 노래 부르기(TS)를 사용하여 파킨슨병 환자들의 말 명료도와 다른 목소리 특질들을 향상시키는 프로토콜을 개발하여 실험하였다. 그녀의 프로토콜은 다음과 같은 단계로 구성되었다.

(1) 3분간의 시작하는 말
(2) 얼굴 마사지, 얼굴 근육 운동, 숨쉬기 운동을 포함하는 5분간의 준비 운동
(3) 후두부 근육조직을 준비시키고, 심호흡을 촉진시키며, 공명을 증가시키고, 호흡지지를 증가시키며, 발음을 향상시키는 활동들을 포함하는 20분간의 목소리 훈련
(4) 15분간의 선호하는 노래 부르기
(5) 5분간의 모음 발성
(6) 9분간의 말 훈련 검토
(7) 맺는 말

이 프로토콜은 말 명료도, 목소리 집중, 긍정적 기분 함양에서 유의미한 향상을 도출하였다.

인지적 훈련 활동

인지 훈련을 촉진시키는 여러 가지 활동이 있다. 모방적 기억술 활동의 예로, 치료사는 건반에서 두 개의 음을 연주하고, 그 소리가 같은지 다른지를 클라이언트에게 질문한다. 절차적 기억술 훈련은 건반에서 간단한 화성 진행을 연주한 후 기다렸다가 다시 한 번 연주하는 것과 관련된다. 클라이언트는 이 절차가 같은지 혹은 변화되었는지를 알아차려야 한다. 서술적 기억술 활동은

노래의 내용을 분석하고 기억하는 것과 관련된다(Thaut, 2001).

선별적 집중 활동의 예로, 치료사는 클라이언트의 관심을 치료사의 피아노 연주에 맞추도록 요구한다. 그 다음 치료사는 자신이 피아노의 높은 음역을 연주할 때 클라이언트가 드럼을 연주하도록 요청한다. 치료사가 건반에서 연주하는 즉흥음악을 클라이언트가 드럼으로 반주하도록 요청하는 것은 지속적 집중을 훈련시키기 위한 활동의 좋은 예가 된다. 클라이언트가 그 활동이 시작되기 전에 학습하였던 음악적 패턴을 들었을 때, 그는 드럼 연주하기를 멈추고 치료사가 그 음악적 패턴을 마치고 즉흥연주를 계속할 때 다시 연주를 시작한다.

음악적 수행 기능 훈련을 위한 활동은 다양한 악기를 사용하여 음악적 작곡 게임을 하는 것을 포함한다. 치료사는 소프트웨어 프로그램을 사용하여 클라이언트를 위한 리듬 패턴이나 악기 소리의 예를 연주하며, 클라이언트가 자신이 좋아하는 것을 선곡하게 하고, 점차적으로 음악 작품으로 발전시키도록 한다.

결 론

신경학적 음악치료의 과학적 모델은 잘 확립되었다. 연구가 가장 활발히 진행된 분야는 리듬 청각 자극(Rhythmic Auditory Stimulation, RAS)으로, 실험실 연구가 광범위하게 진행되고 또한 현재 임상 활동을 위한 연구도 다양한 집단을 대상으로 진행되고 있다. 비록 RAS가 감각운동 훈련에서 기능적 행동의 재활과 유지에 필수적이긴 하지만, 치료적 악기 연주(TIMP)와 패턴화된 감각 향상(PSE)도 재활과 교육에서 보행과 신체 자세 훈련 그리고 팔과 몸통 훈련에 중요하게 작용한다.

신경학적 음악치료의 두 번째 분야인 말하기와 언어 훈련은 청각적 말 신호 주기와 치료적 노래 부르기 분야에서 많은 논문을 배출하며 발전 중에 있다.

비록 선율 억양 치료(MIT)활동은 브로카 지역(Brocca's area)에 손상을 입은 환자에게 적용되지만, 앞으로는 자폐아동과 다른 발달장애를 가진 아동을 포함하는 대상자에게도 확대될 수 있다.

　세 번째 신경학적 음악치료 분야인 인지 훈련은 다양한 영역의 대상자를 위해 폭넓게 사용된다. 음악치료사는 이러한 대상자를 위한 실험실 연구를 수행하지 못한 채 임상적 연구만을 실행해 왔다. 이 분야와 음악치료 임상의 모든 분야에서, 음악 반응이 어떻게 의미 있게 치료적 반응으로 전환되는지를 이해하는 것이 필수적이다.

　음악치료 중재를 잘 이해하기 위한 연구는 기념비적인 과제다. 이것은 점차적으로 복잡해지는 다음의 네 단계를 통한 정서적, 인지적, 감각운동적 행동을 포함하는 포괄적 모델이라는 타우트의 개념화에 기반을 둘 수 있다.

(1) 기본적인 음악 지각과 음악 연주에 대한 음악적 반응
(2) 동일하거나 유사한 맥락들 속에서 음악과 비음악적 행동들의 비교
(3) 비음악적 행동에 미치는 음악적 반응의 효과에 대한 연구
(4) 비음악적 행동에 미치는 음악의 영향에 관한 연구에서 도출되고, 또한 음악치료 처치 분야에서 적용의 결과를 체계적으로 실험한 임상적 모델(Thaut, 2000: 48)

　신경학적 음악치료에서 계획되고 실험된 연구와 임상 모델은 재활 분야에서의 음악치료를 확립시켜 왔다. 연구 결과는 다양한 영역의 대상자를 위한 음악의 치료적 활동을 증명해 왔다. 미래의 연구는 치료의 장(場)에 걸쳐 신경학적 음악치료를 확립할 것이다.

 참고문헌

Center for Biomedical Research in Music (CBRM). (1999). *Training manual*

for Neurologic Music Therapy. Fort Collins, CO: Colorado State University.

Clair, A. A., & O'Konski, M. (2001). Preliminary study of Rhythmic Auditory Stimulation (RAS) in persons who are in late dementia. In A. Clair, M. Thaut, & C. Thaut (Co-Chairs), *Neurologic Music Therapy: Neuroscientific Model and Evidence-Based Clinical Practice*. Symposium conducted at the 3rd Annual American Music Therapy Association National Conference, Pasadena, CA.

Claussen, D. W., & Thaut, M. H. (1997). Music as a mnemonic device for children with learning disabilities. *Canadian Journal of Music Therapy, 5,* 55-66.

Davis, W. B., & Thaut, M. H. (1989). The influence of preferred relaxing music on measures of state anxiety, relaxation, and physiological responses. *Journal of Music Therapy, 26,* 168-187.

Haneishi, E. (2002). Effects of a music therapy voice protocol on speech intelligibility, vocal acoustic measures, and mood of individuals with Parkinson's disease. *Journal of Music Therapy, 38,* 273-290.

Hurt, C. P., Rice, R. R., McIntosh, G. C., & Thaut, M. H. (1998). Rhythmic auditory stimulation in gait training for patients with traumatic brain injury. *Journal of Music Therapy, 35,* 228-241.

Kenyon, G. P., & Thaut, M. H. (2000). A measure of kinematic limb instability modulation by rhythmic auditory stimulation. *Journal of Biomechanics, 33,* 1319-1323.

Kwak, E. E. (2000). *Effect of rhythmic auditory stimulation on gait performance in children with spastic cerebral palsy*. Unpublished master thesis. University of Kansas, Lawrence.

Mathews, R. M., Clair, A. A., & Kosloski, K. (2001). Keeping the beat: Use of rhythmic music during exercise activities for the elderly with dementia. *American Journal of Alzheimer's Disease and Other Dementias, 16,* 377-380.

McIntosh, G. C., Brown, S. H., Rice, R. R., & Thaut, M. H. (1997). Rhythmic auditory-motor facilitation of gait patterns in patients with Parkinson's disease. *Journal of Neurology, Neurosurgery and Psychiatry, 62,* 22-26.

Miller, R. A., Thaut, M. H., McIntosh, G. C., & Rice, R. R. (1996). Components of EMG symmetry and variability in Parkinsonian and healthy elderly gait. *Electroencephalography and Clinical Neurophysiology, 101,* 1-7.

Pilon, M. A., McIntosh, K. W., & Thaut, M. H. (1998). Auditory versus visual speech timing cues as external rate control to enhance verbal intelligibility in mixed spastic-ataxic dysarthric speakers: A pilot study. *Brain Injury, 12,* 793-803.

Sparks, R. W., & Holland, A. L. (1976). Method: Melodic intonation therapy for aphasia. *Journal of Speech and Hearing Disorders, 41,* 287-297.

Tecchio, F., Salustri, C., Thaut, M. H., Pasqualetti, P., & Rossini, P. M. (2000). Conscious and preconscious adaptation to rhythmic auditory stimuli: A magnetoencephalographic study of human brain responses. *Experimental Brain Research, 135,* 222-230.

Thaut, M. H. (1989). The influence of music therapy interventions on self-rated changes in relaxation, affect, and thought in psychiatric prisoner-patients. *Journal of Music Therapy, 26,* 155-166.

Thaut, M. H. (1999a). Music therapy in neurological rehabilitation. In W. B. Davis, K. E. Gfeller, & M. H. Thaut (Eds.), *An introducation to music therapy: Theory and practice* (2nd ed., pp. 221-247). Dubuque, IA: McGraw-Hill.

Thaut, M. H. (1999b). *Training manual of Neurologic Music Therapy.* Colorado State University: Center for Biomedical Research in Music.

Thaut, M. H. (2000). *A scientific model of music in therapy and medicine.* San Antonio, TX: IMR Press.

Thaut, M. H. (2001). *Neurologic Music Therapy.* Conference presentation for continuing education credits, Midwestern Regional Chapter of the American Music Therapy Association Annual Conference, Kansas City, MO.

Thaut, M. H., & Davis, W. B. (1993). The influence of subject-selected versus experimenter-chosen music on affect, anxiety, and relaxation. *Journal of*

Music Therapy, 30, 210-223.

Thaut, M. H., & De L'Etoile, S. K. (1993). The effects of music on mood state-dependent recall. *Journal of Music Therapy, 30,* 70-80.

Thaut, M. H., McIntosh, K. W., McIntosh, G. C., Hoemberg, V. (2001). Auditory rhythmicity enhances movement and speech motor control in patients with Parkinson's disease. *Functional Neurology: New Trends in Adaptive and Behavioral Disorders, 16,* 163-172.

Thaut, M. H., McIntosh, G. C., Prassas, S. G., & Rice, R. R. (1992). Effect of rhythmic auditory cueing on temporal stride parameters and EMG patterns in normal gait. *Journal of Neurologic Rehabilitation, 6,* 185-190.

Thaut, M. H., McIntosh, G. C., & Rice, R. R. (1997). Rhythmic facilitation of gait training in hemiparetic stroke rehabilitation. *Journal of the Neurological Sciences, 151,* 207-212.

Thaut, M. H., Miltner, R., Lange, H. W., Hurt, C. P., & Hoemberg, V. (1999). Velocity modulation and rhythmic synchronization of gait in Huntington's disease. *Movement Disorders, 14*(5), 808-819.

Thaut, M. H., Rathbun, J. A., & Miller, R. A. (1997). Music versus metronome timekeeper in a rhythmic motor task. *International Journal of Arts Medicine, 5*(1), 4-12.

Thaut, M. H., Schleiffers, S., & Davis, W. (1991). Analysis of EMG activity in biceps and triceps muscle in an upper extremity gross motor task under the influence of auditory rhythm. *Journal of Music Therapy, 28,* 64-88.

Thaut, M. H., Tian, B., & Azimi-Sadjadi, M. R. (1998). Rhythmic finger tapping to cosine-wave modulated metronome sequences: Evidence of subliminal entrainment. *Human Movement Science, 17,* 839-863.

Thiem, B., Green, D., Prassas, S., & Thaut, M. H. (1994). Left arm muscle activation and movement patterns in cellists employing a playing technique using rhythmic cuing. *Medical Problems of Performing Artists, 9,* 89-96.

악의 힘은 오랜 기간 동안 그 진가를 인정받아 왔다. 그러나 치료적 변화에 영향을 끼치기 위한 조직된 전문적 교과과정 내에서의 이러한 영향력의 사용은 아주 최근에 이루어진 것이다.

문헌 고찰은 음악치료 직업을 위하여 생의학적 이론을 발전시키는 데 기반을 제공한다. 출판된 수많은 보고서는 의료 절차 속에서의 음악의 유익성과 관련한 임상적인 일화 형식의 연구 결과를 담고 있다. 박스버거(Boxberger, 1962)가 저술한 이러한 보고서 중 하나는 원시 부족 문화로 거슬러 올라가 신체적 질병을 치료하는 음악의 사용을 설명하고 있다. 프랫과 존스(Pratt & Jones, 1985)는 고대 그리스 시대부터 1980년 대 중반까지의 음악과 의학 사이의 오랜 역사적인 제휴를 검토하였다. 또한 프랫(1989)은 특정 이론, 연구, 의료에서의 음악의 적용과 관계 있는 특정한 의사 집단, 또한 음악과 의학 사이의 관계를 탐구하는 데 기여한 세계적 조직을 관장해 온 의사 집단에 대해 부분적으로 초점을 맞춘 매우 유용한 음악과 의학 역사를 제공하였다. 세켈레스(Sekeles, 1988)는 중세 이슬람 시대와 유대 역사에서의 음악과 의학을 검토하면서 통제된 연구를 포함하며 다양한 역사적 시기를 망라하는 범문화적 관점을 제공하였다. 또한 의사에게 허용되는 의료의 범위에 영향을 끼쳤던 종교적 철학 속에 깊숙이 뿌리내렸던 신념 체계를 설명하였다.

19세기 미국 병원에서의 음악적 실행은 데이비스(Davis, 1987)의 논문에 실렸다. 19세기 의학 논문집과 주 독자층이 내과 의사였던 1804~1899년 사이의 박사 논문 중 몇 개의 논문이 분석되었다. 테일러(Taylor, 1981)는 20세기 초, 중반 동안 의학에서의 음악적 실행을 묘사하였고 실험 연구, 임상 적용, 의료−수술 병동과 치과에서의 음악을 설명하는 대학 교과 과정을 논하였다. 그는 음악이 소아과, 수술, 정형외과, 산부인과와 같은 종합병원의 다양한 과(科)에서 중요한 치료 절차로 적용된다고 설명하였다. 스탠리(Standley, 1986)는 수많은 게재 혹은 미게재 논문을 분석하여 연구된 대상의 특징, 발견된 제각각의 정보의 유형, 의료 절차에서의 음악 적용 그리고 의학계에서 치료로서의 음악을 사용하였던 논문 결과를 조합하였다. 이 연구에서 55개의 종속변인이 분석되었고, 그중 54개가 비음악 상황보다 음악 상황에서 좀 더 통계적으로 유의미하였다는 것이 발견되었다. 이러한 결과는 후속 연구의 기초가 되며 현재 이용 가능한 정보를 해석할 수 있게 하는 지속적이며 타당한 이론을 공식화시킬 수 있는 가능성을 지지한다.

생의학적 이론은 음악치료의 생물학적 요소를 확인하는 데 관심을 가진 연구자들이 오랜 기간 동안 발전시켜 왔다. 음악치료를 설명하고자 했던 대부분의 시도가 음악의 생리학적 효과에 집중되었지만, 음악적 행동의 생물학적 기반은 충분히 설명되지 않았고 음악치료는 대체로 클라이언트의 인지적이며 정서적인 문제를 위해 적용되는 것이라고 알려져 왔다. 20세기 초, 중반 동안 행해진 대부분의 실험 연구는 음악의 생리학적 효과를 탐구하였다. 실험실에서의 실험은 동물과 인간을 대상으로 진행되었고, 그 연구는 심박출량(心搏出量, cardiac output), 호흡의 비율과 양, 맥박, 혈압, 근육 긴장상태, 소화, 신체 분비물에서의 음악과 관계된 변화를 설명하였다(Taylor, 1981).

1960년대 치료로서의 음악의 효과에 관한 연구는 심장박동의 변화, 근전도, 전기피부반응, 입모반사(pilomotor relfex), 통증 역치, 혈관의 변화, 신체 자세의 변화, 동공 반사, 위 운동력과 같은 행동에 초점을 맞추었다(Sears & Sears, 1964). 개스턴(Gaston, 1964)의 논문은 인간 능력을 독특하게 향상시키고 개인을 인간으로서 최대한 성장시킬 수 있는 미적인 경험으로서의 음악을 설명하였다. 음악과 같은 심미적 자극의 형식 안에서 인간의 복잡한 뇌와 감각적 경험을 향한 갈망에 대한 더욱 뛰어난 발전 단계에 많은 관심이 쏠렸다. 인류는 복잡한 언어 유형, 추상적 사고, 수학적 의사소통, 음악을 포함한 다양한 형식에서의 풍부한 비언어적 의사소통을 가능하게 하는 무수한 뉴런으로 구성된 매우 발전된 대뇌로 인해 차별화된다.

1980년대 들어 음악계와 의료계는 상호 의존성을 다시 깨닫게 되었다. 많은 대학에서 산과, 부인과, 암병동, 재활, 정신과, 수술병동, 소아과, 응급실, 심장병 치료, 심장병 재활, 일반병동과 같은 다양한 병동에서 음악치료사에게 실질적인 훈련을 제공하기 위하여 병원과 제휴를 맺었다. 임상가는 의료 영역에서 음악을 사용하고 치료로서의 음악에 대한 생물학적, 의료적 적용에 대한 지식을 향상시키기 위한 준비를 하였다. 버바우머(Birbaumer, 1983), 리와 켈라(Lee & Kella, 1989), 호지스(Hodges, 1980), 윌슨(Wilson, 1989)은 치료적, 의료적, 교육적, 심미적 적용에서 공통적인 요소를 규명하기 위한 음악적 행동을 연구하기 시작하였다. 이러한 탐구는 음악적 행동의 연구 속에서 가장 폭넓은 관심 영역인 뇌에 집중되었다. 1985년 『월 스트리트 저널』은 음악/뇌 관계에 관한 연구들을 연대순으로 정리한 기사를 게재하였다(Stipp, 1985). 이 기사는 "과학자가 음악은 뇌의 창문이라고 말하였고, 이는 많은 뇌의 기능이 음악을 사용함으로써 효과적으로 연구될 수 있다는 것을 의미한다."고 보고하였다.

윌슨(Wilson, 1988)과 맨체스터(Manchester, 1988)는 음악 연주와 관련된 생물학적 과정에 대한 의미를 설명하였다. 신체적 문제를 치료하기 위한 음악 연주와 음악의 사용에서 야기된 의료적 문제가 다루어졌다. 윌슨(1985)은 음악과 의학이 전통적 결합의 재발견에 근접하였다고 주장하였다. 생의학적 이론은 음악의 임상적 적용과 연구를 진행시키기 위하여 음악과 의료계에 있는 전문가를 위해 의료 절차에서의 실질적인 기반을 제공하고자 한다. 제시된 생의학적 이론을 살펴보면, 의사는 이 이론의 지식이 전문적 영역으로서 음악치료를 이해하기 위해 의료 전문가에게 요구되는 음악치료의 신뢰성을 부여하도록 촉구할 수 있다고 계속 주장해 왔다.

음악치료의 생의학적 이론이라는 용어는 '치료적 음악가 혹은 음악적 의사: 미래가 달렸다' 라는 제목으로 본 저자가 사용하였는데, 이는 1987년 샌프란시스코에서 열렸던 전미 음악치료 학회에서 발표한 내용에 들어 있었다. 그 후 최초의 대중을 위한 음악치료의 생의학적 이론의 발표는 국제 음악교육 위원회의 특수교육에서의 음악, 음악치료 그리고 음악과 의학 분과가 개최한 연구 세미나에서 이루어졌다. 이 세미나는 1990년 에스토니아의 탈린(Tallin) 지역에서 개최되었다. 이 이론은 미국 지역에서는 최초로 1991년 샌디에이고(San Diego)에서 개최된 전미 음악치료 학회에서 발표되었다.

철학적 기반

생의학적 음악치료는 음악적 행동의 생물학적 모델에 근거한다. 이것의 목적은 음악 활동 중에 일어나는 인간의 수용적, 표현적, 생리학적 행동을 해석하기 위하여 생의학적 기반을 제공하는 것이다. 기본적 전제는 특정 행동적 반응들이 발생하기 위해서는 특정 신경생리학적 구조와 과정이 활성화되어야 한다는 것에 있다. 따라서 음악적 자극에 반응하는 이러한 행동의 발생은 음악이 이러한 똑같은 신경생리학적 구조와 과정에 미치는 영향에서 기인하여야 한다. 이러한 음악적 영향력에 대한 지식은 의료적이며, 그 외의 다른 치료적 적용에서 음악을 사용할 수 있도록 한다.

생의학적 음악치료의 철학적 기반은 모든 음악치료 적용에서 치료의 기본적 영역과 변화의 일차적 초점으로서의 인간의 뇌의 확립에 기초한다. 신경과학계의 연구자들은 "모든 인간의 행동은 뇌에 의해 생성된다."(Hodges, 1980)라고 보고하여 왔다. 이 문장은 수많은 행동적 능력이 인간의 뇌 속에 있는 적어도 10조(兆)라고 알려진 뉴런 사이의 연결고리에서 생성될 수 있음을 지적한다. 또한 뇌는 인간의 신체적이며 인지적인 행동에 영향을 끼치기 때문에 여러 종류의 인간 행동을 연구하는 학생들은 이것을 자세히 알아야 한다. 이는 임상적 혹은 교육적 적용을 위해 치료로서의 음악을 연구하는 모든 사람에게 적용된다. 기초적인 생의학적 이론은 음악이 인간의 두뇌 기능에 관찰할 수 있는 효과를 주기 때문에, 이 효과를 치료적으로 활용할 수 있다고 주장한다. 이 이론은 인간의 뇌를 강조하여 음악치료 중재가 모든 영역에 있는 대상자에게 적용될 수 있음을 주장하며, 이를 체계적이면서 객관적으로 정의하였다.

1964년 개스턴의 논문에서, 그는 진보한 인간 행동의 발전은 감각기관이 받아들인 자극으로 시작하여, 음악 형식에서의 소리와 같은 감각으로 전환되고, 정보를 처리하기 위한 뇌 자체 능력에 일치되어 구성되며, 전형적인 종

(種)에 따르기보다는 합리적이고 개별적인 방식으로 반응하는, 그리고 미래의 심미적 자극으로 회상된 기억으로 저장되는 과정에 의존한다고 설명하였다. 그는 좀 더 풍부한 감각적 환경은 더욱 위대한 뇌 발전을 초래한다고 주장하였다. 그러므로 풍성한 해결 능력을 가진 뇌는 자신의 발전을 위해 감각기관에 의존한다. 개스턴의 주장은 향상된 인간 두뇌 기능을 성취하기 위하여 잠재적 치료 양식으로써 감각적인 미를 전경에 배치한다는 것을 의미한다. 이 점은 모든 음악치료의 목적 지향적 활동이 무엇보다도 각 클라이언트의 뇌의 기능적인 능력을 향상시키는 데 초점을 맞추기 때문에 매우 중요하다.

개스턴은 인간은 생물학적 단일체며 생물학적 원칙에 일치하여 다른 모든 것과 관계를 맺어야 한다는 것을 독자들에게 상기시키고 있다. 이러한 원칙은 저명한 미학 연구자인 멀러(Muller, 1964)의 글에서도 반영되었는데, 그녀는 음악에 대한 유쾌한 심리적 반응을 뇌 속의 전기화학적 작용으로 설명하였다. 여기서 뇌는 이런 작용이 해결됨에 따라 감정을 생성한다. 개스턴이 감각기관과 뇌에 주목하여야 한다는 것을 강조한 지 20년이 지난 후, 제임스(James, 1984)는 음악치료 임상과 연구를 위한 모델로 감각통합 이론을 제안하였다. '감각통합'은 신경계가 촉각, 고유수용감각, 청각, 미각, 시각, 청각을 수용하고 구성하는 과정을 일컫는다. 그러므로 인간이 출생 전과 후의 그들의 환경과 상호 작용하는 정도는 감각적 정보를 처리하는 그들의 능력에 좌우된다.

감각통합 이론가는 인간의 적응 능력과 학습의 주요한 근원은 다양한 감각적인 출처에서 기인한 자극을 통합하기 위한 능력이라고 믿는다. 제임스는 중추 신경계의 기본적인 기능은 감각적 정보를 수용하고 의미 있는 자극을 검열하고 통합하며, 또한 과거의 경험에 기초하여 운동적으로 반응하는 것이라고 주장하였다. 중추 신경계가 작업해야 하는 정보를 통제하기 위하여 감각적 정보를 조정하는데, 행동을 유발시키는 자가 치료사이기 때문에 이 원칙은 음악치료의 생의학적 이론을 이해하는 데 아주 중요하다.

음악/뇌 관계에 관한 탐구는 음악의 치료적 영향력을 설명하는 도구를 제공하며, 이것은 모든 음악치료 활동에 적용되는 하나의 기본적 영역, 하나의 이론적 틀을 객관적으로 설명한다. 음악치료의 일반적 영역을 찾는 데 핵심은 뇌여야 한다. 이 같은 결론은 음악치료사가 하고 있는 모든 작업이 인간 신체의 구체적인 생물학적 구조의 기능을 변화시키는 데 일차적으로 또한 궁극적으로 초점을 맞추고 있다는 사실에서 기인한다. 이러한 변화는 뇌에서 출발하며, 이것은 소리가 '음악적' 영향을 끼칠 수 있기 전부터 '음악'으로서의 소리를 해석할 수 있다. 예를 들어, 정신분열증, 경계선 성격 장애, 조울증 혹은 다른 수많은 행동장애를 치료할 때, 그 문제의 핵심은 클라이언트의 뇌 속에 있다. 또한 정신장애나 발달장애에서 나타나는 인지적 결함에 관하여, 정보를 처리하고 음악치료사의 목표를 결정시키는 적절한 해결 반응으로 인도하는 것이 뇌의 능력이다. 종합병원에서 가장 보편적으로 사용되는 음악의 적용은 환자의 뇌의 체성(體性)감각 부분에 이르는 통증 자극의 역치를 증가시킴으로써 통증 감각을 감소시키는 데 있다.

양로원/보호시설에서 근무하는 많은 음악치료사는 환자의 뇌에 심각한 영향을 끼치는 치매, 동맥경화, 중풍과 같은 심장혈관 질환의 영향력을 상대로 매일 전쟁을 치르고 있다. 이러한 뇌 질환은 순환계 및 근육계와 같은 다른 생물학적 시스템에 똑같은 영향을 끼친다. 신체적인 장애를 가진 클라이언트는 신체적 기능, 동기에 전적으로 의존하는 행동, 대뇌 변연계와 운동을 관장하는 대뇌피질에서 기인한 신경 조절을 향상시키기 위해 계획된 음악치료 중재를 받는다. 가장 흔한 신체적 장애인 뇌성마비는 그 용어의 기원이 뇌에서 출발하였다. 감각장애를 가진 클라이언트를 위한 중재는 뇌에 접근 가능한 환경적 정보의 양을 최대화할 수 있는 방법을 찾는 데 초점을 맞춘다. 실어증 같은 의사소통 장애를 가진 환자는 인간의 뇌의 기능적인 유연성을 활용하기 위해 계획된 음악치료를 받는데, 이때 음악치료는 언어를 관장하는 특정 뇌 영역의 손상으로 상실된 처리와 운동 계획 능력을 보상하기 위한 직무를 환자에게 다시 부여한다. 생의학적 음악치료 이론은 뇌에 직접적으로 초점을 맞추기 때문에 임상가는 뇌 신경생리학, 뇌 병리학, 신경음악학, 심리음악학, 신경면역학, 신경화학, 생리학적 심리학 등에 대해 숙지해 두어야 한다.

하비(Harvey, 1987)는 음악과 의학 두 영역의 교집합을 지적한 문헌을 제고하였다. 그는 음악이 의료 절차 중에 일어나는 인간 행동에 예상할 수 있는 영향을 끼친다고 주장하였던 수많은 임상 연구 논문을 인용하였다. 음악－정신－의학의 관계에 관한 후속연구를 위한 원칙이 생의학적 음악치료의 기본적인 원칙과 맥을 같이 하는 다음의 세 가지 가정에 부분적으로 기초하여 제시되었다.

(1) 인간을 조정하는 중심은 뇌다.
(2) 음악은 뇌에 의해 그리고 뇌를 통하여 처리되며, 그 후 음악은 우리에게 많은 형태로 영향을 끼칠 수 있다.
(3) 음악은 뉴런 작용과 호르몬 활동에 긍정적인 영향을 끼칠 수 있는데, 예를 들어 신체의 면역과 재생 과정 같은 건강한 기능 작용을 촉진시킬 수 있다(Harvey, 1987: 73-74).

생물학적 기능의 관점에서 음악치료를 살펴봄으로써, 음악의 치료적 영향력을 더 이상 마법적이거나 신비한 혹은 설명할 수 없는 것으로 연관 지을 필요가 없어졌다. 생의학적 음악치료 이론을 세우는 데 있어 중요한 목표는 인간 유기체의 실체적이고 익숙한 구조 속에서 일어나는 음악에 대한 신경생리학적인 반응을 이해하기 위해 필요한 정보를 제공함으로써 치료로서의 음악의 신비성을 제거하는 것이다. 생의학적 음악치료의 이해는 의학에서의 음악의 선택과 적용을 알려 주는 이론적 틀과 후속 연구를 위한 철학적 기반을 동시에 제공할 것이다.

생의학적 음악치료의 이해

생의학적 음악치료는 단 하나의 접근법이 아니라 절충적인 초점을 가지고 있다. 즉, 어떤 음악치료 중재가 활용될 때 실제로 발생하고 있는 것을 이해하고 설명하는 방식이다. 생의학적 음악치료사가 음악적 영향력을 이용한 임상 중재를 계획할 때, 관련된 개념의 핵심을 형성하기 위해 다음의 세 가지 근본적 가정이 존재한다.

(1) 음악 형식 안의 소리를 수용하고 이에 반응하기 위한 각 개인이 소유한 신경생리학적 구조 때문에, 음악은 인간에게 영향을 끼친다.
(2) 수동적이든 표현적이든 간에 음악에 참여하는 것은 인간의 신체에 구체적이면서도 확인할 수 있는 다양한 수준의 생리학적인 과정과 신경심리학적 과정을 활성화한다.
(3) 음악적으로 활성화된 신경생리학적 반응은 관찰과 측정이 가능하고, 예측이 가능하기 때문에, 선택된 음악활동은 의료 처치 중에 있는 환자에게 긍정적인 영향을 이미 예정한다.

이와 같은 세 가지 가정과 치료로서의 음악의 모든 적용은 똑같은 신경생리학적 과정에 의존한다. 음악적 소리의 형식인 감각 자극들이 일단 귀에서 받아들여지면, 그것은 청각 관(管)의 사용을 활성화하고 연수(延髓)를 통해 중추신경계로 들어가며, 시상(視床)을 통과한 후에 대뇌 피질 속에서 처리된다. 뇌는 부분적으로 소리 파장을 변환시키는 귀와 같은 감각 기관이 뇌 발전을 가능하게 하는 에너지를 전송하여서 그 수용력을 발전시키게 된다. 뇌는 정보를 해석하고 전환하며 신경 자극의 형태로 들어와 감각으로 바뀌는 것을 경험한다. 이것은 결과적으로 자극을 조직화하고 확인하며, 반응을 선택하고 지시하고, 전체 과정에 대한 정보를 저장하여 필요한 경우 그것을 회상한다. 이러한 작용으로 뇌는 합리성, 언어적 그리고 비언어적 의사소통, 양적이고 질적인 계산, 추상적 사고, 운동 행동의 조절을 위한 능력을 개발시킨다.

생의학적 음악치료는 음악이 관찰, 확인, 측정, 예측 가능한 방식으로 뇌와 그에 따른 다른 신체 구조에 영향을 끼침으로써 인간 행동에 영향을 미친다는 원칙에 기초하며, 따라서 치료 절차에서 음악의 사용에 대한 필수적인 기반을 제공한다. 이 기본적인 첫 번째 원칙은 통증, 정서, 의사소통과 동작, 스트레스에 대한 음악의 효과를 설명한다. 생의학적 음악치료 이론은 일차적으로 청각을 관장하는 피질 속에서 지각된 모든 소리 자극 또한 뇌의 모든 부분에 이차적인 영향을 끼치기 때문에, 음악과 같은 소리는 중뇌(中腦) 속의 신경을 자극하는 능력을 통하여 통증 지각에 영향력을 미친다고 주장한다. 이것은 말초 신경계 속 감지기로 수용된 후 중추 신경계로 들어오려는 통증 감각을 차단하는 결과를 가져온다. 좀 더 생물학적으로 근거한 또 다른 설명은 망상(網狀) 활동계의 각성 기능을 포함하는데, 이는 망상계로 하여금 통증을 자각하는 대신에 음악에 초점을 맞추도록 뇌를 각성시킴으로써 수용적 음악 오디에이션(audiation)이 통증의 자각을 감소시킨다고 주장하였다(Cook, 1981). 그러나 왜 음악이 주어진 시간 속에서 망상 활동계에 작용할 수 있는 많은 다른 자극 속에서 선택될 수 있는지에 관한 설명은 준비되지 않았다. 그러나 여전히 음악의 존재는 무통각(無痛覺, 통증에 대한 민감성 감소)을 생성시키기 위해 예정되어 왔다. 생의학적 음악치료의 한 가지 적용은 통증 감소를 설명하는 것이며 이러한 설명은 생의학적 음악치료의 적용 부분에서 다시 논의될 것이다.

생의학적 음악치료의 두 번째 기본 원칙은 정상적인 청각 통로의 종착지가 시상(視床) 속에 있기 때문에, 이것은 음악이 정서적 행동을 조정하는 변연계(limbic system)와 밀접하게 작업하는 시상하부(視床下部)에 즉각적으로 영향을 끼치도록 허용한다. 따라서 음악적으로 자극된 긍정적인 정서 반응이 지연되지 않으면 치료나 회복 과정을 방해할 수 있는 부정적 반응을 차단시킬 수 있다.

생의학적 음악치료의 세 번째 원칙은 신체 동작에 관여하는 모든 노력 속에서 뇌의 중요성과, 결과적으로 환자의 운동 재활에서의 중요성을 강조한다. 표현적 음악 활동에 대한 능동적 참여는 신체 기능을 유지 또는 향상시키고, 또한 상호 의사소통을 위해 필수적인 기술을 발전시키는 데 필요한 구조화된 동작 행동을 제공한다. 이 원칙의 중요한 점은 인간 뇌 속의 언어를 관장하는 기관에 대한 지식과 그들의 병리학과 연관된 행동에 관한 지식을 포함한다는 것이다.

역사적으로, 치료적 동인으로써 가장 폭넓게 받아들여진 음악의 적용은 불안, 긴장, 스트레스를 극복하기 위한 평온의 도구로 사용된 것이다. 스트레스를 적절하게 조절해야 하는 필요성은 과다한 스트레스가 어떻게 인간의 건강과 행동에 영향을 미치는지 확인된 점을 통하여 쉽게 이해된다. 이러한 영향력은 고혈압, 궤양, 피부질환, 두통, 동맥경화, 생식기장애, 심장 질환, 호흡기 질환, 암의 위험률을 증가시키는 림프구 변화와 같은 신체적 문제들의 발생을 포함한다. 또한 분비액 정체(停滯), 비만, 정신 신체적 증상들, 우울과 자살의 증가된 비율은 불안과 스트레스와 연합된다(Hanser, 1985). 아마 이러한 상태를 수반하는 많은 생리학적 변화 때문에 불안은 심장 박동, 혈압, 전기 피부 반응, 근전도와 뇌파전기 자극 반응과 같은 요소를 포함한 수많은 연합된 생리학적 변화로 확인되어 왔다. 인간은 스트레스를 일으키는 근원에 직면하거나 이를 제거하려 시도함으로써 또는 이완을 통하여 그것을 조절함으로써 불안이나 스트레스를 극복한다.

이완을 유도하는 음악의 사용은 생의학적 음악치료의 네 번째 원칙을 반영한다. 이것은 음악이 구체적인 생리학적 과정에 직접적인 영향을 끼치는데, 이것의 기능적인 변화는 불안, 긴장, 스트레스의 신호가 된다고 설명한다. 불안과 스트레스에 대한 음악의 효과를 이해하기 위해서는 변연계의 부분과 내분비선에서 나오는 호르몬 분비 및 이것들과의 관계를 좀 더 탐구해야 한다. 몇몇 연구에서는 편도체(amygdala) 중심핵이 혐오적인 자극에 반응하는 뇌의 부분에게 신호를 보낸다는 것을 밝혀 주었다. 이것은 자율 신경계와 스트레스와 관련된 호르몬 분비에 연관되는 시상하부 속 핵을 조정하는 데 관여하는 뇌간(腦幹) 하부를 포함한다. 혐오 자극의 지각이 편도체 중심핵의 자극을 초래할 때, 불안 중에 나타나는 생리학적 변화에 대해 자각하도록 하는 심장 박동과 혈압이 증가된다. 칼슨(Carlson, 1992)은 자극이 길어질 때 위궤양이 나타날 수 있다고 주장하였다. 따라서 편도체 중심핵으로 조정되는 자율 반응은 순환기, 심장, 위의 문제와 같은 만성 스트레스의 유해한 영향력과 인과 관계가 있을 수 있다.

또한 편도체는 분노와 같은 감정과 그 분노의 행동과 관련된 공격성에 대한 행동적 반응을 조직화하는 데 관여한다. 또한 이것은 방어적 반응을 초래하는 공포 반응을 감소시킨다. 분노와 공포는 대상과 관련된 정서라는 것을 인식하는 것이 중요하다. 인간은 어떤 사물이나 사람에 대해 분노하고 두려움을 느낀다. 분노는 공포와 같이 특정한 내적 자극들과 외적 자극들에 대한 정서적 반응이다. 자극의 영향력을 제거할 수 있는 즉각적인 행동이나 사고에 직접적으로 초점이 맞추어져 있지 않다는 것을 제외하면, 이것은 공포 감정의 똑같은 요소를 모두 포함한다(Birbaumer, 1983). 인간의 분노나 공포의 대상에 대한 반응들이 오랜 시간 동안 분노나 공포의 해결이나 감소 없이 지속될 때, 이러한 감정을 구성하는 신경생리학적 반응은 편도체 중추 핵의 계속된 자극에서 오는 고혈압 등의 심각하고 유해한 영향력을 지속시킨다(Carlson, 1992).

생의학적 음악치료의 임상적 적용

생의학적 음악치료의 적용 가능성은 겉으로 드러난 통증 반응과 통증 감각을 감소시키고, 수술 및 분만 과정과 그 이후에 필요한 마취나 통증 감소를 위한 약물의 양을 감소시키는 데 사용되는 많은 음악이 어떻게 통증 자각을 감소시키는가를 설명할 수 있느냐에 달려 있다. 통증은 일반적으로 피부와 다른 조직에 상처를 주는 사건에서 기인한다. 따라서 이것은 신체 부위에 무엇인가 잘못되었다는 것을 뇌에 알려 주는 긍정적인 역할을 한다. 자유 신경 종말(free nerve ending)은 통증 자극을 위한 수용기(受容器)가 되며 피부, 근육을 덮고 있는 막, 관절 속의 세포 조직, 근육 속에서 발견된다. 상처는 모세관과 세포 조직들의 파열을 초래하며, 따라서 자유 신경 종말로 하여금 말초신경을 통하여 중추 신경계로 보내는 통증 자극들을 분출하게 만드는 분자인 브래디키닌(bradykinin)을 배출하도록 세포 집단을 자극한다. 통증 자극을 운반하는 축색돌기(軸索突起)는 다른 뉴런과 함께 시냅스를 형성하는 척추의 척수 후

각(dorsal horn) 속의 배근 신경절(dorsal root ganglia)을 통하여 중추 신경계로 들어간다. 근접한 뉴런 속에서 나온 축색돌기는 척추의 반대측성(contralateral side)을 넘어서 시상의 복부후면 핵으로 올라가며, 이는 결국 인간의 뇌 속에 있는 중추 뇌구(腦溝) 뒤에 있는 체성감각을 담당하는 피질에게 축색돌기를 보내게 된다(Carlson, 1992; Mader, 1995).

연구자는 보편적으로 펩티드(peptide) 신경 전달물질이 통증 감지를 조종하는 데 사용된다고 믿는다. 모노아민(monoamine) 신경 전달물질인 세로토닌(serotonin)은 대부분의 시냅스에서 배출되며, 억제성 시냅스후전위(inhibitory postsynaptic potentials)를 생성함으로써 통증을 조절하는 데 참여한다. 1970년대 초기부터 연구자들은 통증 지각이 다양한 환경적 자극들에 의해 수정될 수 있다는 것을 알고 있었다. 의학과 치과에서의 음악의 사용에 대한 수많은 보고서는 음악이 이러한 환경 자극 중 좀 더 신뢰성 있는 자극이라는 사실을 확립하여 왔다. 무통각을 생성하는 신경회로를 활성화시킴으로써 이러한 자극은 뇌 속에 내재된 마취제의 분출을 유도하며, 시상의 중뇌 수도관 회백질(periaqueductal gray matter) 속 뉴런들 위에 있는 마취 수용기를 자극한다. 중뇌 수도관에서 온 연결체는 연수의 정중선 근처의 대봉선핵(mucleus raphe magnus) 속에 있는 뉴런을 활성화시킨다. 그 후 이러한 뉴런은 축색돌기를 척추의 척수 후각의 회백질로 보내며, 이것의 기능은 통증 정보를 뇌에 전달하기 위하여 중추 신경계 속으로 운반하는 뉴런의 활동을 억제시키는 데 있다. 음악이 엔도르핀 생성을 향상시키는 데 긍정적이라는 문헌은 수없이 많다(Scarantino, 1987). 또한 많은 연구는 무통각을 위한 음악의 성공적 적용을 보고하고 있다. 음악적 자극이 제시되었을 때 수술, 산과, 종양과, 화상 치료 그리고 통증 클리닉에서의 통증이 감소되었음을 보여 준다.

생의학적 음악치료의 또 다른 임상적 적용은 불안을 감소시키고 스트레스를 경험하는 동안 감소될 수 있는 면역 체계 기능을 향상시키는 데 나타나는 음악 효과의 근원에 대한 설명 속에서 찾아볼 수 있다. 이러한 설명을 이해하기 위해서는 불안과 스트레스의 생리학을 알아야 한다. 스트레스는 위협적인 상황에 대한 계속적인 지각에 따라 야기된 생리학적 반응이다. 이러한 위협에 대한 자각은 포도당 신진대사에 영향을 주는 부신선 분비 에피네프린(epinephrine), 심장박출과 혈압을 증가시키는 노르에피네프린(norepinephrine), 코르티솔과 같은 스트레스 호르몬 안에서 일련의 스트레스 반응을 형성한다. 연구들은 음악이 의료와 치과 치료를 받고 있는 환자의 맥박과 에피네프린, 노르에피네프린, 코르티솔 혈장 수준을 유의미하게 감소시킬 수 있다는 것을 보여 주었다(Spintge & Droh, 1987).

코르티솔은 포도당 신진대사에 심각한 영향을 주고, 단백질의 분해를 도와 포도당으로 전환시키며, 혈류를 증가시킴으로써 혈당 보존의 기능을 하는 당질코르티코이드(glucocorticoid)다. 일련의 스트레스는 고혈압, 심장마비와 중풍의 증가된 위험, 스테로이드 당뇨, 불임, 염증반응의 억제, 해마(hippocampus)의 부분 속에 있는 뉴런들을 파괴하고 감염과 싸우는 백혈구의 능력을 방해함으로써 나타나는 면역체계 억제에 지속적인 영향을 미치는 당질코르티코이드를 장기적으로 분비시킨다. 스트레스 반응을 초래하는 연장 상황뿐 아니라, 즉각적인 발생은 부신 피질에 의해 코르티솔 분비를 통제하는 뇌하수체 ACTH(adrenocorticotropic hormone)를 증가시킬 수 있다. 가장 큰 호르몬 증가는 완벽하게 예상하지 못하였거나 완벽하게 예상할 수 있는 혐오 사건들의 제시와 함께 나타난다(Birbaumer, 1983).

생의학적 음악치료 적용은 편도체에서 시상하부로 가는 신경 신호를 감소시켜 결국 ACTH의 뇌하수체 분출을 통제하기 위하여 음악을 사용하는 것을 포함한다. ACTH의 감소는 코르티솔과 다른 당질코르티코이드의 생산을 감소시킴으로써, 면역체계가 감염과 자유롭게 싸우도록 하는 데 효과적일 수 있도록 한다. 신체적이고 정서적인 이완을 성취하기 위한 음악의 사용은 또한 혈액투석, 수술, 소아과 진료에서도 중요하다.

병원 혹은 정서적인 불안정이 진보를 막는 주요한 장애가 되는 정신과 세팅에서 근무하는 생의학적 음악치료사는 클라이언트가 편도체로 조정되는 조건화된 정서 반응을 재조건화시킴으로써 자신의 감정을 다시 조절할 수 있도록 돕는다. 또 다른 목적은 뇌의 세로토닌 레벨을 증가시키는 데 있다. 우울증 클라이언트나 섭식장애를 가진 환자는 정상보다 낮은 레벨을 보인다. 생의학적 음악치료 임상가는 편도체, 안와전두피질(orbitofrontal cortex), 해마 형성체, 큰 그물막 대상회(cingulate gyrus)와 같은 대뇌변연계의 다양한 부분의 역할에 익숙해야 한다.

이러한 구조에서 다루어지는 행동의 변화는 음악치료사가 이러한 구조를 자극하는 것과 관련된 음악을 선곡하기를 요구한다. 또한 치료에서 표적 행동들을 강화하는 방법에 대해 간단하게 아는 것으로는 부족하다. 음악적 자극으로 실행되는 강화를 신경심리학적인 측면 및 생화학적 측면과 관계 지을 수 있는 능력이 중요해진다.

생의학적 음악치료의 적용 중에서 실질적인 주목을 받고 있는 것은 실어증 치료를 위한 사용이다. 실시간 뇌 검사(brain scans)를 사용한 연구는 뇌가 특정 수용적 음악 과제 중 언제 가장 활동적인지를 보여 준다. 실어증을 유발하는 말과 언어를 관장하는 부분의 상해는 좌뇌 속에서 발견되고 음악 활동 중의 뇌 검사는 뇌가 양쪽 뇌 반구 속에서 모두 활동적이라는 것을 보여 주기 때문에, 신경해부학적 모델은 다른 뇌의 위치에서 이러한 기술들을 다시 발전시켜서 상실된 뇌 기능을 다시 획득할 수 있도록 하는 음악의 사용을 발전시켜 왔다(Taylor, 1989). 연속적인 음악 경험을 주의 깊게 사용함으로써 실어증 클라이언트는 뇌 손상으로 인하여 상실한 표현적 혹은 수용적 언어 기술을 회복할 수 있다.

현재의 의료 중재를 가지고 상황을 거꾸로 돌릴 수는 없지만, 알츠하이머 치매를 앓고 있는 환자는 음악이 사용되지 않는 활동 중에는 보이지 않았던 기억, 사회성, 신체적 협응을 음악 활동에 참여하는 동안 보여 주었다. 이러한 질병의 생물학적 이해는 치료사가 그것이 뇌 장애라는 것을 확실히 알 수 있게 할 것이다. 따라서 치료는 음악적 중재 밖에서는 나타나지 않지만 기능적일 수 있는 잔여 뇌 기능을 최대화하는 견지에서 접근해야만 한다.

관련 연구

생의학적 음악치료의 연구 기초는 매우 광대하다. 이러한 연구의 기반은 박스버거(1962), 데이비스(1987), 프랫(1989), 네일러(1981)가 완성한 역사 연구를 통하여 확립되었다. 또한 의사도 치료로서의 음악의 기초로서 음악과 생물학의 과학적 관계를 정립하는 데 주요한 참여자였다. 그들 중 리와 켈라 (1989), 스핀츠와 드로(Spintge & Droh, 1987), 오야마와 하타노 등(Oyama Hatano, et al., 1983), 오야마, 사토, 쿠도, 스핀츠, 드로(Oyama, Sato, Kudo, Spintge & Droh, 1983), 밀룩-콜라사(Miluk-Kolasa, 1993), 타노이카 등 (Tanoika et al., 1985)이 주목할 만하다. 은퇴한 치과 의사인 고프(Goff)는 치과 시술 동안 음악의 효과를 연구하기 위하여 프랫과 마드리갈(Pratt & Madrigal, 1997)과 협력하였다. 대부분의 음악치료사들이 생의학적 연구에 과감히 매진하지 못하였던 것에 반해 타우트, 브라운, 벤자민과 쿡(Thaut, Brown, Benjamine, & Cooke, 1994), 스태움(Staum, 1983) 그리고 음악 경험 도중의 생리학적 변인 측정과 관련된 연구를 완수한 테일러(1973) 등이 주목할 만한 연구가들이다.

많은 음악치료 연구가들은 음악이 종합병원에서 의료 시술을 받고 있는 환자에게 어떠한 효과가 있는지를 알아보기 위한 음악적 적용에 대해 연구하고 있다. 일부 학자들은(Standly, 1999; Caine, 1991; Whipple, 2000)은 신생아 응급실에서의 음악의 효과를 연구하였다. 또 다른 학자들은(Robb, 2000; Weber, Nuessler, & Wilmanns, 1997; Kennelly, 2001; Daveson, 2001; Waldon, 2001)은 암 환자를 연구하였다. 그리고 말기 환자의 통증 지각에 대해 연구한 학자(Cutis, 1986)도 있다. 그리고 어떤 학자(Clark, McCorkle, & Williams, 1981; Hanser, Larson, & O'Connel, 1983; Browning, 2001)는 분만 중인 산모를 연구하였다. 여기에 루덴버그와 크리스튼베리(Rudenberg & Christenberry, 1993), 크리스튼베리(1979)처럼 화상 환자를 위해 음악치료

적용을 살펴보거나 프랫(1999), 맨델(Mandel, 1988), 체타(Chetta, 1981), 깁슨과 맥도우걸(Gibbson & McDougal, 1987)과 같이 수술을 위한 음악에 대해 보고한 학자들도 있다.

음악, 음악 교육, 심리학에 기초한 다른 연구가들도 치료로서의 음악의 생의학적 기반에 큰 기여를 하고 있다. ICU(중환자실)에 입원한 미숙아를 위한 연구(Coleman, Pratt, Stoddard, Gerstmann, & Hans-Henning, 1997; Barber, McKenzie, & Helme, 1997; Panksepp & Bekkedal, 1997)와 음악 경험에서 기인한 EEG 변화를 측정한 연구(Altenmuller, Gruhn, Parlitz, & Kahrs, 1997)를 한 학자도 있다. 베이빅(Babic, 1993)과 우드워드(Woodward, 1992)와 같은 연구가는 태아기의 음악 지각과 소리 인지에 관한 지식을 발전시키는 데 초점을 맞추었다. 이러한 연구의 상당수는 음악치료 외부 영역에 있었으며 변인으로서의 음악의 효과에 대한 직접적인 탐구와 관련이 있었다.

결 론

다른 영향력과는 별개로 음악의 긍정적인 치료적 효과를 보여 주는 많은 연구가 있지만, 과거의 음악치료는 이러한 결과를 모든 사람이 동의할 수 있는 통합되면서도 독립적인 음악치료 철학으로 연결시키지 못했다. 음악치료의 이론적 기반에 대한 타 학문과의 상호 교류의 관점을 적용함으로써, 음악의 효과와 다른 영역이 발견한 인간 행동의 실제에 대한 결과 사이의 무수한 상관관계를 발견할 수 있다. 다른 학문 분야에서는 변인으로서의 음악의 효과를 직접적으로 탐구한다. 이러한 타 학문과의 상호 교류 관점을 통해 깨달을 수 있는 것은 그러한 연구의 대다수가 인간의 뇌 작용을 이해하기 위한 시도와 관련이 있다는 것이다. 뇌는 음악에 필수적이고 거의 모든 관찰할 수 있는 인간 행동에 밀접한 관련이 있기 때문에, 이것은 어떠한 음악치료의 이론에서도 주요한 초점이 되어야 한다. 이것의 이점은 뇌 기능이 연구될 수 있고 음악의

'마법적인' 혹은 '신비스러운' 힘을 주장하기보다 과학적으로 보고할 수 있다는 데 있다.

현대의 음악치료사는 인간 신경계에 미치는 음악의 직접적인 효과를 탐구함으로써 치료로서의 음악을 재발견하고 있다. 의사들 또한 음악적 효과와 인간 반응 사이의 중요한 연결체로서의 뇌를 확립해 온 신경학과 음악 사이의 과학적 관계를 정립해 온 중요한 참여자였다. 윌슨(1989)은 음악의 생물학이라는 논의에서, 과제 학습에서의 기저핵(basal ganglia)의 역할을 언급하였고, 소뇌의 치상핵(dentate nucleus) 속에서의 반응이 운동을 관장하는 피질 속 뉴런의 활성화보다 33msec 먼저 선행하였다는 것을 보여 주는 연구를 인용하였다.

치료로서의 음악의 기능은 음악과 신경학의 새롭고 성숙한 관계를 통하여 재발견되었다. 연구가와 임상가는 임상적으로 적용하는 데 음악의 치료적 역할이 이전에 생각하였던 것보다 더욱 폭넓고 중요하다는 것을 깨닫게 되었다. 음악의 효과는 과거 치료사가 주장하였던 것보다 더욱 구체적이고 바람직하며 예측 가능하다. 생의학적 이론에 아주 능통하고 최근의 연구 결과에 대해 잘 알고 있는 미래의 치료사는 예전에는 신비스러운 것으로서 분석되거나 설명될 수 없다고 생각되었던 음악의 효과를 구체적으로 묘사할 수 있을 것이다. 통합적인 관점으로 볼 때, 새로운 지식은 핵심적인 초점으로서의 인간의 뇌에 관한 학문으로 음악치료를 다시 정의하게 한다. 음악치료의 생의학적 정의는 다음과 같다. "음악치료는 인간의 능력을 향상시키기 위하여 인간의 뇌 기능에 미치는 음악 효과의 계획된 사용이다."

생의학적 음악치료는 음악치료 내에 이미 존재하는 다양한 이론적 입장과 임상적 양식 중 대다수를 위한 통합된 개념적 틀을 제공할 수 있다. 생의학적 이론과 관련하여 그들의 임상을 설명하고 실행하고 있는 음악치료사들은 그들의 동료에게 의료 전문가로서 인정받고 있다. 그들은 음악치료를 다른 건강 전문가나 의료 전문가에게 익숙한 용어와 기능적 요소를 사용하여 음악치료를 설명할 수 있으며, 다른 학문과 똑같은 의료적인 기반에서 이해될 수 있다. 전문가로 인증받으려면 음악에 반응하는 신경생리학적 요소에 대한 지식을 측정하는 진단 기술과, 음악 경험을 사용하여 그러한 요소 속에서 긍정적 변화들을 끌어올 수 있는 능력을 갖추어야 한다.

실질적인 진보는 음악의 생의학적 효과들에 대한 구체적인 연구 기반을 마련하는 부분에서 이루어졌다. 산 안토니오에 있는 텍사스 대학교 부설 음악연구소 소장인 호지스(Donald Hodges)와 같은 대학 생물의학 대학원 부학장인 미키튼(Terry Mikiten)은 음악, 뇌, 인간 행동 사이의 관계에 대한 증가된 지식의 일곱 가지 유익에 대해 언급하였다. 1994년 의료에서의 음악을 위한 국제 위원회의 학술대회에서 그들은 다음과 같은 점을 예측하였다.

(1) 인간의 삶에서 음악의 역할에 대한 좀 더 나은 이해와 평가
(2) 음악이 인간 생리학과 심리학에 대한 우회로가 아닌 중요한 영향력을 가졌음에 대한 좀 더 깊은 인식
(3) 음악이 인간 행동에 대해 긍정적인 혹은 부정적인 유의미한 영향을 끼칠 수 있다는 깨달음
(4) 사람들을 음악적으로 교육시키는 능력의 증가
(5) 연주가를 준비시키고 그들의 상해들을 치료하는 능력의 향상
(6) 장애인들의 삶의 질 향상을 위한 음악 사용 능력의 증가
(7) 분만, 뇌 손상 혹은 만성 통증과 같은 다양한 임상적 상황을 위한 치료로서의 음악 사용의 확장

생의학적 음악치료는 타 학문과 교류되는 연구 데이터의 실질적인 양에 기초하여 결론을 제공한다. 이것은 음악치료사와 타 분야 동료 모두가 이해할 수 있는 인간 행동 파라미터에 기초한 다양한 근원에서 합일된 결과를 도출해 나갈 수 있는 틀을 제공한다.

 참고문헌

Altenmuller, E., Gruhn, W., Parlitz, D., & Kahrs, J. (1997). Music learning produces changes in brain activation patterns: A longitudinal DC-EEG study. *International Journal of Arts Medicine, 5*(1), 28-33.

Babic, Z. (1993). Towards a linguistic framework of prenatal language stimulation. In T. Blum (Ed.), *Prenatal perception, learning and bonding* (pp. 361-386). Hong Kong: Leanardo.

Baker, F. (2001). The effects of live, taped, and no music on people experiencing posttraumatic amnesia. *Journal of Music Therapy, 38,* 170-192.

Barber, B., McKenzie, S., & Helme, R. (1997). A study of brain electrical responses to music using quantitative electroencephalography (QEEG). *International Journal of Arts Medicine, 5*(2), 12-21.

Birbaumer, N. (1983). The psychophysiology of anxiety. In R. Spintge, & R. Droh (Eds.), *Anxiety, pain and music in anesthesia* (pp. 23-30). Basel, Germany: Editiones Roches.

Boxberger, R. (1962). Historical bases for the use of music in therapy. In E. Schneider (Ed.), *Music therapy 1961* (pp. 125-166). Lawrence, KS: National Association for Music Therapy.

Browning, C. A. (2001). Music therapy in childbirth: Research in practice. *Music Therapy Perspectives, 19*(2), 74-81.

Caine, J. (1991). The effects of music on the selected stress behaviors, weight, caloric and formula intake, and length of hospital stay of premature and low birth weight neonates in a newborn intensive care unit. *Journal of Music Therapy, 28,* 180-192.

Carlson, N. R. (1992). *Foundations of physiological psychology.* Boston: Allyn & Bacon.

Chetta, H. D. (1981). The effect of music and desensitization on preoperative anxiety in children. *Journal of Music Therapy, 18,* 74-87.

Christenberry, E. B. (1979). The use of music therapy with burn patients. *Journal of Music Therapy, 16,* 138-148.

Clark, M., McCorkle, R., & Williams, S. (1981). Music therapy-assisted labor and delivery. *Journal of Music Therapy, 18,* 88-100.

Coleman, J. M., Pratt, R. R., Stoddard, R. A., Gerstmann, D. R., & Hans-Henning, A. (1997). The effects of the male and female singing and speaking voices on selected physiological and behavioral measures of premature infants in the intensive care unit. *International Journal of Arts Medicine, 5*(2), 4-11.

Cook, J. D. (1981). The therapeutic use of music: A literature review. *Nursing Forum, 20,* 252-266.

Curtis, S. (1986). The effect of music on pain relief and relaxation of the terminally ill. *Journal of Music Therapy, 23,* 10-24.

Daveson, B. A. (2001). Music therapy and childhood cancer: Goals, methods, patient choice and control during diagnosis, intensive treatment, transplant and palliative care. *Music Therapy Perspectives, 19*(2), 114-120.

Davis, W. (1987). Music therapy in 19th century America. *Journal of Music Therapy, 24,* 76-87.

Gaston, E. T. (1964). The aesthetic experience and biological man. *Journal of Music Therapy, 1,* 1-7.

Gibbons, A. C., & McDougal, D. L. (1987). Music therapy in medical technology: Organ transplants. In R. Pratt (Ed.), *The Fourth International Symposium on Music: Rehabilitation and human well-being* (pp. 61-72). Basel, Germany: Editiones Roches.

Goff, L. C., Pratt, R. R., & Madrigal, J. L. (1997). Music listening and S-IgA levels in patients undergoing dental procedure. *International Journal of Arts Medicine, 5*(2), 22-26.

Halpaap, B., Spintge, R., Droh, R., Kummert, W., & Kogel, W. (1985). Anxiolytic music in obstetrics. In R. Spintge & R. Droh (Eds.), *Music in medicine* (pp. 145-154). Basel, Germany: Editiones Roches.

Hanser, S., Larson, S., & O'Connell, A. (1983). The effect of music on relaxation of expectant mothers during labor. *Journal of Music Therapy, 20,* 50-58.

Hanser, S. B. (1985). Music therapy and stress reduction research. *Journal of Music Therapy, 22,* 193-206.

Harvey, A. W. (1987). Utilizing music as a tool for healing. In R. Pratt (Ed.), *The Fourth International Symposium on Music: Rehabilitation and human well-being* (pp. 73-87). Basel, Germany: Editiones Roches.

Hodges, D. A. (1980). Neurophysiology and human hearing. In D. Hodges (Ed.), *Handbook of music psychology* (p.195), Dubuque, IA: Kendall/Hunt.

James, M. R. (1984). Sensory integration: A theory for therapy and research. *Journal of Music Therapy, 21,* 79-88.

Kennelly, J. (2001). Music therapy in the bone marrow transplant unit: Providing emotional support during adolescence. *Music Therapy Perspectives, 19*(2), 104-108.

Lee, M. H. M., & Kella, J. J. (1989). computerized thermography and other technological aids in the diagnosis of musicians' neuromuscular disorders. In M. H. M. Lee (Ed.), *Rehabilitation, music and human well-being* (pp. 37-56). St. Louis, MO: MMB Music.

Mader, S. S. (1995). *Human biology.* Dubuque, IA: Wm. C. Brown.

Manchester, R. A. (1988). Medical aspects of music development. *Psychomusicology, 7,* 147-152.

Mandel, S. E., (1988). Music therapy: A personal peri-surgical experience. *Music Therapy Perspectives, 5,* 109-110.

Miluk-Kolasa, B. (1993). *Effects of listening to music on selected physiological variables and anxiety level in pre-surgical patients.* Unpublished doctoral dissertation, Medical University of Warsaw.

Mueller, K. H. (1964). The aesthetic experience and psychological man. *Journal of Music Therapy, 1*(1), 8-10.

Oyama, T., Hatano, K., Sato, Y., Kudo, T., Spintge, R., & Droh, R. (1983). Endocrine effect of anxiolytic music in dental patients. In R. Spintge, & R. Droh (Eds.). *Anxiety, pain and music in anesthesia* (pp. 143-146). Basel, Germany: Editiones Roches.

Oyama, T., Sato, Y., Kudo, T., Spintge, R., & Droh, R. (1983). Effect of anxiolytic music on endocrine function in surgical patients. In R. Spintge,

& R. Droh (Eds.), *Anxiety, pain and music in anesthesia* (pp. 147-152). Basel, Germany: Editiones Roches.

Panksepp, J., & Bekkedal, M. Y. V. (1997). The affective cerebral consequence of music: Happy vs. sad effects on the EEG and clinical implications. *International Journal of Arts Medicine, 5*(1), 18-27.

Pratt, R. R. (1989). A brief history of music and medicine. In M. H. M. Lee (Ed.), *Rehabilitation, music and human well-being* (pp. 1-12). St. Louis, MO: MMB Music.

Pratt, R. R. (1999). Listening to music during surgery: A program of intermountain health. *International Journal of Arts Medicine, 6*(1), 21-30.

Pratt, R. R., & Jones, R. W. (1985). Music and medicine: A partnership in history. In R. Spintge & R. Droh (Eds.), *Music in medicine* (pp. 307-318). Basel, Germany: Editiones Roches.

Robb, S. L. (2000). The effect of therapeutic music interventions on the behavior of hospitalized children in isolation: Developing a contextual support model of music therapy. *Journal of Music Therapy, 37,* 118-146.

Rudenberg, M. T., & Christenberry, A. R. (1993). Promoting psychological adjustment in pediatric burn patients through music therapy and child life therapy. In Pratt, R. (Ed.), *Music therapy and music education for the handicapped* (pp. 164-165). St. Louis, MO: MMB Music.

Scarantino, B. A. (1987). *Music Power.* New York: Dodd, Mead.

Sears, M. L., & Sears, W. W. (1964). Abstracts of research in music therapy. *Journal of Music Therapy, 1,* 33-60.

Sekeles, C. (1988). Convergent points between music and medicine as reflected in a number of examples in medieval Islamic and Judaic history. *Journal of the International Association of Music for the Handicapped, 3,* 14-24.

Spintge, R., & Droh, R. (1987). Effects of anxiolytic music on plasma levels of stress hormones in different medical specialties. In R. Pratt (Ed.), *The Fourth International Symposium on Music: Rehabilitation and human well-being* (pp. 88-101), Lanham, MD: University Press of America.

Standley, J. M. (1986). Music research in medical/dental treatment: Meta-analysis and clinical applications. *Journal of Music Therapy, 23,* 56-122.

Standley, J. M. (1999). Music therapy in the NICU: Pacifier-activated lullabies (PAL) for reinforcement of nonnutritive sucking. *International Journal of Arts Medicine, 6*(2), 17-21.

Staum, M. J.(1983). Music and rhythmic stimuli in the rehabilitation of gait disorders. *Journal of Music Therapy, 20,* 69-87.

Stipp, D. (1985, August 30). What happens when music meets the brain? *Wall Street Journal,* p. 1.

Tanioka, F., Takazawa, T., Kamata, S., Kudo, M., Matsuki, A., & Oyama, T. (1985). Hormonal effect of anxiolytic music in patients during surgical operations under epidural anesthesia. In R. Spintge & R. Droh (Eds.), *Music in medicine* (pp. 285-290). Basel, Germany: Editiones Roches.

Taylor, D. B. (1973). Subject responses to precategorized stimulative and sedative music. *Journal of Music Therapy, 10,* 86-94.

Taylor, D. B. (1981). Music in general hospital treatment from 1900-1950. *Journal of Music Therapy, 18,* 62-73.

Taylor, D. B. (1989). A neuroanatomical model for the use of music in the remediation of aphasic disorders. In M. Lee (Ed.), *Rehabilitation, music and human well-being* (pp. 168-178). St. Louis, MO: MMB Music.

Thaut, M., Brown, S., Benjamin, J., & Cooke, J. (1994). *Rhythmic facilitation of movement sequencing: Effects on spatio-temporal control and sensory modality dependence* [Abstract]. Fifth International MusicMedicine Symposium. International Society for Music in Medicine, San Antonio, TX.

Waldon, E. G. (2001). The effects of group music therapy on mood states and cohesiveness in adult oncology patients. *Journal of Music Therapy, 38,* 212-238.

Weber, S., Nuessler, V., & Wilmanns, W. (1997). A pilot study on the influence of receptive music listening on cancer patients during chemotherapy. *International Journal of Arts Medicine, 5*(2), 27-35.

Whipple, J. (2000). The effect of parent training in music and multimodal stimulation on parent-neonate interactions in the neonatal intensive care unit. *Journal of Music Therapy, 37*, 250-268.

Wilson, F. R. (1985). Music education for the handicapped: A keynote address to the fourth international symposium. *MEH Bulletin, 1,* 9-13.

Wilson, F. R. (1988). Music and medicine: An old liaison, a new agenda. *Psychomusicology, 7,* 139-146.

Wilson, F. R. (1989). The biology of music. In M. Lee (Ed.), *Rehabilitation, music and human well-being* (pp. 31-36). St. Louis, MO: MMB Music.

Woodward, S. C. (1992). *The transmission of music into the human uterus and the response to music of the human fetus and neonate.* Unpublished doctoral dissertation, University of Cape Town, South Africa.

추천도서

Harvey, A. W. (1992). On developing a program in music medicine: A neurophysiological basis for music as therapy. In R. Spintge & R. Droh (Eds.), *MusicMedicine* (pp. 71-79), St. Louis, MO: MMB Music.

Rudenberg, M. T., & Royka, A. M. (1989). Promoting psychosocial adjustment in pediatric burn patients through music therapy and child life therapy. *Music Therapy Perspectives, 7,* 40-43.

Schuster, B. L. (1985). The effect of music listening on blood pressure fluctuations in adult hemodialysis patients. *Journal of Music Therapy, 22,* 146-153.

Taylor, D. B. (1988). Therapeutic musicians or musical physicians: The future is at stake. *Music Therapy Perspectives, 5,* 86-93.

Taylor, D. B. (1997). *Biomedical foundations of music as therapy.* St. Louis, MO: MMB Music.

Thaut, M., Schleiffers, S., & Davis, W. (1991). Analysis of EMG activity in biceps and triceps muscle in an upper extremity gross motor task under the influence of auditory rhythm. *Journal of Music Therapy, 28,* 64-88.

찾아보기

인 명

내 용